GANZHEITLICH HEILEN

Buch

Jeder Mensch folgt bewußt und unbewußt seiner Nase. Gerüche steuern eine Vielzahl von physiologischen und psychischen Reaktionen. Bereits ein Baby erkennt seine Mutter am Geruch. Ein Erwachsener antwortet auf die Duftsignale eines Sexualpartners. Oder die Kunden eines Warenhauses werden durch geschickt inszenierte Wohlgerüche zum Kauf verführt. Das sind nur wenige Beispiele aus der langen Liste der Möglichkeiten, wie Menschen durch Düfte beeinflußt werden.

Ein Fachmann führt auf witzige und abwechslungsreiche Weise in die Psychologie des Duftes ein. Er erklärt anatomische und medizinische Zusammenhänge und läßt den Leser auf anschauliche Weise nachvollziehen, wie sehr das Leben von Duftstoffen geprägt ist. Für den praktischen Umgang mit aufbauenden, aufmunternden und heilsamen Düften stellt er außerdem eine Fülle von Rezepten vor.

Autor

Rainer Maria Wieshammer ist Apotheker und Fachmann auf dem Gebiet der Düfte und Aromen.

RAINER MARIA WIESHAMMER

VERFÜHREN UND HEILEN MIT DÜFTEN

Die Psychologie des Geruchssinns

GANZHEITLICH HEILEN
GOLDMANN

Umwelthinweis:
Alle bedruckten Materialien dieses Taschenbuches
sind chlorfrei und umweltschonend.
Das Papier enthält Recycling-Anteile.

Taschenbuchausgabe September 1999

Umschlaggestaltung: Design Team München
Umschlagfoto: Look, Rainer Martini
DTP-Satz: Barbara Rabus
Druck: Presse-Druck Augsburg
Verlagsnummer: 14168
WL · Herstellung: Stefan Hansen
Made in Germany
ISBN 3-442-14168-0

1. Auflage

Inhalt

Vorwort

Wie sind 10 000 Düfte auf einer Briefmarke unterzubringen? So viele verschiedene Duftstoffe kann die Nase des Menschen bei einiger Übung unterscheiden – und das mit einer Riechschleimhaut, die mit 5 cm^2 so ungefähr Briefmarkengröße hat. Nichts ist ohne Geruch: Dieses Buch riecht anders als die Hand, die es hält, die linke Hand anders als die rechte und bei jeder von ihnen die Fingerspitzen nicht so wie die Handwurzel.

Düfte so zu beschreiben, daß unser Gegenüber versteht, was wir meinen, ist ziemlich schwierig. Wie sind flüchtige Begegnungen mit Gerüchen, die uns anwehen und weiterziehen, durch Worte auszudrücken? Mit »es riecht gut« oder »es stinkt« ist unser Vokabular schon fast erschöpft, und auch das sind Urteile, aber keine Beschreibungen. Ebensowenig wie Geräte oder Computer, mit denen Geruchserlebnisse gespeichert und nach Belieben wieder abgerufen werden könnten, gibt es eine auch nur halbwegs überzeugende Theorie der Duftwirkungen. Beim Sehen und Hören ist alles sehr viel einfacher als beim Riechen. Jeder Physiklehrer käme arg ins Schwitzen, sollte er die Lehre von den Gerüchen mit dem gleichen Anspruch wissenschaftlicher Logik erklären wie Optik oder Akustik.

Dennoch: Wo Leben ist, sind auch Gerüche. Mit jedem Atemzug nehmen wir sie auf. Sie beeinflussen unser Verhalten, unsere Vorlieben und Abneigungen, sie können uns angst machen oder uns in Stimmung bringen. Sie verbinden Erinnerung, Inspiration, Gefühl, Liebe und Haß. Lassen Sie uns versuchen, hinter das Geheimnis der Düfte zu kommen …

Rainer M. Wieshammer

Der Moment vor dem berühmten Filmkuß von Clark Gable und Vivien Leigh als Rhett Butler und Scarlet O'Hara in »Vom Winde verweht«:

Ohne Zweifel ist Rhett dabei, sich Scarlet körperlich anzunähern. Der zur Wahrung der persönlichen Intimität erforderliche gegenseitige Abstand von ca. 15 cm ist bereits unterschritten.

Rhett spürt ein leichtes Kribbeln in der Nase, das überaus angenehm ist. Er fühlt, wie sich sein Atem vertieft, so als müßte er Scarlets Duft förmlich in sich hineinsaugen, um seinem Geheimnis auf die Spur zu kommen.

Scarlets Duft hat den Trigeminus-Test bestanden, und Rhett ist bezaubert. Das Aroma, mit dem seine Nase Bekanntschaft macht, empfindet er als hinreißend, so als wäre es nur für ihn und für diesen Augenblick geschaffen worden.

Rhett atmet immer heftiger. Durch die dabei erzeugten Luftwirbel transportiert er Scarlets Duft mit Schwung in seine olfaktorische Region. Was er da riecht, ist ihm allerdings nicht so ganz klar. Er weiß nur, daß es einfach berauschend ist. Allerdings bemerkt er, nachdem er nun seit einiger Zeit an Scarlet geschnuppert hat, daß ihr Duft nun nicht mehr so stark zu sein scheint.

In Rhetts Innenleben beginnt es heftig zu rumoren. Er spürt, wie seine Leidenschaft wächst, und er ist dabei, die Herrschaft über seine Sinne zu verlieren. Keine Frage – das ist Liebe! Daß er so benebelt ist, dürfte übrigens damit zusammenhängen, daß jetzt der Zeitpunkt erreicht ist, an dem seine Riechzellen maximal erregt sind.

Rhett ist in Wallung geraten, seine Phantasien sind der Realität der noch relativ unverfänglichen Umarmung mindestens um eine halbe Stunde voraus. Sein Herz beginnt wie rasend zu klopfen, seine Atemzüge werden kürzer und heftiger. Er fühlt, daß das Blut in seinen Adern klopft und daß seine Haut sich erwärmt. Obwohl Rhetts Verstand momentan gewiß nicht die Oberhand hat, wurde die Angelegenheit nun endgültig vom Gehirn in die Hand genommen.

Genau diesem Umstand hat es übrigens Scarlet zu verdanken, daß Rhett nicht völlig enthemmt über sie herfällt. Anstand, Kultur und das Wissen, wie man sich einer Dame gegenüber zu benehmen hat, – eindeutig Leistungen des Bewußtseins – sorgen für einen gesitteten Ablauf des Spiels zu zweit.

Inzwischen ist Rhett dem Charme Scarlets völlig erlegen. Seine »Männlichkeit« fängt an, sich deutlich zu regen. Jetzt scheint es wirklich kein Zurück mehr zu geben …

Die alte, ewig neue Geschichte

Es fing damit an, daß Rhett und Scarlet Gefallen aneinander gefunden hatten. War es der Duft ihres Parfüms, der Geruch ihrer Haut oder ihr warmer Atem, mit dem Scarlet bei Rhett so einiges in Bewegung gesetzt hat?

Die olfaktorische Wahrnehmung

Zunächst die Erklärung des Begriffes »olfaktorisch«: Er stammt aus dem Lateinischen (*olfactore* = an etwas riechen) und bedeutet »den Geruchssinn betreffend«. Das Wort »olfaktorisch« wird Ihnen in diesem Buch noch an vielen Stellen begegnen.

Jeder Geruch wird zunächst von den die Nasenschleimhaut durchziehenden Enden des Trigeminusnervs (lateinisch: *trigeminus* = dreifach; fünfter Gesichtsnerv mit drei Hauptästen) regelrecht abgetastet, bevor sich die Nase weiter damit befaßt. Eine starke Trigeminusreizung wird als stechender oder beißender Geruch empfunden. Der Körper schützt sich, indem das Atmen kurzfristig unterbrochen und der Kopf blitzartig von der Geruchsquelle weggedreht wird.

Typische Trigeminusreizstoffe sind Ammoniak, Essigsäure und Menthol. Der Nerv kann aber auch durch fast alle anderen bekannten Riechstoffe, abhängig von ihrer Konzentration, erregt werden. Ein gutes Beispiel ist eine leichte Reizung durch Zitronenduft; sie wird als angenehmer Frischeeffekt wahrgenommen. Im vorliegenden Fall sind wahrscheinlich das Parfüm der Dame oder auch bestimmte riechende Fettsäuren ihrer Haut für die kribbelnde Nase des tiefatmenden Herrn verantwortlich.

Fünf Quadratzentimeter für 10 000 Gerüche

Bevor bei den beiden die Gefühle überhandnehmen, dürfte ein Blick auf die anatomischen Gegebenheiten in der Nase angezeigt sein: Von den Nasenlöchern aus nach oben gesehen liegt in der Nasenhöhle zunächst die Regio respiratoria (lateinisch: *regio* = Gegend, *respiratia* = Atmung), der Atmungsbereich, und darüber die Regio olfactoria, die Riechzone. Im unteren Teil wird die Atemluft auf 32 bis 34 °C erwärmt und mit Wasser angereichert. Dies geschieht durch schleimbildende Zellen, die gleichzeitig auch Abwehrstoffe gegen eingeatmete Krankheitserreger absondern. Hier befinden sich auch gehäuft die Nervenenden des Trigeminus. Den Geruchssinn des Menschen kann man als hochempfindlichen chemischen Detektor bezeichnen.

Mit der Nase werden Riechstoffmoleküle aus der Luft aufgenommen und dann in eine »Sprache« übersetzt, die das Gehirn verstehen kann. Damit es überhaupt so weit kommen kann, muß die Konzentration der Moleküle eine bestimmte Grenze erreicht haben, die als Schwellenkonzentration oder Schwellenwert eines Riechstoffes bezeichnet wird. Allerdings unterscheiden sich bei den einzelnen Menschen sowohl die Geruchsempfindlichkeit als auch die Schwellenwerte erheblich.

Bereits in äußerst geringer Konzentration werden die nachfolgenden natürlichen Aromastoffe wahrgenommen:	
bis (2-methyl-3-furyl)Disulfid	Thiamin (Vitamin B_1)
Menthenthiol	Grapefruit
Trichloranisol	Kork
Octadienon	Butter
Methoxy-isohutylprazin	Peperoni
Dimethyl-hydroxy-foranon	Erdbeere

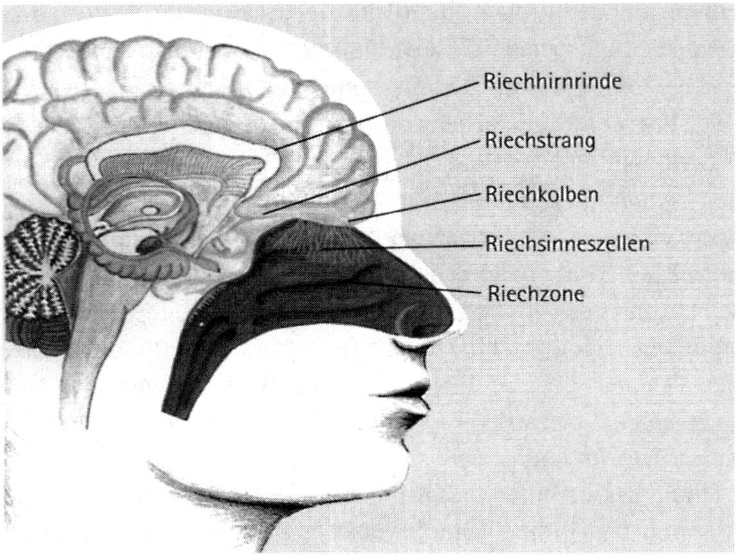

Am empfindlichsten reagiert der Mensch auf Reifegerüche von Lebensmitteln. Die Empfindlichkeit für Vitamin B_1, das vor allem in Getreideprodukten vorkommt, ist uns angeboren.

Das Erkennen von Gerüchen (ca. 10 000 von ihnen kann der Mensch unterscheiden) erfolgt in der Regio olfactoria, auf einer nur etwa 5 cm^2 großen bräunlich-gelben Fläche der Nasenschleimhaut ganz oben im Dach der Nasenhöhle. Dort befindet sich auf beiden Seiten der Nasenscheidewand das Riechepithel (griechisch: *epi* = darauf, daran; *thele* = *Warze,* Vorwölbung), die Deckschicht der Schleimhaut. Das Riechepithel besteht aus drei Typen von Zellen: Riech-, Basal- (Ersatz-) sowie Stützzellen. Riechzellen sind spezialisierte Nervenzellen mit einem kurzen, dicken Mittelteil, das sich in zahlreiche, in die Schleimhautoberfläche hineinragende Zilien (lateinisch: *cilium* = Wimper) oder Riechhärchen auffächert, sowie einem längeren dünnen Fortsatz in Richtung Gehirn. Das menschliche

Riechepithel ist mit bis zu 50 Millionen Riechzellen ausgestattet, die eine kurze Lebensdauer haben und alle 60 Tage aus den Basalzellen wieder neu gebildet werden. Auf den beweglichen Zilien befinden sich die eigentlichen Andockstellen oder Rezeptoren für die Duftmoleküle.

Um sich an den Rezeptor binden zu können, muß der Riechstoff zunächst in der Schleimhaut gelöst werden. Das geht bei hoher Luftfeuchtigkeit relativ leicht, weil die Duftmoleküle schon mit Wasser angereichert in die Nase gelangen. Wenn Atemluft und Schleimhaut zu trocken sind, nimmt dagegen die Riechempfindlichkeit deutlich ab.

Duft-Akkorde

Es wäre auch ein bißchen zu viel verlangt, wenn Rhett sich in dieser Situation für sachliche Erklärungen interessieren sollte. Bei Ihnen, als nüchterner Mensch, ist das natürlich etwas ganz anderes. Sie wollen sicher wissen, woraus Düfte zusammengesetzt sind. Ein Geruch, der von der Nase registriert wird, besteht nie aus nur einer Art von Molekülen. So wurden z. B. bis heute im ätherischen Öl aus Rosmarinblättern ca. 150 verschiedene Arten von Duftmolekülen entdeckt, die alle nahezu gleichzeitig zu ihren Rezeptoren gelangen. Man stellt sich das am besten so vor, als ob ein Klavierspieler gleichzeitig ein paar hundert Tasten seines Instruments meisterhaft zu einem harmonischen Akkord anschlagen könnte. Erst die Codierung (lateinisch: *codex* = Verzeichnis) dieses Akkords oder Geruchsprofils an der Riechschleimhaut, also die Übersetzung des chemischen Signals in einen Nervenreiz, ermöglicht es dem Gehirn, den Duft zu identifizieren.

Um auf den Rosmarin zurückzukommen: Von den 150 Einzelbestandteilen des Rosmarinöls bilden nur zwölf – sie machen etwa 90 Prozent des Gesamtöls aus – das »Grundgerüst«, das als Rosmarinduft identifiziert werden kann. Diese Substanzen müssen zueinander in einem bestimmten Konzentrationsverhältnis stehen, damit das Gehirn die Botschaft entschlüsseln kann. Alle anderen Inhaltsstoffe des ätherischen Öls, die oft nur in geringsten Mengen vorhanden sind, tragen zur Ausbildung des Gesamtbouquets bei. Sie bestimmen letztlich die »Seele« des Duftes, also seine Unverwechselbarkeit und Einmaligkeit aufgrund von Herkunft, Gewinnung, Lagerung und klimatischen Einflüssen. Ähnlich wie beim Wein, den der Kenner anhand von Geschmack und Geruch genau identifizieren und beurteilen kann, verhält es sich auch bei den ätherischen Ölen. Das Verlangen nach möglichst reinen, natürlichen Essenzen steht aus psycho-biologischer Sicht also auf sicheren Beinen.

Die Codierung von Düften an der Riechschleimhaut, also die Umsetzung eines chemischen Signals in einen Nervenreiz, hat man erst in jüngster Zeit genauer beschreiben können: Bestimmte Gene oder Erbfaktoren codieren spezielle Membranproteine (Eiweißstoffe aus Grenzschichten zwischen einzelnen Zellen oder Zellbestandteilen), die als Rezeptoren für Duftmoleküle dienen. Die Übertragung von Riechreizen läuft ganz ähnlich ab wie die Verarbeitung von optischen Reizen durch die Photorezeptoren (griechisch: *phos* = Licht). Die Fähigkeit, bestimmte Riechstoffe zu erkennen, dürfte demnach angeboren sein, auch wenn die einzelnen Gerüche erst im Lauf des Lebens erlernt werden.

Wenn Duft nicht mehr gerochen wird …

Hat man sich erst einmal an einen Duft gewöhnt, riecht man ihn nicht mehr. Es kommt zur Adaption (lateinisch: *adaptare* = anpassen) des Geruchs. Ob dabei die Geruchsrezeptoren durch die Duftmoleküle blockiert werden oder ob – was wahrscheinlicher ist – hemmende Einflüsse vom Gehirn ausgehen, ist noch nicht geklärt.

Für den Organismus des Menschen, also für seinen Körper, ist die Adaption wichtig und richtig, da er durch sie rasch auf neue Gerüche reagieren kann und nicht zu lange nur einen Duft wahrnimmt. Auch chemisch einander ähnliche Stoffe sind davon betroffen: So werden z. B. bei Gewöhnung an Vanilleduft andere vanilleartige Riechstoffe, wie Perubalsam, ebenfalls kaum mehr gerochen. In jedem Fall ist die Adaption aber nur von kurzer Dauer, und es bleibt auch nichts von ihr zurück. Viele Parfümeure benutzen einen alten Trick, wenn sie von einem Duft einmal zuviel mitbekommen haben: Sie riechen zwischendurch an ihrem Ärmel, um die Nase wieder frei zu machen.

Schaltstelle Riechhirn

»Gerochen« wird im Gehirn – die Nase ist nur die Antenne. Bis zu hundert Riechzellen des Riechepithels verbinden sich mit ihren dünnen Enden zu feinen Fäden *(Fila olfactoria)*. Sie gelangen durch winzige Öffnungen der Siebbeinplatte unseres Schädels zur ersten Empfangsstelle im Gehirn, dem Riechkolben *(Bulbus olfactorius)*. Dort wird der Reiz von den sogenannten Mitralzellen aufgenommen und zu den verschiedenen Abteilungen des Gehirns weitertransportiert.

Das Gehirn ist übrigens eine äußerst verzwickte Angelegenheit, und wir sind weit davon entfernt, die Vorgänge dort erschöpfend beschreiben zu können.

Bei einigen Lebewesen, die wir als unsere ältesten Ahnen ansehen können, entstanden vor etwa 500 Millionen Jahren mit dem Stammhirn und dem Kleinhirn die ersten Gehirnstrukturen. Von ihnen werden Atmung, Kreislauf und Zusammenspiel der Muskelbewegungen gesteuert. All dies geschieht ohne Einfluß des Willens, denn schließlich sollen diese lebenswichtigen Funktionen ja auch im Schlaf aufrechterhalten bleiben.

Die Entwicklung des Teiles des Gehirns, den wir heute als Mittelhirn bezeichnen, war vor ca. 300 Millionen Jahren abgeschlossen. Bei den Reptilien beispielsweise ist dies die höchste Gehirnregion. Sie wird bei ihnen auch insgesamt als »Riechhirn« bezeichnet, da sie überwiegend von olfaktorischen Reizen angeregt wird. Erst vor etwa ein bis vier Millionen Jahren bildete sich schließlich bei unseren Vorfahren die aus mehreren Schichten bestehende Hirnrinde, der Sitz des Verstandes, sowie das Sprachzentrum im Stirnhirn aus, somit brauchte es seine Zeit, bis wir unsere Sinne beisammen hatten.

Was wir erleben und wahrnehmen, ist die Summe der Leistungen unseres Gehirns auf der Grundlage frühester Verhaltensmuster. Die Haare, die uns zu Berge stehen, wenn wir wütend sind, das »Sich-in-die-Brust-werfen«, wenn wir Eindruck machen wollen oder die Absonderung von Schweiß bei Angst und Streß sind Überbleibsel aus vorvergangenen Zeiten, deren Bedeutung wir heute oft nicht mehr erkennen können.

Im Hinblick auf die Gerüche interessieren zunächst die mittleren Abschnitte des Gehirns, da hier die ersten Empfangsstellen für Duftreize sind. Das Riechhirn des Menschen, in dem vor allem die rasche Bewertung des Duftimpulses erfolgt, ist ein Zusammenschluß verschiedener Zellbereiche im Mittelhirn. Die Einteilung in gute und schlechte Gerüche erfolgt in groben Zügen also bereits, bevor sich das Bewußtsein zu Wort melden kann. Vom Riechhirn wird der Reiz nun an verschiedene andere Abschnitte des Gehirns weitergeleitet, und erst nach Rückmeldung von dort an das Bewußtsein bildet sich das endgültige Urteil über den Geruch heraus.

Die erste wichtige Verbindung führt vom Riechhirn über den Thalamus, die zentrale Vermittlungsstelle für verschiedene Gehirnbezirke, zur Hirnrinde. Erst in dieser kann der Geruch bewußt wahrgenommen werden. Im Lauf der menschlichen Entwicklungsgeschichte hat sich kein eigener Wortschatz für Düfte und Gerüche gebildet.

Geruchswahrnehmungen werden mit den Leistungen anderer Sinnesorgane verknüpft: Es riecht

- nach Orangen (Auge),
- süß (Geschmack),
- scharf (Tastsinn) usw.

Von der Hirnrinde aus führen hemmende Nervenbahnen zurück zum Mittelhirn. Sie können Duftreize mitunter so stark abschwächen, daß sie gar nicht bis in unser Bewußtsein vordringen können. Im Extremfall kommt es zum »mentalen Block« (lateinisch: *mens* = Geist, Verstand), bei dem sich das Bewußtsein einfach weigert, sich mit einem bestimmten Geruch zu befassen. Dies geschieht in unserem Kulturkreis vor allem bei sexuell anregenden Riechstoffen, deren Beherrschung und Unterdrückung uns seit der Kindheit anerzogen worden ist.

Gespeicherte Erinnerungen

Zwischen dem Riechhirn und dem sogenannten limbischen System besteht eine wichtige Verbindung. Bei letzterem handelt es sich nicht um einen genau umschriebenen Abschnitt des Mittelhirns, sondern um eine funktionelle Einheit unterschiedlicher benachbarter Zellverbände, die wie ein Gürtel um das Stammhirn liegen. Das limbische System spielt für die Speicherung von Erinnerungen und die gefühlsmäßige Bewertung von Sinneserfahrungen eine besondere Rolle. Von ihm werden vor allem Sexualverhalten, Ernährung, Schlaf- und Wachrhythmus sowie Kampf- und Fluchtverhalten beeinflußt.

Anscheinend stellen Gerüche für das limbische System so etwas wie eine eigene Sprache dar. Erlebnisse und Erfahrungen werden zusammen mit den dazugehörigen Düften gespeichert und können jederzeit abgerufen werden. Die Aufgabe des limbischen Systems besteht letztlich darin, zu überprüfen, ob ein Reiz für den Betroffe-

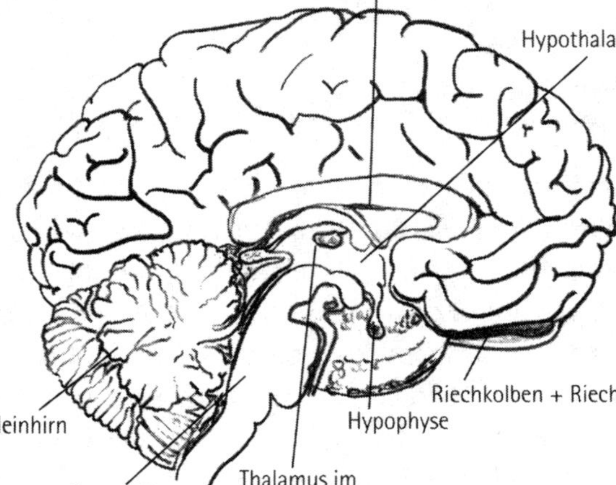

nen von Bedeutung ist, um dann gegebenenfalls »grünes Licht« für das weitere Vorgehen zu geben. Ganz entscheidend ist dabei immer die persönliche Lebenserfahrung. Die Einteilung in gute und schlechte Gerüche ist vor allem davon geprägt, in welchem Zusammenhang sie einem bewußt geworden sind. So kann Rosenduft für den einen den Geruch einer geliebten Frau verkörpern, ein anderer riecht den Tod, weil er an die Blumen denkt, die er in ein Grab warf. Der Gefühlswert der Düfte ist also nicht angeboren, sondern im Laufe des Lebens erlernt. Mit Gerüchen sind also Erinnerungen verbunden und umgekehrt.

Vom limbischen System führt die Verbindung weiter zum Hypothalamus, der Region des Zwischenhirns, die die wichtigsten Vorgänge im Organismus steuert und zur Hirnanhangdrüse, der Hypophyse. Diese nur erbsengroße Drüse ist das »Gehirn unseres Gehirns«. Sie reguliert praktisch den gesamten Hormonhaushalt des

Körpers und hält auf diese Weise das Gleichgewicht aller unserer inneren Funktionen aufrecht. Weitere Anschlüsse bestehen zur *Formatio reticularis,* der Schaltstelle für Bewegungsabläufe sowie Schlaf- und Wachrhythmus, und zur *Medulla oblongata,* der Kommandozentrale für Atmung und Kreislauf.

Körperachse für Erotik

Daß der junge Mann inzwischen an diesem Punkt angelangt ist, kann aus wissenschaftlicher Sicht nicht überraschen. Im Körper besteht über eine Nerven-Hormon-Achse, die Nasen-Hypothalamus-Hypophysen-Gonaden-Achse *(Gonaden* = Geschlechtsdrüsen) eine direkte Verbindung zwischen Nase und Geschlechtsorganen. Die Reizübertragung erfolgt in Bruchteilen von Sekunden. Allerdings sind nur ganz bestimmte Geruchsstoffe dazu geeignet, die Geschlechtsdrüsen anzuregen, nämlich die »Pheromone«, in Drüsenabsonderungen enthaltene Erkennungs- und Sexuallockstoffe, die bei Tieren bereits sehr gut untersucht worden sind. Die Aktivierung ihrer Nerven-Hormon-Achse können vor allem junge Männer manchmal sehr deutlich spüren, wenn ihnen im Augenblick höchster sexueller Erregung plötzlich die Nasenschleimhäute anschwellen.

Nicht jeder Geruch erreicht alle Abteilungen des Gehirns. Neben der Natur des Stoffes entscheidet auch seine Konzentration in der Atemluft darüber, welche Teile des Gehirns reagieren. Besonders empfindlich sind Mittelhirn und Stammhirn, die schon auf kleinste Reize ansprechen. Die Hirnrinde registriert Gerüche erst nach Überschreiten der Schwellenkonzentration für die bewußte Wahrnehmung. Experimentell wurde festgestellt, daß ein in die Nase eingeleiteter extrem verdünnter Riechstoff bereits den – mit einer Elektrode gemessenen – Hautwiderstand verändert, bevor die Testperson angibt, irgend etwas zu riechen. Gerüche aktivieren also den Organismus schon lange, bevor das Bewußtsein etwas entdeckt.

Was wir riechen, wie wir riechen

Wir wissen nun einiges über die vielfältigen Leistungen des Netzwerkes unterschiedlicher Informationsträger in unserem Gehirn und den Einfluß von Gerüchen auf menschliche Emotionen. Lassen Sie uns jetzt die Bedeutung der Düfte für unser Leben ergründen.

Kennen Sie den Duft von Aminopropylbutandiamin oder von 5-alpha-Androst-16-en-3-alpha-ol? Wenn Sie nicht wissen, wie diese zwei Stoffe mit den unaussprechlichen Namen riechen, befinden Sie sich durchaus in guter Gesellschaft. So ungefähr ein Viertel der Bevölkerung unserer Breiten hat kein Empfinden für den kastanienblütenartigen Duft des ersten der beiden. Beim zweiten scheiden sich die Geister noch mehr: Was den meisten von uns wie der unerträgliche Gestank einer Eberzucht in die Nase steigt, nimmt etwa jeder dritte überhaupt nicht wahr, nicht einmal dann, wenn die Konzentration des Geruchs bereits die Schmerzgrenze erreicht hat.

Es gibt eine ganze Reihe von Substanzen, die nicht von jedem von uns gerochen werden können. Rund 5% aller Menschen reagieren nicht auf den durchdringenden Geruch der Isovaleriansäure aus der Baldrianwurzel, und bei immerhin 7% versagt der Geruchssinn seinen Dienst, wenn sie das dem Fischgeruch ähnliche Aroma des körpereigenen Stoffes Trimethylamin erkennen sollen.

Anosmie: Geruchssinn mit Lücken

Ebenso wie es Menschen gibt, die farbenblind oder schwerhörig sind, gibt es andere, die nicht imstande sind, bestimmte – oder irgendwelche – Gerüche wahrzunehmen. Diese vollständige oder teilweise Störung des Geruchssinns wird als Anosmie (griechisch: *an* = ohne, *osme* = Geruch) bezeichnet. Die Anosmie kann angeboren sein, durch Infektionen oder Unfälle ausgelöst werden, vorübergehend oder ein Dauerleiden sein. Sie kann hormonell bedingt sein oder vom Lebensalter abhängen.

»Schön«, werden Sie jetzt sagen, »und was fehlt mir zum Glück auf Erden, wenn ich Aminopropylbutandiamin, Trimethylamin oder sonst einen dieser Zungenbrecher nicht riechen kann?« Eigentlich fehlt Ihnen nicht viel, abgesehen davon, daß Sie sich dann auch selbst nicht riechen können. Aber mit diesem Problem stehen Sie ja, wie gesagt, nicht alleine da.

Mensch riecht nach Mensch

Wie der Mensch riecht, kann man recht gut durch Schnuppern an der Innenfläche der eigenen Armbeuge feststellen: mild, balsamisch (griechisch: *balsamon* = Balsamstrauch, eine Pflanze der Mittelmeerländer), manchmal leicht säuerlich und insgesamt sehr angenehm. Beriecht man die gleiche Stelle bei einer anderen Person, entdeckt man einen ähnlichen, aber doch etwas unterschiedlichen Duft.

An je mehr Armbeugen man das Experiment wiederholt, um so sicherer wird man, daß kein Mensch wie der andere riecht. Es fällt dabei nicht schwer, gute und schlechte Gerüche zu unterscheiden. Den einen mag man riechen, den anderen eben nicht. Uns selbst können wir an unserem eigenen Geruch erkennen. Aus einem Korb voll ungewaschener Wäsche findet fast jeder mit sicherer Nase die Stücke heraus, die er selbst eine Weile getragen hat.

Frauen riechen anders als Männer, Kinder anders als Greise. Menschen, die man kennt, riechen zumindest vertraut, wenn auch nicht immer gut. Der Geruch eines Fremden wird uns meist nicht auf

Anhieb gefallen. Die freundliche Metzgerin von nebenan erkennt man auch mit geschlossenen Augen, ebenso den Fischhändler oder den Automechaniker.

Man ist, was man ißt

Ein Vegetarier kann die für sein Empfinden fauligen oder gar nach Kot riechenden Ausdünstungen eines Fleischessers meist nicht besonders gut ertragen. Der Gemüsefreund selbst verströmt – zumindest für die Nasen seiner Gesinnungsgegner – den Geruch vermodernden Laubs, häufig übertönt von Sellerie-, Lauch- oder Spargelaroma. Raucher oder Trinker werden nur schwer ihre Angewohnheiten vor dem Geruchssinn ihrer Mitmenschen verbergen können, und wer den Knoblauch liebt, wird erkannt, auch wenn er noch so sehr bemüht ist, sein Gegenüber mit minzfrischem Atem zu beeindrucken.

Der rote Faden durch diesen Duftwirrwarr ist leicht zu finden. Unser für andere wahrnehmbarer Geruch hängt größtenteils von unseren Lebensumständen ab, insbesondere von dem, was wir essen. Außerdem nehmen wir die Gerüche unserer Umwelt an und tragen sie wie ein Parfüm mit uns spazieren. Wir verfügen aber auch über unseren ganz persönlichen Duft, der jeden von uns als einmalig und unverwechselbar ausweist.

Ob dick, ob dünn, ob blond, ob schwarz …

Schon vor Jahren wurde damit begonnen, den Zusammenhang zwischen den körperlichen Merkmalen eines Menschen und einer dafür bezeichnenden Geruchsausstrahlung aufzudecken. Die Psychologen fanden sogar bestimmte Charaktereigenschaften, die sich dem jeweiligen Typus zuordnen ließen. Die Unterschiede in der Geruchsaura (lateinisch: *aura* = Hauch, Schimmer) lassen sich recht überzeugend aus den voneinander abweichenden Ernährungsgewohnheiten ableiten. Im allgemeinen läßt ein starker Körpergeruch auf Extrovertiertheit, ein schwacher auf Schüchternheit und Zurückhaltung schließen.

Körperbau und Charakter

Die Einteilung nach körperlichen Merkmalen erfolgt in der Regel in leptosome (griechisch: *leptos* = dünn, zart, fein, *soma* = Körper), athletische (griechisch: *athletes* = Wettkämpfer, Ringer) und pyknische (griechisch: *pyknos* = fest, derb) Typen. Diese Gruppierung wurde bereits im Jahr 1921 von dem Nervenarzt Ernst Kretschmer in seinem Buch »Körperbau und Charakter« dargestellt und ist seither in vielfach abgewandelter Form immer wieder eingesetzt worden. Kretschmer hatte seine Erkenntnisse über die mit einer bestimmten Körperkonstitution verbundenen Eigenschaften bei der Beobachtung seiner psychiatrischen Patienten gewonnen. Er ordnete deshalb auch jedem Typus ein entsprechendes Krankheitsbild zu, mit

Die Einteilung der Menschentypen nach ihren körperlichen Merkmalen

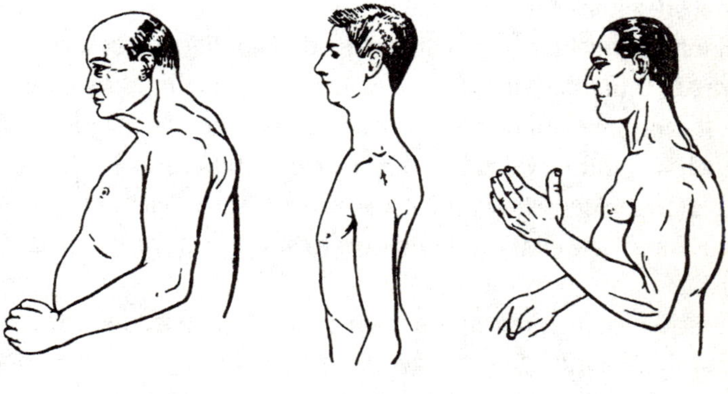

pyknisch *leptosom asthenisch* *athletisch*

dem das charakterliche Extrem einer Person modellhaft dargestellt ist.

Mindestens zwei Gene bestimmen den Anteil des Farbstoffes Melanin (griechisch: *melas* = dunkel, schwarz) in den Zellen und damit die Hautfarbe. Melanin schützt vor Sonneneinwirkung, indem es die Lichtwellen bereits in den oberen Hautschichten abfängt. Die Wärme wird wieder nach außen abgestrahlt und damit eine übermäßige Erhitzung des Körpers verhindert. Dunkelhäutige Menschen können daher starke Sonnenbestrahlung besser ertragen als hellhäutige, schwächer pigmentierte (lateinisch: *pigmentum* = Farbe), deren innere Organe durch das aus der Haut zurückströmende erwärmte Blut stärker »aufgeheizt« werden. Ihr Körper versucht dann, durch vermehrte Schweißabsonderung und Hautdurchblutung den mangelnden Hitzeschutz wieder auszugleichen.

Für leicht erhitzbar wird der rothaarige, melaninarme Typus gehalten. Gemeint ist damit vor allem sein Hang zu impulsiven, also plötzlichen und unerwarteten Reaktionen bei Streß. Tatsächlich haben rothaarige Menschen fast immer eine starke Geruchsausstrahlung, ihre Duftnote ist als scharf-brenzlig, ähnlich zu heiß gewordenem Fett, zu beschreiben.

Als eher schüchtern und kühl gelten die Blonden, sie besitzen die Aura des Unnahbaren. Um sie riechen zu können, muß man ihnen meist sehr nahe auf die Pelle rücken, da sie nur einen schwachen, manchmal kaum wahrnehmbaren Eigenduft verbreiten. Der Geruch blonder Menschen wird als säuerlich-käsig bezeichnet und mit den Hautfettsäuren Butter- und Isovaleriansäure in Verbindung gebracht.

Zwischen dem roten und dem blonden Typ steht der schwarz- oder braunhaarige. Er gilt allgemein als gesellig, ausgeglichen und extrovertiert. Ein süßlich-ranziger Duft mit leichter Schweißnote steht auf seiner olfaktorischen Visitenkarte.

Mit der Vertreibung aus dem Paradies fing alles an

Gewisse Ausdünstungen Adams sind Eva vermutlich unmittelbar nach der fristlosen Entlassung aus dem Paradies zum ersten Mal höchst unangenehm in die Nase gestiegen. Kaum hatte man vom Baum der Erkenntnis genascht, stellten sich auch schon bohrende Fragen zur Bestimmung und Rechtfertigung des menschlichen Daseins auf Erden ein. Als der Mensch Gut und Böse voneinander zu trennen gelernt hatte, entdeckte er, daß es dort, wo die Wurzeln des menschlichen Lebens »ruchbar« werden, unheimlich, schmuddlig und unmoralisch wird.

Seither sind wir unentwegt auf der Suche nach der desodorierten Seite unserer Seele, wo wir unsere eigentliche Bestimmung vermuten. Der Duft der Blüten bezaubert uns, die Abgaswolke, in die uns ein motorisierter Artgenosse taucht, läßt uns meist schon kalt. Aber wir sind entsetzt, wenn wir an uns selbst oder an anderen einen starken Geruch nach Mensch entdecken.

Adams Körper roch tatsächlich nach Käse und faulen Eiern, nach Fisch und Ziegenbock, nach frischer, verdorbener und verbrannter Butter, nach ausgekochten Knochen, Fleischsuppe und fauligem Gemüse, nach verwelktem Laub und saurer Milch. So konnte es auf keinen Fall weitergehen.

Eva hatte selbstverständlich längst einen Plan. Sie zeichnete die Umrisse einer menschlichen Gestalt in den Sand und begann damit, bestimmte Bereiche mit Kreisen zu markieren. »Wir wollen nicht mehr nach Mensch riechen«, erklärte sie, »also nehmen wir uns einen anderen Duft. Zuerst ziehen wir Schuhe über unsere Füße, denn ihr Geruch ist besonders verräterisch und bleibt auch lange am Boden haften. Wenn das nichts hilft, sorgen wir dafür, daß sie duften, wie Pflanzen und Erde. So verbergen wir ihren Geruch am besten.« Sie rührte eine Salbe aus grünen Kräutern und dem Harz von Bäumen und rieb Adams Füße damit ein. Dann sagte sie: »Den

Geruch unserer Haut und Haare überdecken wir mit dem süßen Duft der Blüten und der reifen Früchte.« Eva bereitete ein Bad aus Rosen, Orangen und Veilchen, und gegen den faulen Atem gab sie Adam eine Handvoll Blätter der Pfefferminze zu kauen.

Hautgerüche

Dort, wo die Haut nicht oder nur schwach behaart ist, hat sie einen zarten, vielleicht etwas säuerlichen Duft, so wie Butter oder ein milder Käse. Der Geruch stammt von einem wahren Cocktail verschiedener Stoffe, die in der Haut gebildet oder über sie ausgeschieden werden.

Die Haut ist aus drei Schichten aufgebaut. Sie werden als Ober-, Leder- und Unterhaut bezeichnet. Der typische Horngeruch der abgetragenen Zellen der Oberhaut ist ganz wesentlich an der Ausbildung des Hautduftes beteiligt. Verantwortlich dafür ist ein schwefelhaltiges Gerüsteiweiß der Haut, das Keratin (griechisch: *keras* = Horn). Riechen kann man Keratin in jedem Friseurgeschäft als Geruch geschnittenen Haars oder falls man – als Hobbygärtner – seine Nase in einen Sack mit Hornspänen steckt.

Die Ausführungsgänge der in der Lederhaut liegenden Schweißdrüsen münden in der Hautoberfläche. Frischer Schweiß ist praktisch ohne Geruch und besteht hauptsächlich aus Wasser, Mineral- und zahlreichen organischen Stoffen. Meist in direkter Nachbarschaft mit den Haarbälgen befinden sich die Talgdrüsen. Das aus ihnen austretende Fett staut sich in den Hautporen in Form kleiner Ölseen, von denen aus die Haare und die sie umgebenden Hautpartien mit einer dünnen Fettschicht überzogen werden.

Das zunächst nur sehr schwach duftende Gemisch aus Schweiß und Hautfetten wird von den auf der Hautoberfläche vorhandenen Bakterien chemisch abgebaut. Erst wenn die Fette in Fettsäuren, Glycerin und deren Folgeprodukte Alkohole und Aldehyde zerlegt sind, beginnt es wirklich zu riechen. Das Aroma der Alkohole ist ätherisch bis fruchtartig, das der Aldehyde stechend, und die Fettsäuren sind Lieferanten einer ganzen Reihe von Geruchsnoten:

Fettsäure	***Geruchseindruck***
Essigsäure	Essig (sauer)
Propionsäure	Schweiß
Buttersäure	ranziges Fett
Isovaleriansäure	Baldrian
Capronsäure	Ziegenbock
Heptylsäure	brenzlig
Laurinsäure	wachsartig

Die Duftlandschaft verändert sich dramatisch, sobald die Behaarung zunimmt, und um so angestrengter versuchen wir, Gerüche zu vermeiden oder zu überdecken. In den Haarbälgen münden die Duft- oder apokrinen Drüsen. Ihr Zweck besteht einzig und allein darin, in bestimmten Situationen mit ihren Absonderungen Duftstoffe an die Hautoberfläche abzugeben. Apokrine Drüsen kommen nicht nur an dichtbehaarten Körperstellen gehäuft vor, sondern auch immer dort, wo der Hautfarbstoff Melanin vermehrt vorhanden ist. Daher haben dunkelhäutige Menschen auch mehr davon als hellhäutige. Geballt finden sich apokrine Drüsen in der Achselhöhle, im Genitalbereich, in der Aftergegend und an den Brustwarzen. Die Funktion der Duftdrüsen wird über das Nerven- und Hormonsystem gesteuert, vor allem durch das Streßhormon Adrenalin. Ihre Absonderungen treten direkt an den Haarwurzeln aus, vermischen sich mit dem Hautfett und überziehen jedes Haar mit einer dünnen duftenden Schicht. Die Körperbehaarung wirkt daher wie ein Duftfächer, der die Riechstoffe über längere Zeit an die Umgebung abgibt.

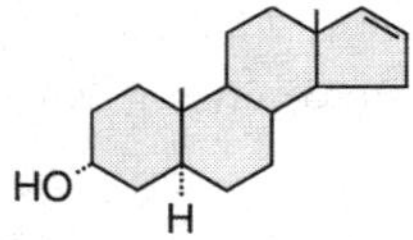

Androstenol

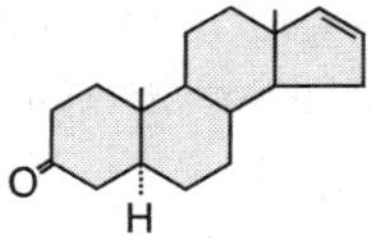

Androstenon

Die Analyse der apokrinen Absonderungen macht uns mit einer ganz besonderen Art von hormonellen Riechstoffen aus der Familie der Steroide bekannt. Steroide sind in jeder Zelle vorhandene hochwirksame organische Substanzen. Besonders zwei davon, die Pheromonstoffe Androstenon und Androstenol, scheinen eine ganz besondere Rolle zu spielen, auch wenn sie in den Absonderungen der Duftdrüsen nur in äußerster Verdünnung auftreten. Der Geruch dieser beiden Stoffe ist überaus stark und durchdringend. Androstenon »duftet« etwa so wie ein tagelang nicht geleerter Urinbehälter, das damit verwandte Androstenol verändert seinen Geruch durch entsprechende Verdünnung geradezu dramatisch. Es riecht dann moschusartig, nussig und ähnlich wie ostindisches Sandelholzöl. Frauen haben für diese Aromen eine deutlich feinere Nase als Männer, und das in direkter Abhängigkeit von ihrer Regelblutung: Unmittelbar vor dem Eisprung und kurz vor Beginn der »Tage« ist die olfaktorische Region der Damen besonders empfänglich für solche Gerüche.

Hochkonzentriert wirken Steroidgerüche fast immer abstoßend. Erst mit zunehmender Verdünnung wird der Geruch in Abstufungen wahrgenommen, bis er von den meisten Menschen schließlich als angenehm empfunden wird. Dies gilt übrigens für nahezu alle Riechstoffe und dürfte in dem komplizierten Zusammenspiel von kritischem Bewußtsein und unbewußten Instinktkräften begründet sein. Bisher noch nicht überzeugend erklärt ist das sonderbare Phänomen, warum rund ein Drittel aller Menschen – vor allem Männer –

den Geruch überhaupt nicht wahrnehmen können. Sicher spielt der antrainierte Umgang mit Körpergerüchen eine Schlüsselrolle dafür, daß sich das Bewußtsein einfach weigert, gewisse Duftreize zur Kenntnis zu nehmen.

Aber es wird noch spannender: Androstenon und Androstenol werden erst durch Einwirken der Hautbakterien aus einer geruchlosen Vorstufe, dem männlichen Geschlechtshormon Testosteron, gebildet. Testosteron steuert – auch bei Frauen – die Sexualität und die sogenannten typisch männlichen Eigenschaften, wie z. B. das Aggressionsverhalten. Bedenkt man die Tatsache, daß die Duftdrüsen erst mit Beginn der Entwicklungsjahre ihre Tätigkeit aufnehmen, bekommt der Geruch der Achseln aus biologischer Sicht Sinn: Der Organismus signalisiert seiner Umwelt das Vorhandensein von Testosteron und die damit verbundenen Verhaltensweisen. Ob auch andere Hormone vergleichbare Riechstoffe abgeben, weiß man bis heute noch nicht.

Das stille Örtchen und seine Duftgeheimnisse

Der Widerwille, den wir gegenüber den intimen Gerüchen unserer Ausscheidungen haben, ist keineswegs angeboren, sondern eine Folge unserer Erziehung. Jedes Kind durchläuft in der »analen Phase« (lateinisch: *anus* = After), zwischen dem ersten und dritten Lebensjahr, einen Lebensabschnitt, in dem es den Geruch seiner eigenen Ausscheidungsorgane und des Inhalts von Windel oder Töpfchen geradezu genießt. Mit dem Geruch erlernt der kleine Mensch, sich als eigenständige Person zu fühlen, Platz für sich selbst zu beanspruchen und gegenüber anderen unsichtbare Grenzen zu ziehen. Die Auseinandersetzung mit den Eltern ist vorprogrammiert: Jede Erziehung zur Reinlichkeit ist Dressur. Die Art ihrer Durchführung kann ausschlaggebend sein für das spätere Selbstwertgefühl des mit »pfui« und »laß das« stubenrein gemachten Erdenbewohners.

Man lehnt sich keineswegs allzuweit aus dem Fenster, wenn man meint, daß auch im späteren Leben der Geruch der eigenen Ausscheidungen – normale Entwicklung vorausgesetzt – zu den höchsten olfaktorischen Genüssen überhaupt zu zählen ist. Er verbindet uns über die Brücke der Erinnerung mit der glücklichen Gefühlswelt der frühen Tage. Unverzichtbare Bedingung ist jedoch, daß die Gerüche entweder im Rahmen vollkommener persönlicher Intimität aufgenommen werden oder aber in einer Verdünnung, die gerade noch nicht ihre bewußte Wahrnehmung zuläßt. Schaltet sich erst einmal das Bewußtsein ein, wird der Geruch nach den anerzogenen Verhaltensmustern beurteilt.

In der Natur gibt es zahlreiche Riechstoffe, bei denen ein deutlicher Kot- oder Fäkalgeruch (lateinisch: *faex* = Bodensatz, Hefe) in einem blumigen Duftakkord so raffiniert versteckt ist, daß wir ihn nicht wahrnehmen können. Gerade solche Düfte sind allgemein die begehrtesten. Den Geruch des Kots bestimmen Gärungs- und Fäulnisprodukte, vor allem Indol und Skatol (chemisch: Methylindol), Substanzen, die bei der Eiweißverdauung gebildet werden.

Der berühmte kleine Unterschied

Es ist wirklich kein Wunder, daß es sich für ein einigermaßen geregeltes Zusammenleben von Mann und Frau als ratsam erwiesen hat, die Geschlechtsteile zu verbergen. Zu groß sind die Unterschiede von Form und Geruch, viel zu sehr betonen sie das Anderssein und gleichzeitig die Attraktivität des Vertrauten und doch so Fremden – und schlafende Hunde soll man ja bekanntlich nicht wecken!

Männergerüche ...

Dem intimen Duftlabor des Mannes entsteigen die Gerüche von Urin, Sperma (griechisch: *smegma* = Salbe, Seife). Im Urin treten unter anderem auch Androstenon und Androstenol auf. Wie stark diese Steriode zu riechen sind, hängt vom Testosteron ab. Ein aufmerksamer Beobachter wird den direkten Zusammenhang zwischen Phasen gesteigerter Libido (lateinisch: *libido* = Lust, Trieb) und typischen Veränderungen des Uringeruchs feststellen können.

Sperma erinnert im Duft an Kastanienblüten, Geruchsträger sind die in der Samenflüssigkeit enthaltenen Substanzen Spermin und Spermidin. Letzteres trägt die chemische Bezeichnung Aminopropylbutandiamin und kann – wie Sie weiter oben gelesen haben – von jedem vierten von uns nicht gerochen werden.

Smegma ist eine in der Hauttasche zwischen Vorhaut und Eichel gebildete gelblich-krümelige Masse, die deutlich nach Käse riecht. An dem Zustandekommen dieser Duftnote sind bestimmte Bakterien beteiligt, die sich übrigens auch gerne in Telefonmuscheln und Mundstücken von Blasinstrumenten aufhalten.

... und weibliche Düfte

An die Damen werden im Hinblick auf Reinlichkeit und körperliche Hygiene von der Gesellschaft sehr viel höhere Anforderungen gestellt als an die Herren (die sind allerdings in letzter Zeit ganz schön dabei, aufzuholen). Ab dem ersten Einsetzen der Regelblutung muß die junge Frau erkennen, daß ihren geschlechtseigenen Ausscheidungen und deren Gerüchen der Makel des Unreinen anhaftet. Die einschlägige Werbung versucht, davon zu überzeugen, daß erst die vollständige Ausschaltung der verräterischen Gerüche zur Teilnahme am öffentlichen Leben berechtigt.

Die Tage der Monatsblutung sind in der Tat von einer spürbaren Veränderung der Geruchsaura begleitet. An einer leicht fischelnden Note ist die Substanz Trimethylamin beteiligt. In der Umgebung der äußeren Harnorgane machen sich die riechenden Steroide bemerkbar, vor allem in Form des sandelholz- und moschusartigen Androstenols.

Im Zuge des sich allmonatlich wiederholenden hormonellen Auf und Ab im weiblichen Körper verändern sich auch Menge und Zusammensetzung des Vaginalsekrets (lateinisch: *vagina* = Scheide). Es enthält in der Phase vor dem Eisprung mehr charakteristisch riechende Fettsäuren als in den Tagen danach. Gleichzeitig wird es dünnflüssiger und läßt sich zu Fäden ziehen. Viele Frauen können daran ihre fruchtbaren Tage feststellen. Der damit verbundene Geruch bleibt einem Mann, der sich regelmäßig in der Nähe der Frau aufhält, natürlich nicht verborgen. Offen bleibt die Frage, welche Rolle die »Pille« in diesem Zusammenhang spielt. Der Geruch der Frau ist also nicht nur kennzeichnend für ihr Geschlecht, er meldet auch den aktuellen Stand des monatlichen Regelkreises.

Bei der Frau und dem Mann von heute laufen die Reaktionen auf die Gerüche des anderen Geschlechts vermutlicherweise überwiegend unbewußt ab, da das bestehende Reinlichkeitsgebot diese Düfte ja nicht gestattet. Dennoch machen sie ohne Frage einen guten Teil des Zaubers von Liebe und Leidenschaft aus.

Das Parfüm der Seele – stumme Signale des Immunsystems

Ärzte, die bei einem Patienten zum ersten Mal einen Austausch des Knochenmarks vornehmen mußten, stellen häufig ein bemerkenswertes Phänomen fest. Obwohl ihnen der Mensch, den sie behandelt haben, durch viele Voruntersuchungen vertraut geworden ist, haben sie nach dem Eingriff das Gefühl, einer fremden Person gegenüberzustehen, so unglaublich und abwegig das auch erscheinen mag.

Verfolgt man die bewegte Geschichte der Medizin weiter zurück, so stößt man auf einen eigenartigen Berufszweig, der noch im vergangenen Jahrhundert sein Handwerk ausübte. Die Rede ist von den »Blutriechern«, die behaupteten, am Geruch des Blutes nicht nur bestimmte Krankheiten, sondern ebenso auch die betreffende Person erkennen zu können. Wie mag das funktioniert haben?

Zurück in die Gegenwart! An der Universität Kiel ist die Arbeitsgruppe um Professor Roman Ferstl vor nicht allzu langer Zeit auf eine heiße Spur gestoßen. Bei Mäusen war eine Knochenmarkverpflanzung durchgeführt worden. Durch den Eingriff veränderte sich die Geruchsaura der Tiere, und ihre Artgenossen konnten dies am Geruch des Urins erkennen.

Der Versuch

Die Kieler Wissenschaftler dressierten zunächst einen Stamm von Zuchtmäusen (Gruppe C) darauf, zwei andere Stämme (Gruppe A und B) am Geruch des Urins zu unterscheiden. A und B wichen nur in einer einzigen Besonderheit ihres körpereigenen Abwehr- oder Immunsystems voneinander ab, und zwar im Haupthistokompatibilitätskomplex oder MHC (englisch: major histocompatibility complex), der Bestandteil der Oberfläche fast aller kernhaltigen Zellen ist. Das Immunsystem wird im Organismus aus verschiedenartigen Zellen, Zellsekreten und Eiweißstoffen des Körpers gebildet. Seine Aufgabe ist es, das Eindringen von Krankheitskeimen und Fremdstoffen in den Körper abzuwehren sowie Erreger oder entartete Zellen zu beseitigen. Die Codierung des Immunsystems ist Aufgabe des MHC, von dem Tauglichkeit und Funktion der körpereigenen Abwehr abhängen. Der MHC ermöglicht dem Organismus, zwischen »Selbst« und »Nichtselbst« zu unterscheiden. Er zeichnet sich durch einen bestimmten Geruch aus, der sich von Lebewesen zu Lebewesen unterscheidet, durch ihn erhält jede Zelle gewissermaßen den für den Organismus, zu dem sie gehört, typischen biochemischen Fingerabdruck.

Nach Abschluß der Dressur erfolgte die Übertragung des Knochenmarks von Stamm A auf Stamm B. Da die C-Gruppe von da ab die B-Tiere nicht mehr von den A-Tieren unterscheiden konnte, war offensichtlich auch der MHC-Geruch von A an B weitergegeben worden.

Nach Abschluß des Versuchs hatten die B-Mäuse also den für sie typischen Geruch verloren. Spricht nicht vieles dafür, daß es bei Menschen, die fremdes Knochenmark erhalten haben, genauso ist? Im Knochenmark werden nicht nur die Blutzellen, sondern auch die an der körpereigenen Abwehr beteiligten Zellen gebildet. Wie der Mäuseversuch zeigt, scheinen die Immunzellen bestimmte duftende Stoffe, die von anderen Artgenossen gewittert werden können, an den Urin abzugeben.

Wenn solche Substanzen auch bisher noch nicht isoliert werden konnten, so spricht doch einiges dafür, daß bestimmte Kennzeichnungsmoleküle von den Zellen abgestoßen und nach einer chemischen Umwandlung hauptsächlich mit dem Urin, aber auch mit Schweiß und Tränenflüssigkeit ausgeschieden werden. Denkbar wäre auch, daß der MHC bestimmte Stoffwechselvorgänge in anderen Organen so beeinflußt, daß entsprechende Riechstoffe gebildet werden.

Die Bedeutung der riechenden Botenstoffe hat sich uns heute erst in groben Zügen erschlossen. Jedenfalls scheint das Immunsystem imstande zu sein, seine Eigenschaften in einer für andere Lebewesen wahrnehmbaren Form weiterzumelden. Vielleicht sind alle Erdenbewohner tatsächlich durch eine gemeinsame Duftsprache verbunden.

Welt ohne Licht

An einem sonnigen Sonntag mittag bin ich Robert zum ersten Mal begegnet. Er saß sehr aufrecht auf einer Bank inmitten eines bunten, liebevoll mit Steinfiguren und Rankgewächsen versehenen Blumengartens. Als er mich bemerkte, wendete er seinen Kopf eine Winzigkeit in meine Richtung, blieb dabei aber seltsam unbeweglich sitzen. »Hallo, ich bin der Robert«, sagte er auf einmal und stand auf, um mir die Hand zum Gruß hinzuhalten. »Dort kannst du dich hinsetzen«, meinte er und wies auf einen Stuhl.

Robert ist blind.

»Ich bin als Sechsmonatskind – kaum größer als ein Maßkrug – auf die Welt gekommen und dann acht Wochen im Brutkasten gelegen«, erzählt er. »Irgendwie gab es Schwierigkeiten mit dem Sauerstoff, und der Sehnerv wurde geschädigt. Heute bin ich 31 Jahre alt und praktisch zeit meines Lebens blind.«

Scheinbar ohne Regung hört er mir zu, als ich zu reden anfange. Blinde müßten eine besondere Beziehung zu ihrem Riechorgan haben. Man würde ja immer wieder Berichte lesen von geradezu wunderbaren geruchlichen Höchstleistungen von Blinden, z. B., daß sie Gegenstände oder Städte am Geruch erkennen können.

»Das ist Zigarettentabak«, meinte er, nachdem ich ihm das blaue Päckchen, das ich in der Tasche hatte, in die Hand gedrückt habe, um ihm eine kleine Freude zu machen. Ich fange an, ihn über sein Leben auszufragen und bin erstaunt, mit welcher Liebenswürdigkeit er auf meine Neugier eingeht.

Wie wächst man als blindes Kind auf?
Meine Mutter hat im Geschäft meines Großvaters mitgearbeitet, ich bin praktisch von meiner Oma großgezogen worden. Kindergärten für Blinde gab es damals nicht, ich habe die ersten Jahre ausschließlich zu Hause verbracht. Später konnte ich in der Blindenschule am allgemeinen Schulunterricht teilnehmen, habe außerdem die Blindenschrift gelernt und ein intensives Mobilitätstraining mitgemacht. Vor 15 Jahren ist meine Mutter gestorben, seither lebe ich ganz bei meinen Großeltern. Eine Kindheitserinnerung ist, daß ich im Flur unserer Wohnung wild mit meinem Fahrrad herumgekurvt bin, ohne irgendwo anzustoßen. Wie alt ich damals war, weiß ich allerdings nicht mehr genau.

Erinnerst du dich auch an irgendwelche Gerüche?
Natürlich habe ich immer gerochen, wenn etwas in der Küche angebrannt war. Ich weiß auch noch, daß einmal eine Steigleitung im Treppenhaus durchgeschmort ist und daß ich den brenzligen Geruch als erster bemerkt habe. Da war ich aber schon zwölf oder dreizehn Jahre alt. An frühere Gerüche kann ich mich nicht erinnern.

Hast du nach der Schule eine weitere Ausbildung gemacht?
Zuerst habe ich einen handwerklichen Beruf erlernt, als Teilezurichter in der Metallverarbeitung. Danach war ich arbeitslos. Schließlich habe ich mich zum Telefonisten umschulen lassen und arbeite jetzt seit viereinhalb Jahren in diesem Beruf. Ich erinnere mich ganz genau, wann und wo ich welche Kurse besucht habe. Das Gedächtnis ist der sechste Sinn des Blinden, es muß die Augen ersetzen. Ganz wichtig ist ein sehr gutes Erinnerungsvermögen für Einzelheiten und Zahlen. Wenn man sich nicht alles

möglichst rasch einprägt, kommt man dauernd in Schwierigkeiten.

Was treibst du eigentlich in deiner Freizeit?
Ich habe mir schon als Kind selbst das Akkordeonspielen beigebracht, außerdem gehe ich zwei- bis dreimal in der Woche zum Fitneßtraining. Seit ich arbeite, habe ich dafür leider nicht mehr so viel Zeit.

Das hört sich eigentlich ganz normal an.
Ist es auch. Soweit es möglich ist, führe ich ein normales Leben.

Wie kommst du mit dem Alltag zurecht, z. B. mit dem Straßenverkehr?
Jeder Blinde lernt, sich die Welt der Sehenden vorzustellen, auf seine Weise eben. Mit Hören, Tasten, einem guten Gedächtnis und einem Erinnerungsvermögen für Gerüche kommt man durchaus zurecht. In der Gegend, die ich kenne, bewege ich mich ohne jede Angst, weil ich immer ganz genau weiß, wo ich bin. Das ist reine Trainingssache. Einen neuen Weg muß ich fünf- bis sechsmal abgehen, dann habe ich ihn mir sicher eingeprägt.

Kannst du Menschen oder Dinge am Geruch erkennen?
Ja. Auf der Straße kann ich z. B. genau feststellen, ob ein Auto einen Katalysator hat oder nicht. Bemerkbar macht sich das an einem deutlichen schwefelartigen Geruch, vor allem wenn der Motor im Leerlauf geht. Menschen, die mir vertraut sind, erkenne ich an ihrem Geruch, wenn ich auch nicht genau beschreiben könnte, woran. Ich spüre einfach, wer in meiner Nähe ist. Wenn eine fremde Person in unserer Wohnung war, merke ich das sofort.

Wenn du mit der U-Bahn fährst, »riechst« du da, wann du aussteigen mußt?
Meine Haltestellen kenne ich ganz genau. Manchmal, wenn ich in Gedanken versunken bin, kann es passieren, daß ich an der falschen Station aussteige. Spätestens auf dem Bürgersteig merke ich aber, daß ich mich geirrt habe. Es kann sein, daß mir eben der Geruch »meiner« Haltestellen bekannt ist. Wenn die Bahngleise frisch geölt sind, das rieche ich immer sofort.

Kannst du deine Wäsche am Geruch erkennen?
Sogar sehr genau, auch wenn alles frisch gewaschen ist. Natürlich rieche ich auch, was von meinen Sachen nicht mehr sauber ist.

Wie kommst du mit dem Einkaufen zurecht?
Eigentlich recht gut. Ich peile die Richtung zum Gewürzregal, zur Metzgerei-, Bäckerei- oder Obstabteilung nach der Nase an.

Welche Gerüche magst du besonders gern?
Essensdüfte! Die versetzen mich immer in richtige Hochstimmung. An dem Geruch, der aus der Küche kommt, wenn meine Oma oder meine Tante kochen, merke ich, daß ich zu Hause bin.

Meinst du damit, daß du nicht nur riechst, was gekocht wird, sondern auch, wer das Essen zubereitet?
Ich denke schon, daß ich das kann. Da jeder andere Vorlieben für Gewürze und unterschiedliche Arten der Zubereitung hat, kann man mit der Nase erkennen, wer den Kochlöffel schwingt.

Da ich mit Sehenden schon oft Riechversuche durchgeführt habe, frage ich Robert, ob er Lust hätte, ein paar Geruchstests zu machen. Er ist einverstanden. Ich halte ihm erst einen synthetischen Riechstoff (Isobornylacetat = sogenannter Fichtennadelduft), dann echtes ätherisches Fenchelöl unter die Nase und bitte ihn, mir zu sagen, welcher der beiden Düfte künstlich, welcher natürlich ist. Er erklärt ohne Zögern, daß der erste künstlich sein muß, weil er wie billiges Badeöl riecht (Sehende können die Duftstoffe sehr viel schlechter zuordnen, Quote etwa 60 zu 40).

Danach lasse ich Robert nacheinander noch Anis, Rose, Bergamotte, Vanille, Zibet, Lavendel, Nelke und Lignofix, einen holzig-pudrigen Duft für Luxus-Toilettenartikel riechen. Bergamotte und Lavendel erkennt er nicht, alle anderen sofort. Vanille, Anis und Nelke kann er namentlich benennen. Zibet riecht für ihn nach Bauernhof und Lignofix bezeichnet er als den »Geruch eines Vorgesetzten«.

Im Vergleich zu Testpersonen, die sehen können, schneidet Robert überdurchschnittlich gut ab. Als ich ihm einen unparfümierten Duftstreifen unter die Nase halte, merkt er sofort, daß ich ihn an derselben herumführen will. Sehende haben bei dieser Gelegenheit regelmäßig die ausgefallensten Geruchsvorstellungen.

Aromagärten für Blinde

Ich hörte Dinge, die nicht hörbar sind: die Zeit, die über meine Haare floß, die Stille, die in zarten Gläsern klang und fühlte: Nah bei meinen Händen ging der Atem einer großen, weißen Rose.

(Rainer Maria Rilke: *Die Blinde*)

In einigen Städten hat man damit begonnen, für Blinde und Sehbehinderte Aromagärten anzulegen. Das Anfassen und Beriechen der Pflanzen ist hier nicht verboten, sondern ausdrücklich gewünscht. Pflanztröge in Greifhöhe erlauben ein sinnliches Erkunden der Duftgewächse. Solche Anlagen sind sicher ein wichtiger Schritt zur Integration der Betroffenen, die ihnen sonst meist nicht leicht gemacht wird.

Am Ende meines Gespräches mit Robert wußte ich, daß Blindsein für einen, der sehen kann, nicht wirklich zu begreifen ist. Wenn Sie oder ich uns etwas vorstellen, entstehen Bilder vor unserem »geistigen Auge«. In der Phantasie des Blinden gibt es keine Gestalten und Farben. Auch die Sprache der Sehenden ist eine Bildersprache und ganz auf die Wahrnehmung mit den Augen ausgerichtet. Blinde müssen über Dinge sprechen, die sie eigentlich gar nicht kennen. Da ihre besondere Art, Geräusche, Berührungen und Gerüche zu empfinden, sprachlich nicht angemessen umgesetzt werden kann, ist es ihnen oft nicht möglich, zu vermitteln, was sie bewegt. Um sozialen Kontakt haben zu können, müssen sie sich voll und ganz auf die Welt der Sehenden einstellen. Welche Leistung sie dabei erbringen müssen, können wir Sehenden auch nicht annähernd ermessen.

Der Duft der Farben

Farben gibt es in Wirklichkeit eigentlich gar nicht. Wenn kein Licht da ist, sind sie verschwunden, und man kann sie weder hören noch spüren.

Was wir farbig sehen, sind Lichtreize, die von den Sinneszellen der Netzhaut unseres Auges je nach der Länge der Lichtwellen in unterschiedliche Farben »übersetzt« und als elektrisches Signal über die Sehnerven zur Sehrinde, der optischen Wahrnehmungsstation unseres Gehirns, transportiert werden. Der Weg dorthin führt durch das limbische System, das für das Entstehen von Gefühlen zuständig ist. Dabei wird der Reiz durch andere Sinneseindrücke und gespeicherte Erinnerungen immer wieder abgewandelt und ergänzt. Eine ungeheuer komplizierte Abfolge und Verknüpfung von Nervenreizen führt letzten Endes in der Hirnrinde zu einer geordneten und sinnvollen Wahrnehmung. Das Sehen von Farben ist also schlechthin Empfindung!

Unser Auge kann nur einen begrenzten Bereich von Lichtwellenlängen erfassen und in ihm sechs Farben (sowie ihre Tönungen und Übergänge) erkennen. Die drei wichtigsten sind Rot, Blau und Gelb, die Primärfarben, aus denen die Sekundärfarben Orange, Grün und Violett durch Mischung entstehen. In einem Regenbogen kann man alle sechs Farben – mitsamt ihren Abstufungen – genau feststellen und unterscheiden.

Bestimmte Farben, wie Infrarot oder Ultraviolett bzw. deren Wellenlängen, können von uns nicht wahrgenommen werden, aber z. B. von Insekten, deren Augen anders aufgebaut sind als unsere, gesehen werden.

Was Farben ausdrücken

Man hat herausgefunden, daß das menschliche Auge vor allem verschiedene Grüntöne sowie Gelb und Orange sehr genau unterscheiden kann, vermutlich weil sich dadurch der Reifezustand eßbarer Grünpflanzen und Früchte beurteilen läßt. Im Lauf unserer Entwicklungsgeschichte hat sich für uns, im Gegensatz zur Tierwelt, der Signalwert der Farben verändert. Was das Tier als »Schlüsselreiz« erlebt, der zwanghaft ein bestimmtes Verhalten auslöst, ist für den Menschen »Empfindung«, die zwar die Bereitschaft zum Handeln in sich birgt, aber nicht notwendig dazu führen muß.

Um die Wirkung der Farben auf unsere Gefühlswelt begreifen zu können, müssen wir uns klarmachen, daß wir ihre Bedeutung anhand grundlegender Erfahrungen aus der Natur erlernt haben. Nur wenn wir uns mit natürlichen Farbquellen und ihrem Einfluß auf unser Dasein auseinandersetzen, wird es uns möglich sein, schließlich zu einem Verständnis der Farben zu gelangen.

Wir wissen, daß Farben Stimmungen ausdrücken oder erwecken können, diese Eigenschaften setzen wir z. B. in der Malerei oder der Mode um. Wie sehr wir im täglichen Leben auf Farben reagieren, weiß jeder, der schon einmal vor einer Verkehrsampel gestanden hat. Lassen Sie sich also davon überraschen, was Rot, Gelb und Grün für uns bedeuten und was passieren könnte, wenn die Ampel noch in einer vierten Farbe aufleuchten würde.

Eine ganz außergewöhnliche Ampel

Stellen Sie sich einen Radfahrer vor. Die Ampel steht auf Rot, also hat er angehalten. Rot signalisiert »Halt«, und das ist kein Zufall, denn Rot ist, wie wir erlernt haben, die Farbe mit der höchsten Energie und Reizstärke. Rot ist die Farbe des Blutes und die von Feuer und Glut. Rot ist Leben, Kraft, Energie und Macht, aber auch Wut, Kampf und Zerstörung.

Den Radfahrer versetzt das leuchtende Rot in höchste Anspannung. Es bestimmt ihn dazu, das Verbot, die Straße zu überqueren, einzuhalten.

Die Ampel schaltet auf Gelb. Gelb haben wir als die Farbe von Sonne und Licht erfahren. Gelb ist Sinnbild der Lebensenergie, der Erleuchtung, der Klarheit von Blick und Gedanken. Gelbes Licht erweckt unsere Aufmerksamkeit und zieht das Augenmerk auf sich. Es macht uns bereit, neue Wege zu beschreiten, die Gedanken stellen sich auf bevorstehende Veränderungen ein.

Genau das erlebt unser Radfahrer! Er bereitet sich vor, loszufahren, der einschüchternde rote Farbreiz ist verschwunden, das gelbe Licht weist ihm den weiteren Weg.

Die Ampel schaltet auf Grün. Das Grün der Wiesen und Wälder ist für uns Sinnbild des Gleichgewichts in der Natur. Grün vermittelt Reife, Beständigkeit, innere und äußere Ruhe und Sicherheit im Vertrauen auf die Kraft der Natur.

Der Radfahrer empfindet diese Entspannung, die es ihm erlaubt, sein eigentliches Vorhaben, nämlich mit dem Rad zu fahren, in die Tat umzusetzen. Normalerweise würde er sich jetzt zufrieden und im Einklang mit seiner Umwelt auf den Sattel und dann in Bewegung setzen, wenn er an einer ganz gewöhnlichen Ampel gestanden hätte.

Unsere seltsame Ampel schaltet jedoch jetzt auf Blau um. Im Blau des Himmels und des Wassers verliert unser Blick seinen festen äußeren Halt und wendet sich nach innen. Blau ist die Farbe der Träumerei, der Sehnsucht und der Meditation. Die »Blaue Blume« der Romantik wurde zum Sinnbild des verlorengegangenen Idealzustandes der Natur, die Musik des »Blues« wird zum Klangbild eines Seelenzustandes.

Falls unser radelnder Freund sich auf das Farbenspiel einläßt, würde er wahrscheinlich sein »blaues Wunder« erleben, und sein Ausflug könnte einen ganz anderen Verlauf nehmen, als er eigentlich geplant hatte …

Farben und Temperamente*

Ausgehend von Blau steigern sich über Grün und Gelb bis zu Rot Energie, Reizstärke und Leidenschaft. Aus dieser Reihenfolge läßt sich ein einfaches Wirkschema der Farbreize erstellen. Es baut darauf auf, daß der jeweils stärkere Reiz mehr erregt als der schwächere und die Bereitschaft, eine Empfindung in körperliche Aktivität umzusetzen, steigert. Blau und Rot sind durch einen vielfarbigen Bogen verbunden, für dessen Halt und Spannung die violetten und lila Farbtöne als Mischungen aus Rot und Blau verantwortlich sind.

Die Reizkraft einer Farbe gibt natürlich nur einen Anstoß, der sich in die eine oder die andere Richtung fortsetzen kann. Der Spannungsbogen stellt daher jeweils zwei Eigenschaften einander gegenüber, welche die beiden extremen Ausprägungen eines Temperaments darstellen. So birgt z. B. das positive Wesensmerkmal »Ordnungsliebe« den Gegenpol »Pedanterie« in sich. Das sinnliche Erleben der Sexualität kann bis hin zur Triebhaftigkeit ausufern. Fast immer pendelt sich das menschliche Verhalten zwischen zwei solchen Extremen ein. Nicht zuletzt liegt die Kunst des Lebens darin, das Gleichgewicht zu halten.

Den Schwerpunkt des Spannungsbogens bildet die Farbe Lila. Sie steht für den Ausgleich und die ganzheitliche Empfindung, die vermeidet, sich einer der Urfarben (Rot und Blau) und ihrer oft einseitigen Botschaft zuzurechnen. Deshalb lieben auch alle Kinder Lila!

Siehe hierzu Spannungsbogen Seite 56

Ihr Charakter hat sich noch nicht auf den weiblichen (blauen) oder den männlichen (roten) Pol festgelegt. Erst mit Eintritt der Geschlechtsreife können Gefühle auch in anderen Farben wiedererkannt werden. Im fortgeschrittenen Alter wird die Polarisierung dann häufig wieder zugunsten ausgleichender Töne wie Orange oder Violett aufgegeben.

Extrovertierte Menschen, deren Verhalten und Erleben in hohem Maß von äußeren Einflüssen abhängig ist, brauchen ständig starke Reize, um ihr persönliches Wohlbefinden sicherzustellen. Sie bevorzugen intensives Rot, Gelb oder leuchtendes Orange und haben eine deutliche Vorliebe für Kontraste. In sich gekehrte oder schüchterne Personen finden dagegen ihr Wesen eher in den gedeckten Tönen von Blau, Lila oder Dunkelgrün ausgedrückt. Stärkere Anregungen durch die anderen Farben beunruhigen oder überfordern sie, weil sie keine entsprechende Reaktion zeigen wollen oder können. Vorlieben und Abneigungen bei der Farbwahl sind also sichtbare Kennzeichen eines Temperaments, einer Stimmung oder Leidenschaft. Ein erster, recht aussagekräftiger Zugang zum Spannungsbogen läßt sich finden, wenn man anhand der persönlichen Lieblingsfarbe versucht, den eigenen Standort einzugrenzen.

Aus zahlreichen Untersuchungen ist bekannt, daß die Bevorzugung bestimmter Farbmuster auch viel mit der äußeren Erscheinung einer Person zu tun haben kann: Blonde entscheiden sich häufiger für Blautöne, braun- und rothaarige Personen fühlen sich mehr von Grün oder Rot angesprochen. Vielleicht sind die Farbvorlieben ja ein Bindeglied zwischen den äußeren Merkmalen eines Menschen und der davon beeinflußten charakterlichen Ausprägung. Sicher ist jedenfalls, daß die Sprache unseres Körpers sich auch durch Aussenden von Farbsignalen ausdrückt, und daß sich unser Wunsch nach bestimmten Farben wiederum an diesen Signalen ausrichtet.

Zeig mir das Land, wo die Zitronen blühen ...

Sowohl Farben als auch Gerüche werden durch Erfahrung erlernt. Finden die Sinneswahrnehmungen »Farbe« und »Geruch« gleichzeitig statt, z. B. beim Betrachten und Beschnuppern einer gelben Zitrone, speichert das Gehirn diese Erfahrungen als sogenannten Wahrnehmungskomplex in den jeweils dafür zuständigen Erinnerungsfeldern. Die voneinander getrennten Speicherorte des Gehirns für optische und geruchliche Informationen sind – bildhaft gesprochen – wie durch Zahnräder, die sich gegenseitig in Bewegung versetzen können, miteinander verbunden. Ein dichtes Nervengeflecht vernetzt die Zellen unseres Gehirns, und es kann leicht zur vermeintlichen Wahrnehmung eines Geruches kommen, wenn ein anderer Reiz, etwa in Gestalt einer bestimmten Farbe, den Wahrnehmungskomplex aktiviert. Man kann also beim bloßen Anblick einer gelben Zitrone deren Geruch schon in der Nase haben, und zwar nur, weil man das Zusammenspiel von Farbe und Duft auf die immer gleiche Weise schon oft erlebt hat.

Geruch und Farbe haben aber noch sehr viel mehr miteinander zu schaffen. Beide können entweder angenehme oder unangenehme Gefühle in uns erwecken, was bedeutet, daß wir jeden Sinnesreiz automatisch bewerten. Es ist daher nicht sonderlich überraschend, daß das, was wir bei der Wahrnehmung von Düften und Farben empfinden, in verblüffender Weise übereinstimmen kann. Der Eindruck von intensivem Gelb ist nicht weniger erfrischend und anregend als Zitronenduft. Ein entspannter Blick über grüne Wiesen und Wälder vermittelt wie das ätherische Öl aus Fichtennadeln oder Latschenkiefern die Vorstellung von Ausgeglichenheit, Ruhe und Stabilität.

Ein Denkmodell aus Düften und Farben

Aufgrund unserer Erfahrungen ordnen wir der für eine Pflanze typischen Farbe auch ihren Duft zu. Löst man sich von diesem Vorstellungsmuster und versucht, die Energie (Reizstärke) der Farben allgemein auf die der Düfte zu übertragen, so läßt sich ein einfaches Modell erstellen, das erlaubt, Duftwirkungen in sichtbare Farbmuster zu übertragen. Dazu einige Beispiele: Das stark anregende und aphrodisierende *Jasminöl,* dessen wichtigster Bestandteil der Fäkalriechstoff Indol ist, erscheint vor allem in den Farben Rot, Schwarz und Braun. Die *Rose* bietet, was zunächst vielleicht überrascht, verschiedene Blautöne, da ihr Duft vor allem betörend und leicht narkotisierend wirkt. In Zuordnungstests mit verschiedenen Rosendüften nennen Versuchspersonen tatsächlich fast immer Blau als die entsprechende Farbe. Auch der *Lavendelduft* wird vor allem als blau empfunden. Er verfügt jedoch außerdem über erfrischende (gelbe) und krautige (grüne) Geruchsnoten.

Ausgehend von diesen Überlegungen ist es möglich, die wichtigsten ätherischen Öle und Riechstoffe in eine Landschaft aus Farben einzuordnen. Grundlage dafür sind Erkenntnisse der theoretischen Parfümerie, Ergebnisse verschiedener psychologischer und zahlreicher eigenen Zuordnungstests. Aus diesen Untersuchungen hat sich übrigens auch ergeben, daß sich Männer und Frauen in ihren Vorlieben für bestimmte Farben nicht unterscheiden. Kinder einem Farbtest zu unterziehen, hat wenig Sinn: Sie hatten noch nicht genug Zeit, um aus der Natur die Bedeutung von Farben und Düften zu erlernen und daraus Schlüsse für ihre eigene Gefühlswelt zu ziehen.

Da jedes Modell vereinfachen muß, erscheint im Farbatlas jeder Riechstoff an der Stelle, an der seine wichtigste Farbe, die Leitfarbe, ihren Platz hat. Das soll kein Widerspruch dazu sein, daß sich ein Duft auch durch mehrere Farben ausdrücken kann, weil diese sich immer an der Leitfarbe ausrichten werden. Ob die sinnliche Note eines ätherischen Öls oder der beruhigende bzw. belebende Charakter einer Essenz – als Duft-Farb-Verknüpfung lassen sie sich ausdrücken: Während die Pfefferminze eisblau, vielleicht sogar ein bißchen weißlich riecht, duftet die ihr verwandte Poleiminze deutlich grüner!

Auch bei Düften die Qual der Wahl

Die wohl häufigste Frage, die bei der Auswahl eines Duftes gestellt wird, ist in der Praxis oft nur schwer zu beantworten: »Welcher Duft paßt zu mir?« Die Antwort auf eine eingehende Beratung unter Berücksichtigung der neuesten Erkenntnisse der Aromatherapie gipfelt oft nur in der knappen Feststellung: »Dieser Duft gefällt mir nicht.« In der Regel wird jeder enttäuscht, der versucht, seine Dufterlebnisse nach den Empfehlungen in der einschlägigen Literatur auszurichten und nicht selbst eine gefühlsmäßige Bewertung der Gerüche durchführt.

Vorlieben für bestimmte Farben geben recht genau Auskunft über die grundlegenden Charakterzüge, den Entwicklungsstand oder die momentane Stimmung einer Person. Damit die entsprechende Duftauswahl kein hoffnungsloser Kampf gegen Windmühlen bleibt, in dem man bestenfalls vom Zufall unterstützt wird, soll hier ein neuartiges Verfahren vorgestellt werden, das auf der engen Verknüpfung von Farb- und Duftwirkungen beruht. Mit seiner Hilfe können Farbbilder mit verhältnismäßig wenig Aufwand in die ihnen entsprechenden Rezepturen für Duftmischungen übersetzt werden.

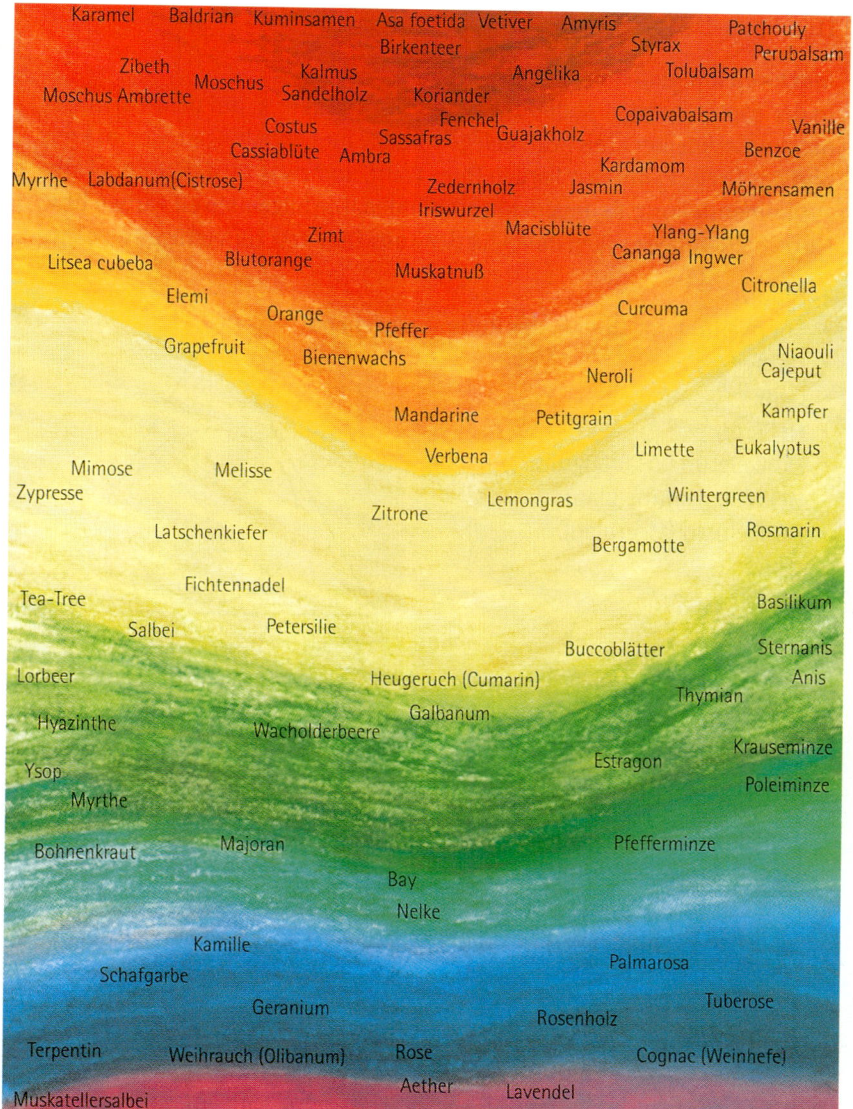
Karamel
Baldrian
Kuminsamen
Asa foetida
Vetiver
Amyris
Patchouly
Birkenteer
Styrax
Perubalsam
Zibeth
Kalmus
Angelika
Tolubalsam
Moschus
Moschus Ambrette
Sandelholz
Koriander
Fenchel
Copaivabalsam
Costus
Sassafras
Guajakholz
Vanille
Cassiablüte
Ambra
Benzoe
Kardamom
Myrrhe
Labdanum(Cistrose)
Zedernholz
Jasmin
Möhrensamen
Iriswurzel
Macisblüte
Zimt
Ylang-Ylang
Cananga
Ingwer
Litsea cubeba
Blutorange
Muskatnuß
Citronella
Elemi
Curcuma
Orange
Pfeffer
Grapefruit
Niaouli
Bienenwachs
Cajeput
Neroli
Mandarine
Petitgrain
Kampfer
Verbena
Limette
Eukalyptus
Mimose
Melisse
Zypresse
Lemongras
Wintergreen
Zitrone
Latschenkiefer
Rosmarin
Bergamotte
Fichtennadel
Tea-Tree
Basilikum
Salbei
Petersilie
Buccoblätter
Sternanis
Lorbeer
Heugeruch (Cumarin)
Anis
Thymian
Galbanum
Hyazinthe
Wacholderbeere
Krauseminze
Estragon
Ysop
Poleiminze
Myrthe
Bohnenkraut
Majoran
Pfefferminze
Bay
Nelke
Kamille
Palmarosa
Schafgarbe
Tuberose
Geranium
Rosenholz
Terpentin
Weihrauch (Olibanum)
Rose
Cognac (Weinhefe)
Aether
Lavendel
Muskatellersalbei

Der Farb-Duft-Test

Innenwelt und Außenwelt

In der nachstehenden Abbildung sehen Sie ein Dreieck, auf dem ein in vier Abschnitte geteilter Kreis liegt. Belegen Sie alle fünf Abteilungen (vier im Kreis und das Dreieck) mit den Farben Ihrer Wahl, und zwar so, daß Sie die Farbzusammenstellung als angenehm empfinden. Die folgenden elf Farben bzw. Farbschattierungen sollen Ihnen für den Farb-Duft-Test zur Verfügung stehen:

- Braun,
- Rot (Weinrot, ins Dunkel- bis Rotbraune gehend),
- Orange,
- Gelb,
- Hellgrün,
- Dunkelgrün (ins Blaugrüne gehend),
- Hellblau (Himmelblau),
- Dunkelblau (Meerblau),
- Violett,
- Schwarz,
- Weiß.

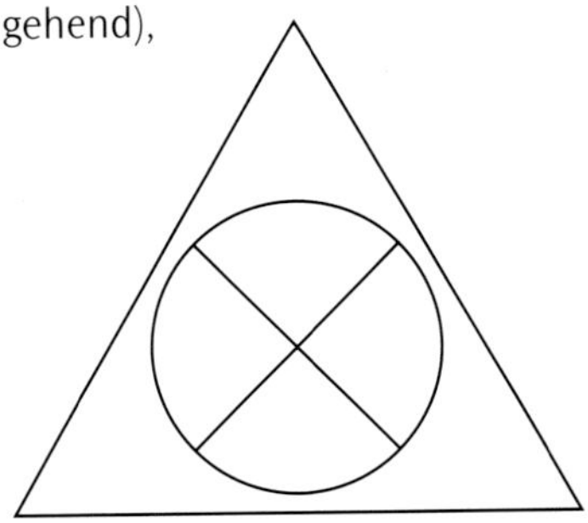

Von jeder Farbe wird jeweils ein Dreieck sowie ein aus vier Vierteln zusammengesetzter Kreis benötigt. Sie können Ihr Farbbild entweder malen oder aus ausgeschnittenem Farbpapier zusammensetzen.

Das bunte Bild, das Sie entworfen haben, erklärt sich aus psychologischer Sicht folgendermaßen: Durch den Kreis (Innenwelt) auf dem Dreieck (Außenwelt) haben Sie sich selbst in Ihrer Umgebung dargestellt. Was als »Innenwelt«, also das innere Empfinden einer Person, bezeichnet wird, zerfällt in vier Abschnitte, die zueinander über Kreuz in Verbindung stehen, und als die tragenden Achsen des Daseins bezeichnet werden können.

Achse 1: Die Kopf-Bauch-Linie

Das oberste Viertel des Kreises ist den Bereichen unseres Erlebens zugeordnet, die wir mit unserer Vernunft erschließen und beeinflussen können und wird daher Kopffeld genannt. Ihm gegenüber liegt das Bauchfeld, das für unsere triebhafte Seite steht. Seine bestimmenden Größen sind Sexualität, Aggressionsverhalten, Angst- und Fluchtreaktionen.

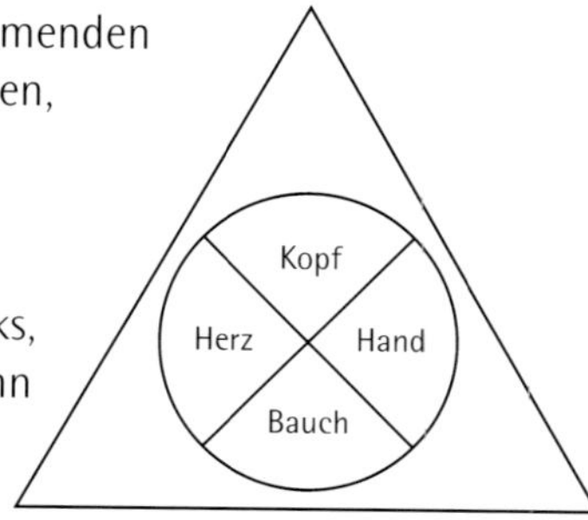

Achse 2: Die Herz-Hand-Linie

In der Regel befindet sich das Herzfeld links, das Handfeld rechts, bei Linkshändern kann es auch umgekehrt sein (in Zweifelsfällen gibt ein einfacher Test Aufschluß: Legen Sie die beiden Abschnitte umgedreht, so daß man ihre Farbe nicht sehen kann, nebeneinander und beobachten Sie, nach welchem davon zuerst gegriffen wird. Rechtshänder nehmen fast immer den rechten, Linkshänder den linken. Dementsprechend legen Sie dann die beiden Felder in den Kreis zurück). Das Herzfeld gibt Aufschluß über das gefühlsmäßige Erleben und Bewerten der Welt. Im Handfeld zeigt sich der praktische Zugang zur Umwelt, also Unternehmungslust, Tatkraft, Vertrauen in die eigene Geschicklichkeit.

Achten Sie unbedingt darauf, welcher Kreisabschnitt zuerst auf das Dreieck gelegt wird. An dieser Stelle drückt sich nämlich der stärkste Berührungspunkt zwischen innerem und äußerem Erleben aus. Das kann entweder eine harmonische Beziehung sein, dargestellt durch verwandte, ineinander übergehende Farben, oder auch ein gegensätzliches, kontrastreiches Verhältnis, das sich z. B. durch voneinander stark abweichende Farben zu erkennen gibt. Interessanterweise beginnen Männer fast immer mit dem Kopffeld, dem sie den Bauch folgen lassen, Frauen belegen dagegen meist zuerst das Herz- und danach das Handfeld.

Die Angaben in dem *Spannungsbogen der Farben und Temperamente* (siehe S. 56) ermöglichen Ihnen eine schon recht umfassende Persönlichkeitsanalyse. Versuchen Sie ruhig auch selbst, zu den Farben passende Eigenschaften in Worte zu fassen. Überlegen Sie dabei, wo Ihnen die eine oder andere Farbkombination schon einmal begegnet ist und welche Aussagen damit verbunden sind (z. B. Uniformen, Flaggen, Werbung etc.). Der Schlüssel zur Psychologie der Farben ist die Erfahrung, die der einzelne mit ihnen macht!

Achten Sie auf Harmonien und Gegensätze im Farbbild, sie verraten Schwerpunkte oder Reibungsflächen der Persönlichkeit. Denken Sie schließlich auch daran, daß das Wesen des Menschen nicht nur von einem Teil seines Ichs (einem Feld des Kreises), sondern durch das Zusammenwirken aller seiner Lebensäußerungen geprägt wird. Das Gesamtbild einer Person ist wie ein Puzzle aus vielen Bausteinen zusammengesetzt.

Aus diesem Grund sollten Sie den Farb-Duft-Test auch nicht als Fahrplan zur Erstellung einer Persönlichkeitsanalyse verstehen, sondern als Anregung dazu, die Aussage der Farbkombinationen gefühlsmäßig zu erfassen. Das geht am besten in einem gemeinsamen Gespräch. Sie sollten dabei allerdings nicht mehr erwarten, als anhand von Farbvorlieben grundlegende Wesenszüge erkennbar machen zu können. Was darunter zu verstehen ist, sollen die nachfolgenden Fallbeispiele verdeutlichen.

Beispiel 1: Bitte keine Experimente!

Der gefühlsmäßig schwankende, eher zurückhaltende Typ.
Wichtigste Farben: Blau und Grün.
Reihenfolge der Felder: Herz – Hand – Kopf – Bauch.

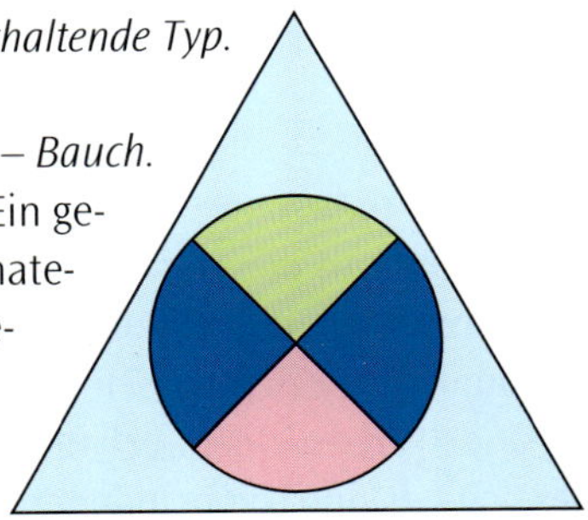

Herz und Hand stehen in Einklang (blau). Ein geordneter Lebensstil und Sicherheit (auch materielle) sind Voraussetzung für eine als angenehm empfundene Gefühlslage (grün).

Eigenschaften und Bedürfnisse: Sehnsucht nach Wärme, Geborgenheit, Ausgleich und Ruhe; Hochhalten traditioneller, »bürgerlicher« Werte wie Bescheidenheit, Arbeitsamkeit; Freude an kleinen Dingen; Suche nach Harmonie (Partnerschaft, Natur, soziales Umfeld); häuslicher Typ. Extremen Lebenssituationen wird aus dem Wege gegangen, auch weil befürchtet wird, ihnen nicht gewachsen zu sein. Sinnlichkeit und Sexualität finden nur in der unmittelbaren Intimsphäre statt, wobei der Rahmen der »Normalität« nie überschritten werden muß, um Befriedigung zu erlangen. Gesucht wird die verläßliche Zweierbeziehung mit gleichgesinnter Person, um in einer überwiegend zurückgezogenen Partnerschaft »Boden unter die Füße« zu bekommen.

Beispiel 2: Der Draufgänger

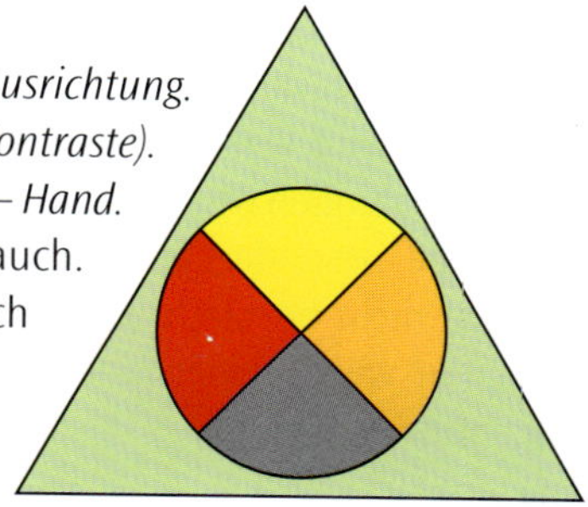

Emotional stabiler Typ mit extrovertierter Ausrichtung.
Wichtigste Farben: Schwarz, Rot, Orange (Kontraste).
Reihenfolge der Felder: Kopf – Bauch – Herz – Hand.
Deutliche Trennung zwischen Kopf und Bauch. Die intensiven Farben deuten auf eine nach außen orientierte Persönlichkeit hin, die auf starke Umweltreize angewiesen ist.
Eigenschaften und Bedürfnisse: Ein im Alltagsleben von einem wachen, zielbewußten Verstand kontrolliertes (gelb) starkes Verlangen nach sinnlichen Abenteuern auf der Suche nach der eigenen geschlechtlichen Entdeckung (schwarz); Leidenschaft des Herzens, gepaart mit schlagkräftigem Umsetzen einmal gefaßter Beschlüsse; großes Vertrauen in die eigenen Fähigkeiten mit einkalkuliertem Risiko von Selbstüberschätzung und Leichtsinn. Herz und Hand werden als Einheit erlebt: Das Herz gibt den Anstoß, die Hand setzt in die Tat um (rot und orange); Vertrauen darauf, daß die Saat, die man gesät hat, auf fruchtbaren Boden fällt (hellgrüner Untergrund); starke Persönlichkeit mit Durchsetzungskraft. Da die Bereitschaft zur Selbstkritik gering ist, wird sich gern über andere Menschen hinweggesetzt, bisweilen ohne Rücksicht auf Verluste. Bemerkenswert ist, daß die Farbe Blau, das Signal der Introversion, überhaupt nicht verwendet wurde. Fehlt die Zeit für Träume?

Beispiel 3: Das Seelchen

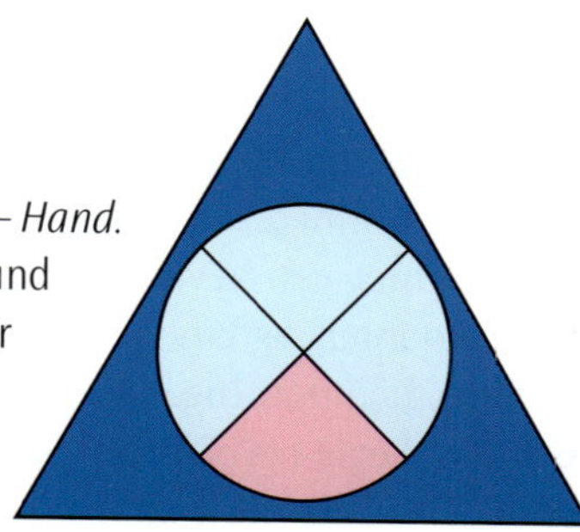

Der in sich gekehrte, schüchterne Typ.
Wichtigste Farben: verschiedene Blautöne.
Reihenfolge der Felder: Herz – Bauch – Kopf – Hand.
Träumerisches Schutzschild aus Herz, Kopf und Hand (gleicher Blauton) für eine zarte oder noch nicht ausgebildete Körperlichkeit.
Eigenschaften und Bedürfnisse: Stark introvertierte Persönlichkeit, die sich dem äußeren Druck nicht gewachsen fühlt; geringe Bereitschaft, aktiv am sozialen Leben teilzunehmen; wenig Vertrauen auf Verständnis für die eigene Ge-

fühlswelt bei anderen Menschen; Hang zu Tagträumen; Hang zur Selbstliebe und Selbstbewunderung. Durch Erschaffen einer eigenen Phantasie- und Traumwelt wird versucht, sich dem Alltag, der als Ballast und notwendige Pflicht empfunden wird, weitgehend zu entziehen. Man horcht in sich hinein, ohne dabei besonders aufregende Entdeckungen zu machen, was eigentlich auch gar nicht beabsichtigt ist. Das empfindsame Gemüt vermag äußerem Druck nur wenig Widerstand entgegenzusetzen und läuft dadurch Gefahr, ausgenutzt zu werden.

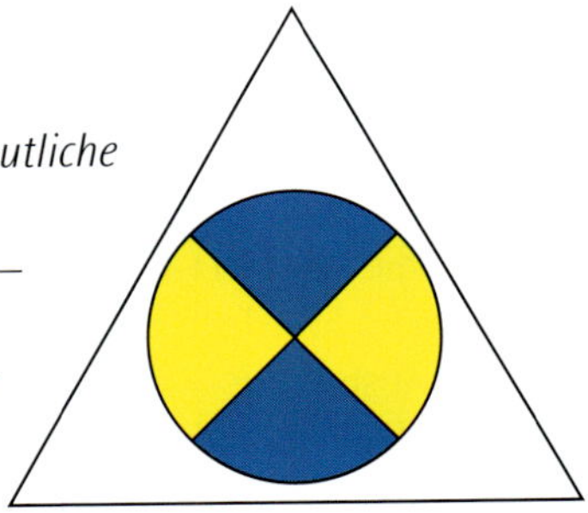

Beispiel 4: Der Etablierte

Der emotional stabile Typ.

Wichtigste Farben: häufig Gelb und Blau, deutliche Kontraste, meist symmetrische Anordnung.

Reihenfolge der Felder: Herz – Hand – Kopf – Bauch.

Das persönliche Verhalten richtet sich sehr an den gesellschaftlichen Anforderungen aus. Man hat seinen Platz in der Welt gefunden und belegt dies durch die Auswahl klarer und reizstarker Farben, allerdings ohne dabei herausfordern zu wollen (Verzicht auf Rot).

Eigenschaften und Bedürfnisse: Geringe Stimmungsschwankungen; Vermeidung von Gefühlsaufwallungen; Bemühen, jederzeit den Eindruck von Gelassenheit und Selbstkontrolle zu vermitteln, auch um bei anderen Menschen Vertrauen zu erwecken; hohes Anpassungsvermögen an die verschiedensten Anforderungen; hohe Wertschätzung der äußeren Kennzeichen eines gutsituierten Lebensstils. Die Lebensführung richtet sich an bewußt antrainierten Verhaltensnormen aus, dabei wird auch auf »angemessenen« sozialen Umgang geachtet. Um zu verhindern, daß Gefühle diese Haltung zu stark beeinflussen könnten, verbirgt man sich hinter konventionellen Regeln, die anderen Menschen den Zugang zur eigenen Person erschweren. Gelb und Blau, die in der Regel bevorzugten Farben, sind typisch für Uniformen (z. B. Lufthansa). Das Farbbild charakterisiert reife, gutsituierte Menschen und auch jüngere Personen aus gehobenen sozialen Schichten mit dem Bestreben nach Karriere oder überdurchschnittlichen beruflichen Leistungen.

Beispiel 5: Der Schwarz-Weiß-Typ

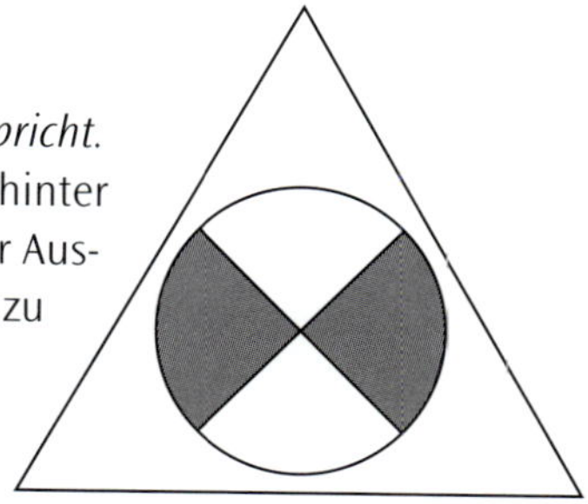

Ein Sonderfall, der kaum auf Riechstoffe anspricht.

Eigenschaften und Bedürfnisse: Neigung, sich hinter Äußerlichkeiten zu verbergen, schon um der Auseinandersetzung mit sich selbst aus dem Weg zu gehen; Übernehmen klischeehafter Verhaltensweisen der sozialen Gruppe, der man sich zugehörig fühlt; rasche Einteilung von Menschen oder Vorgängen in Schwarz und Weiß, bzw. Böse und Gut; übertriebene Verhaltensweisen; hohe Ansprechbarkeit durch Zeitmoden; Luxusorientiertheit. Durch betont distanziertes (»cooles«) Auftreten wird versucht, eine besonders ausgeprägte Individualität vorzugeben, die für andere Menschen in der Regel jedoch nicht ersichtlich ist. Der mit seiner Selbstdarstellung beschäftigte Schwarz-Weiß-Typ findet nur schwer Zugang zur Welt der Düfte, es sei denn, sein Dufterlebnis ist mit Exklusivität und hohem materiellen Wert verknüpft, z. B. in Form teurer Markenparfüms. Dabei dürfte allerdings mehr der Name des Produkts als der Duft selbst eine Rolle spielen.

Beispiel 6: Auf dem Weg zum Erwachsensein

Wichtigste Farben: Rottöne und Schwarz.

Reihenfolge der Felder: Herz – Hand – Kopf – Bauch.

Die Wahl von Schwarz als Farbe des Untergrunds steht für den Protest gegen ungewollte Einflüsse der Außenwelt, die sogar als Feind erlebt werden kann (dieses Bild wurde von einem zwölfjährigen Jungen gelegt, dessen noch kindhafte Extrovertiertheit sich in den Farben Rot und Orange widerspiegelt). Die Harmonie von Freude und Hingabe im kindlichen Spiel wird durch äußere, z. B. erzieherische Einwirkungen gestört. Hitzköpfigkeit und Aggression (rot) sollen die noch nicht ausgereiften intellektuellen Fähigkeiten ausgleichen. Hier will und muß sich jemand behaupten und durchsetzen, und er tut dies mit den Mitteln, die ihm zur Verfügung stehen. Bezeichnend ist auch, daß für das Bauchfeld die Farbe Grün gewählt wurde: Der Bereich der sexuellen Empfindung spielt für die heranwachsende Persönlichkeit noch eine untergeordnete Rolle.

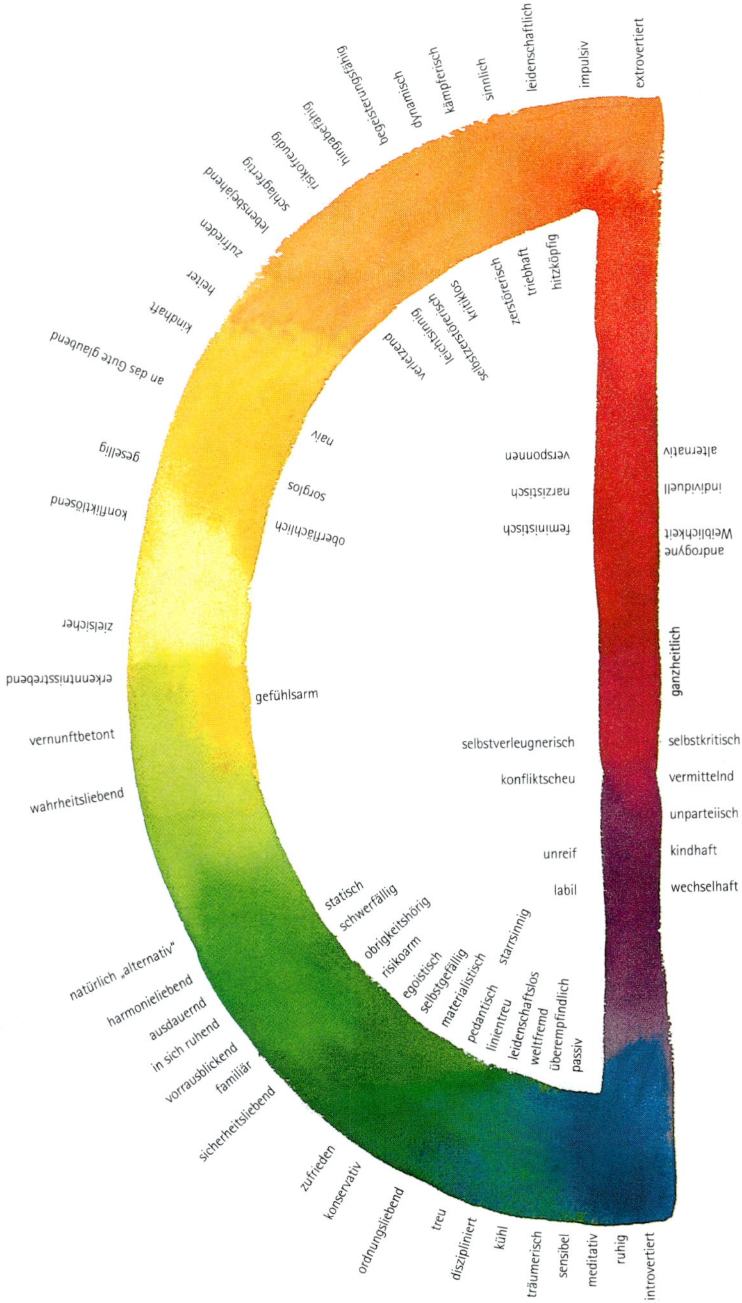

extrovertiert
impulsiv
leidenschaftlich
sinnlich
kämpferisch
dynamisch
begeisterungsfähig
hingabefähig
risikofreudig
schlagfertig
lebensbejahend
zufrieden
heiter
kindhaft
an das Gute glaubend
gesellig
konfliktlösend
zielsicher
erkenntnisstrebend
vernunftbetont
wahrheitsliebend
natürlich „alternativ"
harmonieliebend
ausdauernd
in sich ruhend
vorrausblickend
familiär
sicherheitsliebend
zufrieden
konservativ
ordnungsliebend
treu
diszipliniert
kühl
träumerisch
sensibel
meditativ
ruhig
introvertiert
hitzköpfig
triebhaft
zerstörerisch
kritiklos
selbstzerstörerisch
leichtsinnig
verletzend
naiv
sorglos
oberflächlich
gefühlsarm
statisch
schwerfällig
obrigkeitshörig
risikoarm
egoistisch
selbstgefällig
materialistisch
pedantisch
linientreu
leidenschaftslos
weltfremd
überempfindlich
passiv
starrsinnig
labil
unreif
konfliktscheu
selbstverleugnerisch
feministisch
narzisstisch
versponnen
alternativ
individuell
Weiblichkeit
androgyne
ganzheitlich
selbstkritisch
vermittelnd
unparteiisch
kindhaft
wechselhaft

Farbbilder – umgesetzt in Düfte

Wie lassen sich die sichtbar gewordenen Seelenbilder in Düfte übersetzen? Wenn man sein eigener Parfümeur werden will, muß man herausfinden, welche ätherischen Öle oder Mischungen von Duftstoffen ebenso gut zum eigenen Ich passen wie die kennzeichnenden Farben. Es empfiehlt sich ein Vorgehen in drei Schritten.

Der erste Schritt: Erfassen Sie den Charakter Ihres Farbbilds und übersetzen Sie ihn in die Duftsprache!

Sie sollten sich gleich zu Beginn fragen, wie das anhand der Farben zusammengestellte Duftgemisch riechen könnte. Wahrscheinlich werden Sie am Ende erstaunt sein, wie nah Ihre Duftkomposition Ihren ersten Vorstellungen gekommen ist. Konzentrieren Sie sich zunächst nur auf die Farben, die Ihnen als besonders wichtig für das Gesamtbild erscheinen, und übertragen Sie diese mit Hilfe der Tabelle auf S. 58 in die Duftsprache. Die Farben, auf die es hier ankommt, sind in der Regel mehrfach im Bild vertreten, vielleicht auch als verwandte Töne (z. B. Rot und Orange).

Ganz wichtig ist folgendes: Wenn Ihr Testbild nur wenige Farben gezeigt hat, brauchen Sie einen möglichst einheitlichen Duft, der nicht aus vielen verschiedenen Ölen gemischt sein darf. Die »unbunten« Farben Schwarz und Weiß sind eine Sache für sich. Obwohl sie im Farbtest enthalten sind, wurden sie ganz bewußt nicht im Farbatlas aufgenommen. Wenn man sich auch durchaus weiße (Kampfer und alle »medizinischen« Gerüche) und schwarze (Teer) Düfte vorstellen kann, würden Sie dennoch keine guten Ergebnisse erzielen, wenn Sie sie in Ihrer Mischung verwenden würden. Sie werden daher nur indirekt umgesetzt, indem sie den Gesamteindruck entweder verdunkeln oder aufhellen. Rot wird z. B. durch Schwarz zu Braun hingezogen, durch Weiß zu Orange usw. Schwarz und Weiß werden aber in jedem Fall im ersten Schritt in die Mischung miteinbezogen.

Tabelle der Farben und Düfte		
Farben	*Duftcharakter*	*Typisches Beispiel*
Gelb, Grün	frisch	Zitrone
Grün	krautig	rohes Gemüse
Grün	pinienartig	Waldduft
Rot, Gelb	blumig-süß	Blütenduft
Rot, Braun	balsamig	Sandelholz
Rot, Schwarz	sinnlich	Jasmin
Grün, Braun	holzig-herb	Zeder, Nelke
Blau	ätherisch	Äther
Orange, Gelb	fruchtig	frisches Obst
Schwarz, Weiß	pudrig	Babypuder
Die an zweiter Stelle genannten Farben dienen der genaueren Charakterisierung der Duftimpression, entscheidend ist immer die erste Farbe.		

Nachdem höchstens fünf verschiedene Farben (vier Kreisabschnitte und das Dreieck) pro Testbild gelegt werden können, sollte auch Ihr persönliches Parfüm nicht mehr als fünf verschiedene Riechstoffe enthalten. Für den ersten Schritt bedeutet dies, daß aus dem Duftatlas nicht mehr als zwei oder drei Riechstoffe ausgewählt werden, die dann die Basisnote der Mischung ergeben.

Der zweite Schritt: Erkennen Sie den Kontrast!

Suchen Sie jetzt die Farbe aus, die den stärksten Kontrast zur Basisnote darstellt. Dies kann (muß aber nicht) eine Komplementärfarbe sein, etwa Rot gegenüber Grün bzw. Gelb gegenüber Blau. Wählen Sie dann im Duftatlas einen oder höchstens zwei Düfte aus den entsprechenden Farbbereichen aus.

Der dritte Schritt: Schaffen Sie die Verbindung!

Die jetzt noch verbleibende Farbe schafft den Ausgleich zwischen den bisherigen Bestandteilen der Mischung. Dieser verbindende Duftstoff wird ebenfalls dem Farbatlas entnommen. In einigen Fällen kann er auch weggelassen werden.

Bitte betrachten Sie den eben geschilderten Aufbau eines Parfüms in drei Schritten nur als grundlegenden Fahrplan. Wenn sie erst ein bißchen Übung haben, werden Sie mehr und mehr auch eigene Wege beschreiten können. Sobald man durch praktische Erfahrung gelernt hat, welche Düfte eines Farbbereichs besonders harmonisieren, kann man wirklich interessante Basisnoten zusammenstellen, auf denen sich die faszinierendsten Kompositionen aufbauen lassen.

Der letzte Schliff – Tips zum Abrunden der Mischungen

Entscheidend dafür, daß unser duftendes Produkt uns zusagt, ist die Frage, ob es gut und harmonisch riecht oder nicht. Das wird bereits beim ersten Anriechen entschieden, und es wird schwerfallen, nachträglich etwas »hinbiegen« zu wollen, wenn nicht schon beim ersten Kontakt der zündende Funke vom Duft zur Nase übergesprungen ist. Anders ist es, wenn man an dem Duft, der einem zusagt, noch ein wenig »herumfeilt«, um ihn »abzurunden«, wie es in der Fachsprache der Parfümeure so schön heißt. »Rund« ist ein Duft, wenn er, vor allem im Angeruch, wie ein Geruch wahrgenommen wird, sich dann erst allmählich entwickelt und seinen schillernden und vielseitigen Charakter offenbart.

Das Abrunden nach der »Farbspektrum-Regel«

Überträgt man ein Dufterlebnis in Farbeindrücke, erhält man in der Regel ein kleines Farbspektrum. So erscheint z. B. der Lavendelduft in blauen, violetten, gelben und grünen Tönen. Grundsätzlich verträgt jeder Duft den Zusatz geringer Mengen von anderen ätherischen Ölen seines Farbspektrums. Die Betonungen werden dadurch zwar etwas anders gesetzt, der Grundcharakter bleibt aber auf jeden Fall erhalten. Den Lavendelduft könnte man folgendermaßen abrunden: Die Zugabe von Limettenöl (gelb) verleiht eine frische Note. Mischt man etwas Salbei (grün) und ein wenig Neroli (gelb) darunter, steigert sich die entspannende Wirkung des Duftes, und eine allzu deutliche Lavendelnote wird vermieden. Der Duft wird durch die Abrundung voller und interessanter.

Natürlich dürfen solche Zusätze nur tropfenweise erfolgen. Man ist mit Sicherheit gut beraten, wenn man zunächst lieber zu wenig als zuviel hinzufügt.

Spezialtips für den Duftprofi

Neben den vielen Möglichkeiten, die sich aus der Farbspektrum-Regel herleiten lassen, gibt es auch noch eine Reihe parfümistischer Kniffe, mit denen man ohne großen Aufwand vielen Mischungen ein bißchen auf die Sprünge helfen kann. Nachfolgend sind ein paar recht häufige Probleme aufgeführt, die sich ganz leicht lösen lassen.

- *Der erste Eindruck ist allzu »grün«:* Mit einem Tropfen Zedernholzöl wird eine zusätzliche, holzige Nuance erreicht.
- *Die Mischung riecht zu frisch und oberflächlich (zitronenfrisch):* Ein Tropfen Geraniumöl nimmt dem Zitrusduft die störende Spitze und verleiht einen leicht blumigen Charakter.
- *Der Geruch wird als zu »dunkel« empfunden:* Vor allem bei Mischungen aus schweren und balsamischen Riechstoffen kann das sehr leicht vorkommen. Aufhellen kann man durch Zugabe von Mandarinenöl, das sich schon oft als »Allheilmittel« bewährt hat.
- *Die Komposition ist zu süßlich:* Geringe Mengen von Sandelholz- oder Jasminöl sorgen dafür, daß die süße Note durch die noch fehlende Wärme ergänzt wird.

Alle diese Tips folgen dem Grundsatz der Kontrastgebung, dem auch viele teure Parfüms ihre »Seele« verdanken. Ebenso, wie bei einem Violinkonzert das Soloinstrument seine Klänge erst durch den sanften Kontrast, den das Orchester vermittelt, voll entfaltet, tut es auch der »Soloduft«, wenn er in ein interessant duftendes Gesamtbild gestellt wird.

Hinein in die Praxis: Die Duftmischung zum Farbbild

Wie schon oben gesagt, soll die Duftmischung höchstens fünf verschiedene Bestandteile enthalten, ebenso wie im Farbtest nicht mehr als fünf Farben verwendet werden können. Einzelfarben, die mehrfach vertreten sind, werden dementsprechend mit zwei, drei oder auch vier Anteilen in die Duftkomposition eingebracht. Falls keine Möglichkeit besteht, die ätherischen Öle auszuwiegen, werden sie tropfenweise abgemessen. Um mit den mitunter sehr wertvollen Essenzen sparsam umzugehen, empfiehlt es sich, vor allem bei den ersten Versuchen, die Mischung mit zehn Tropfen pro Farbe in einem kleinen, verschließbaren Fläschchen aus braunem Glas (Lichtschutz!) anzusetzen und sie dann gut miteinander zu verschütteln. Bitte verstehen Sie die angegebenen Rezepturen nur als Anregungen und nicht als unabänderliche Vorschriften. Und jetzt geht's los: Beweisen Sie sich und allen anderen Leuten, die eine feine Nase haben, daß Sie ein Meisterparfümeur sind!

Beispiel 1: Keine Experimente			
Schafgarbe	2 Teile	2 x blau	*Duftbeschreibung:* süßlich, würzig, leicht narkotisch; ausgewogener, harmonischer, wenig aufdringlicher Duft; beruhigende Wirkung.
Rosenholz	1 Teil	blau	
Lavendel	1 Teil	violett	
Majoran	1 Teil	dunkelgrün	

Beispiel 2: Der Draufgänger

Jasmin	1 Teil	rot+schwarz = rotbraun	*Duftbeschreibung:* sehr sinnlich, süß, mit ausgeprägter frischer Kopfnote; nachhaltige Veränderung und Entwicklung des Duftes beim Gebrauch, wird fast ein bißchen unruhig; viel Leidenschaft.
Sandelholz	1 Teil	rot+schwarz = rotbraun	
Mandarine	1 Teil	orange	
Verbena	1 Teil	gelb	
Bergamotte	1 Teil	gelbgrün	

Beispiel 3: Das Seelchen

Muskatellersalbei	3 Teile	3 x hellblau	*Duftbeschreibung:* betörend, süß, warm; für andere Charaktere nur schwer zu ertragen, da im höchsten Maß narkotisierend; für das Seelchen aber der entscheidende »Kick« zur ersehnten Weltflucht.
Rosenholz	1 Teil	blauviolett	
Geranium	1 Teil	dunkelblau	

Beispiel 4: Der Etablierte

Litsea	2 Teile	2 x gelb	*Duftbeschreibung:* blumig, frisch, unverfänglich, Eau-de-Cologne-artig; ausdrucksvoll (erinnern Sie sich: alle Zitronendüfte sind Trigeminusreizstoffe!), dabei nicht sinnlich oder erotisierend; sehr funktioneller Duft.
Bergamotte	1 Teil	gelb (+weiß)	
Lavendel	2 Teile	2 x blau	

Beispiel 5: Der Schwarz-Weiß-Typ
Er spricht – wenn überhaupt – auf ausgefallene, übertriebene Duftmischungen an, die sich mit natürlichen Riechstoffen meist gar nicht erzielen lassen. Um ihn von seinem olfaktorischen Alleingang abzubringen, kann versucht werden, mit sehr wertvollen Essenzen (z. B. Rose, Tuberose, Jasmin) Eindruck zu machen. Man sollte dabei aber keinesfalls versäumen, auf den horrenden Preis dieser Düfte hinzuweisen!

Beispiel 6: Auf dem Weg zum Erwachsensein

Mandarine	1 Teil	orange	*Duftbeschreibung:* holzig, pinienartig, frisch mit angedeuteter Ledernote; ein ausgesprochen männlicher Duft, der einen Heranwachsenden sicher besonders anspricht, weil er so »erwachsen« riecht.
Lemongras	1 Teil	gelb	
Blutorange	1 Teil	orange+ schwarz = rot	
Fichtennadel	1 Teil	grün	
Zedernholz	1 Teil	rot bzw. rotbraun (durch schwarz verdunkelt)	

Ehe Sie sich nun – hoffentlich mit den passenden Schwimmhilfen ausgestattet – in ein Meer von Düften und Farben stürzen, hier noch eine kleine Anmerkung: Den Duft, der uns in völlige Verzückung versetzen kann, gibt es nicht. Möglich ist aber, aus einer Vielzahl von Dufteindrücken diejenigen auszuwählen, mit denen die Stimmung einer Person am besten ausgedrückt wird. Letztlich geht es darum, den Charakter, den eine bestimmte Duftmischung aufweist, zu verinnerlichen und in eine Empfindung umzusetzen.

Verwenden Sie Ihr persönliches Duftgemisch in der Duftlampe, als Zusatz zu Massageölen und zum Badewasser. Wenn Sie ein bißchen altmodisch sein sollten, parfümieren Sie einfach Ihr Taschentuch damit, und retten Sie sich, indem Sie daran schnuppern, aus so mancher brenzligen Situation. Mutige tragen den Duft sogar als Parfüm. Dazu muß er aber immer mit Alkohol oder Jojobaöl verdünnt werden (Riechstoffgehalt ca. 10 Prozent).

Für die Auswahl und Anwendung von ätherischen Ölen im Rahmen der Aromatherapie empfiehlt es sich immer, zunächst den Farb-Duft-Test durchzuführen. Eine positive Wirkung ist von aromatischen Stoffen nur dann zu erwarten, wenn sie als wohlriechend empfunden werden. In der Praxis hat sich der Test jedenfalls als unentbehrliches Hilfsmittel erwiesen.

Liebe geht durch die Nase

Was Sie schon immer über Sex wissen wollten, ist sicher auch, ob es wichtig ist, daß man einander gut riechen kann, und was passiert ist, wenn man feststellt, daß die »Chemie« stimmt. Liebe hat viele Formen, und alle haben etwas mit Gerüchen zu tun. Es gibt Düfte für Unbemannte/Unbeweibte auf Partnersuche, für Verliebte, Aufreißer, Liebestolle, Verklemmte und Verführer ebenso wie für werdende Mütter, für Eltern und Kinder.

Geruch und Partnerwahl

Wenn die Luft zu knistern beginnt

Wir sprechen von Liebe, wenn ein anderer Mensch es versteht, die verborgensten Türen zu unserer Seele aufzuschließen. Um diesen Zustand zu beschreiben, finden wir tausend Worte, ohne wirklich zu wissen, was da mit uns geschehen ist. Meist stellt sich die Liebe völlig unerwartet ein und überfällt uns dann mit solcher Macht, daß unser bisheriges Leben völlig auf den Kopf gestellt wird. Ist es wirklich nur Zufall, wenn uns Amors Pfeile treffen?

Das Aussehen spielt sicher eine Rolle. Wir schwärmen doch alle von der »Liebe auf den ersten Blick«. Die Binsenweisheit, daß sich bei der Partnerwahl Gegensätze anscheinend magisch anziehen, werden Sie wahrscheinlich bestätigen können, wenn Sie an Paare in Ihrem Bekanntenkreis denken: Dick sucht Dünn, Klein bevorzugt Groß, Braun liebt Blond oder Rot, und selbst »die Schöne und das wilde Tier« sind alles andere als bloße Romangestalten. Jedenfalls dürfen wir das Zweigespann mit gleicher Körpergröße, Haar- und Augenfarbe zu den Ausnahmen zählen. Welchen Sinn kann es haben, wenn auch Sie immer wieder auf den gleichen Typ »anspringen« und wie auf Knopfdruck dahinschmelzen, sobald er Ihnen in die Augen blickt?

Dahinter steckt in der Tat mehr als der bloße Zufall. Wenn wir die Partnerwahl einmal unter dem Blickwinkel der Fortpflanzung betrachten – und das ist ihr eigentlicher biologischer Zweck –, so ist die Vermischung möglichst unterschiedlicher Gene der Eltern für die Nachkommenschaft überaus wichtig. Nur so ist eine Anpassung an sich verändernde Lebensumstände und Umweltbedingungen sowie die Vermeidung von Erbkrankheiten möglich. Nehmen Sie das Beispiel Aids: Wenn wir alle dasselbe genetische Muster hätten, wäre die gesamte Menschheit wahrscheinlich in kürzester Zeit ausgerottet. Tatsächlich infizieren sich – selbst unter vergleichbaren Voraussetzungen – aber nur einige, während andere von dieser schrecklichen Krankheit unberührt bleiben. Die genetische Vielfalt, das Geheimrezept der Weiterentwicklung des Lebens, sichert die Widerstandsfähigkeit und damit die Erhaltung der Art.

Die Chemie muß stimmen

Sicher kann jemand allein durch sein Aussehen unser Interesse erwecken und uns einen Annäherungsversuch unternehmen lassen. Welche Rolle das Äußere einer Person auch immer spielen mag, so gibt es doch einige sehr deutliche Hinweise darauf, daß die Würfel ganz anders fallen, als wir meinen. Das grüne Licht für Zuneigung und Leidenschaft gibt unsere »innere Stimme«, also unser dem Verstand verschlossenes Unterbewußtsein. Und dafür spielen die Gerüche eine zwar unterschwellige, aber keinesfalls untergeordnete Rolle.

An der Universität Kiel wurde 1990 ein interessanter Versuch mit einer Gruppe von Frauen durchgeführt. Die Damen sollten ihnen unbekannte Herren nur nach dem Geruch beurteilen und berichten, was ihnen dabei auffiel. Zuvor war für jeden der Männer der jeweilige Gewebetypus ermittelt worden, der Aufschluß über das vom MHC codierte Immunsystem geben kann (falls Sie jetzt nicht mehr genau wissen sollten, was der MHC ist, sollten Sie noch einmal unter »Was wir riechen, wie wir riechen« nachschauen).

Wenn der Gewebetypus eines »errochenen« Mannes mit dem der Frau, die diesen olfaktorischen Test durchführte, annähernd übereinstimmte, wurde sein Geruch als besonders stark und störend bezeichnet. Dagegen wurde der männliche Duft als nicht auffällig oder sogar ausgesprochen zusagend empfunden, wenn der Gewebetypus des Mannes sich deutlich von dem der Frau unterschied. Diese besondere Fähigkeit, Gerüche anderer Menschen angenehm (sympathisch) oder unangenehm (unsympathisch) finden zu können, wird ins Visier genommen, wenn man sagt, daß die Chemie stimmt.

Auswahl mit der Nase

Von Bedeutung ist dieses Auswahlverfahren mit der Nase für die Kinder aus einer Partnerschaft. Ihre Lebens- und Überlebenschancen sind um so besser, je vielfältiger ihr Immunsystem durch die genetischen Beiträge beider Eltern entwickelt ist. Dies zeigt besonders eindrucksvoll eine Untersuchung, bei der festgestellt wurde, daß 80 bis 90 % der Frauen, die ihr Kind bereits vor der zwölften Schwangerschaftswoche verloren haben, einen Partner mit vergleichbarem Gewebetypus gewählt hatten. Die Geruchskontrolle hatte hier offenbar nicht funktioniert. Man sollte vielleicht darüber nachdenken, inwieweit Körperpflegegewohnheiten oder Parfümierung die Nase täuschen können.

Einen recht überzeugenden Beweis für die Bedeutung des Geruchs bei der Partnerwahl lieferte eine Wissenschaftlerin des Max-Planck-Instituts Seewiesen. In dem von ihr durchgeführten Test wechselten sowohl 100 japanische, nach alter Sitte von ihren Eltern verheiratete, als auch 100 europäische Ehepaare, die aus Liebe zueinander gefunden hatten, ihre Kleidung einige Tage lang nicht. Dann folgte die Geruchsprobe. Die Europäer empfanden den Geruch der getragenen Kleider des jeweiligen Partners fast ausnahmslos als wohltuend und vertraut. Dagegen konnten sich die japanischen Paare, deren Bekanntschaft nur kurze Zeit vor der Hochzeit von den Eltern vermittelt worden war, mit dem Geruch ihrer Ehefrau/ihres Ehemannes nur schlecht oder gar nicht anfreunden.

Partnerwahl nach Art der Eskimos

Bei den Eskimos ist es üblich, daß junge Paare, die vorhaben, in Zukunft zusammenzuleben, die Nacht vor der Hochzeit gemeinsam in einem Bett verbringen, und zwar nur, um sich gegenseitig innig zu beriechen. Erst wenn dieser Test bestanden ist, wird tags darauf der Bund fürs Leben geschlossen.

Warum wir Mitteleuropäer davon Abstand nehmen, uns erst einmal unter die Bettdecke zu verkriechen und ausgiebig zu beschnüffeln, um danach Freunde und Verwandte mit »Wir heiraten!« in fröhliche Stimmung zu versetzen, kann viele Gründe haben. Wahrscheinlich rücken wir Dinge, die uns wichtig erscheinen, wie Beruf, doppelte Lebensversicherung, Auto oder Traumurlaub unter Palmen, bei der Partnerwahl viel zu sehr in den Mittelpunkt. Wir haben einfach verlernt, uns miteinander durch den Geruch zu verständigen. Körperdüfte sind lästig und störend, vor allem deshalb, weil sie uns ständig darin erinnern, daß wir aus Fleisch und Blut sind.

Geruch und Sexualität

Tierische Reaktionen

Im letzten Sommer kam in unsere Apotheke eine recht sonderbare Kundin. Sie hatte herzlich wenig mit den Leuten zu tun, die ihre Rezepte über den Tresen reichen, sorgte aber dennoch für einen gehörigen Wirbel. Jedesmal, wenn ein Fenster geöffnet wurde, war sie auch schon da: eine respektlose, süße schwarze Katze aus der Nachbarschaft, die es sich vor einem Regal mit verschiedenen Teedrogen gemütlich machte. Zielsicher peilte sie das Gefäß mit der Aufschrift »Radix Valerianae«, also Baldrianwurzel, an und ließ sich davor nieder.

Natürlich hatten wir davon gehört, daß Katzen ein ganz besonderes Verhältnis zum Geruch von Baldrian haben. Also starteten wir einen kleinen Test. Von der stark duftenden Wurzel wurde ein wenig auf einen Teller gestreut und dann beobachtet, wie sich die Katze verhalten würde. Wie von einem Magneten angezogen stürzte sich die Katze auf die Baldrianwurzel, plötzlich wälzte sie sich geradezu wollüstig hin und her. Dabei blieb sie immer wieder – die Nase stets der Duftquelle zugewandt – sekundenlang wie erstarrt liegen. Nachdem der Teller mit allem, was darauf war, wieder fortgeräumt worden war, kam die Katze noch viele Tage lang an den Ort ihrer olfaktorischen Genüsse zurück. Wahrscheinlich war noch immer ein bißchen Baldrianduft im Teppich, was wir Menschen natürlich längst nicht mehr riechen konnten.

Ein ganz anderes, aber nicht minder eindrucksvolles Beispiel für die unmittelbare und für unsere Begriffe geradezu magische Wirkung bestimmter Riechstoffe auf Tiere wird aus der gewerblichen Schweinezucht berichtet. Wie bei allen Säugetieren ist auch bei Schweinen das Sexualverhalten auf gleichzeitigen Ablauf programmiert. Männchen und Weibchen zeigen einander durch optische, akustische und vor allem geruchliche Signale, daß sie paarungsbereit sind. Kurz bevor der Eber dazu ansetzt, die Sau zu decken, sondert er mit dem Speichel einen gewissen Riechstoff ab, dem die hitzige Sau keinen Widerstand mehr entgegensetzen kann. Dabei zeigt sie eine sonderbare Reaktion, die es dem Eber ziemlich leicht macht, das weibliche Tier zu besteigen. Die Sau verfällt für einige

Zeit in die sogenannte Duldungsstarre, in der ihr Körper mit leicht gespreizten Hinterbeinen völlig unbewegt verharrt und so ihrem lüsternen Partner ein leichtes Spiel verschafft. Diesen natürlichen Vorgang macht sich der Schweinezüchter zunutze, indem er seinen Zuchtsauen den Eber-Spezialduft aus einer Spraydose auf die Schnauze sprüht. Zwar ist die Sau dadurch um ihr Vergnügen gebracht, aber die Methode ist auf jeden Fall rein biologisch.

Was sind das nun für Riechstoffe, die Katze und Schwein so in Wallung versetzen können? In ihnen begegnen uns zwei alte Bekannte aus dem menschlichen Geruchslabor, nämlich die Isovaleriansäure als Träger des Baldrianaromas (Hautgeruch) und das Androstenon, das nicht nur den Eber in Erregung versetzt, sondern auch von unseren apokrinen Drüsen bei passender Gelegenheit freigesetzt wird.

Daß auch bei uns modernen Menschen die Liebe nicht ganz ohne den Geruchssinn funktioniert, wollen wir ja glauben, aber wenn schon, dann bitte mit Hilfe von edlen Seifen und sündteuren Parfüms! In Wirklichkeit ist unsere Sexualität jedoch in hohem Maß von unseren Körpergerüchen abhängig. Wir haben nur im Lauf der Zeit gelernt, die Reaktionen auf solche Riechreize zu kontrollieren und unsere eigenen natürlichen Düfte durch künstliche zu überdecken und zu ersetzen. Im Gegensatz zu Sex und Pornographie, wie sie von den (geruchlosen!) Medien verbreitet werden, kann echte Intimität nur entstehen, wenn Körperdüfte den Geruchssinn anregen.

Pheromone, die »anderen« Hormone

Im Jahr 1939 erhielt der deutsche Chemiker Adolf Butenandt für eine sensationelle Entdeckung den Nobelpreis für Chemie. Es war ihm gelungen, das Geheimnis des Seidenspinnerweibchens *(Bombyx mori,* eine Schmetterlingsart), das über einige Kilometer Entfernung hinweg Geschlechtspartner anlocken kann, zu entschlüsseln.

Butenandt hatte herausgefunden, daß weibliche Seidenspinner einen besonderen Duftstoff in winzigsten Mengen absondern, den die Männchen in der ungeheuren Verdünnung von 1000 Molekülen pro ccm Luft durch spezielle Rezeptoren in den Fühlern noch wahrnehmen können.

In 20jähriger wissenschaftlicher Arbeit gelang es, als verantwortliche Substanz das Bombykol (einen Alkohol) zu bestimmen und seinen chemischen Aufbau aufzuklären. Seither hat man, vor allem bei Insekten und Fischen, aber auch bei Säugetieren, viele solche Lockstoffe entdeckt, mit denen die Weibchen ihre Befruchtungsbereitschaft signalisieren können. Etwa 60 dieser chemischen Verbindungen stehen heute in Reinsubstanz zur Verfügung.

Für diese bemerkenswerten Botenstoffe wurde der Begriff »Pheromone« geprägt. Sie ermöglichen – wie die Hormone als Nachrichtenübermittler innerhalb des Körpers – auf eine sehr spezielle und wirksame Art und Weise die Verständigung zwischen zwei Lebewesen durch den Austausch von chemischen Signalen.

Androstenon bringt uns in Stimmung

Die Entdeckung der riechenden Abbauprodukte des männlichen Geschlechtshormons Testosteron im menschlichen Achselschweiß war für die Geruchsforscher eine echte Sensation. Endlich sah man die Möglichkeit, mit den vermeintlichen Pheromonstoffen Androstenon bzw. Androstenol dahinterzukommen, wie wir Menschen durch Gerüche gesteuert werden.

Der Unterschied zwischen uns und den Tieren ist offensichtlich: Tiere reagieren wie unter Zwang auf einen Riechreiz. Der Mensch dagegen kann dem Drang nachgeben, aber er muß es nicht tun. Sein Bewußtsein kontrolliert bei Wahrnehmung eines olfaktorischen Reizes weitgehend sein Verhalten. Andererseits ist er aber auch imstande, in den älteren Teilen seines Gehirns jene Erinnerungsfelder aus der Frühzeit seiner Entwicklung anzuregen, die eine Ahnung von dem vermitteln, was vor der Vertreibung aus dem Paradies war.

Fest steht, daß unsere Stimmung durch Sexuallockstoffe schlagartig aufgehellt werden kann, ohne daß wir uns der eigentlichen Ursache dafür bewußt sind. Pheromonähnliche Gerüche machen uns aufgeschlossen und neugierig auf die Dinge, die da kommen sollten, da sie uns unterschwellig auf ein sinnliches Ereignis vorbereiten, auch wenn ein solches weder zu erwarten ist noch eintritt.

Sobald sich das Bewußtsein einschaltet und feststellt, daß es sich bei einem wahrgenommenen Geruch womöglich um einen Sexuallockstoff handelt, kann das Wohlgefühl wieder zurückgedrängt werden. Anerzogene Hemmungen, Sitte, Moral und Anstand schreiben uns dann ein Verhalten innerhalb des gesellschaftlich erlaubten Rahmens vor. Es gibt aber eine ganze Reihe von Zuständen, bei denen die Kontrollmechanismen nur eingeschränkt funktionieren. Im Schlaf, aber auch bei Erschöpfung und Streß, und nicht zuletzt, wenn wir verliebt sind, verlieren wir weitgehend die Herrschaft über unsere Sinne – und immer dann sind Gerüche besonders wirksam.

Schließlich sollte man auch daran denken, daß Gerüche, die nur sehr verdünnt in der Atemluft enthalten sind, nicht mehr bewußt erfahren werden und somit unbehelligt das Tor zum Unbewußten passieren können. Vielleicht ist es ja doch kein Zufall, wenn wir plötzlich und anscheinend ohne Grund die Straßenseite wechseln und bald darauf einer höchst attraktiven Person begegnen. Wer von uns, der meint, alleine durch die Gegend zu spazieren, kann schon sagen, welche unsichtbaren Fäden dabei gleichzeitig von Mensch zu Mensch gesponnen werden?

In Geruchsexperimenten konnte festgestellt werden, daß sich regelmäßig das Verhalten der Versuchspersonen ändert, wenn sie Androstenon riechen. Ist der Stoff in der Atemluft zu schwach konzentriert, um wahrgenommen werden zu können, verbessert er die Laune. Dagegen löst er, wenn er erkannt wird, immer eine Abwehrhaltung aus. Vergleicht man Männer und Frauen im Hinblick auf ihre Fähigkeit, Gerüche zu unterscheiden und zu benennen oder Düfte in sehr geringer Konzentration überhaupt zu bemerken, so hat die holde Weiblichkeit in jedem Fall die Nase vorn.

Was pheromonähnliche Düfte so alles zuwege bringen

Unter Laborbedingungen reagieren männliche und weibliche Testpersonen unter Androstenoneinfluß unterschiedlich auf ihnen vorgelegte Fotos von Personen des jeweils anderen Geschlechts. Zwar beurteilen alle die abgebildeten Frauen/Männer positiver als ohne »Beflügelung« durch Androstenon und stufen auch deren Attraktivität höher ein, die Damen tun dies jedoch in deutlich höherem Maß als die Herren. Alle Beteiligten berichten nach solchen Sitzungen regelmäßig, daß sie in den folgenden Tagen gesteigerte Lust auf Sex verspürt und sich auch selbst besonders anziehend und verführerisch gefunden hätten. Pheromonwirkungen halten also nicht nur kurzfristig an, sondern können das Verhalten noch eine ganze Weile beeinflussen.

Ein anderer Versuch ist als »Theater-Experiment« zu einiger Berühmtheit gelangt. Vor einer Theatervorstellung wurde die Hälfte aller nicht reservierten Sitzplätze und die Hälfte der aufliegenden Programmhefte mit einer praktisch nicht mehr wahrnehmbaren Verdünnung von Androstenol eingesprüht. Nahezu alle »duftenden« Plätze wurden von Frauen besetzt, und die nicht mit dem Riechstoff behandelten Programme blieben nach der Vorstellung liegen! Man weiß inzwischen, daß – ebenso wie Frauen auf Pheromongeruch »fliegen« – Männer es vermeiden, sich dort niederzulassen, wo ein vermeintlicher Rivale seine »Duftmarke« abgesetzt hat. Sie gehen damit einer, zumindest von der Entwicklungsgeschichte her denkbaren, Situation eines Revierkampfes aus dem Weg.

Einige Tage nach Beendigung des Experiments kam es zu einer weiteren sehr interessanten Beobachtung. Bei fünf Frauen, die im Theater arbeiteten und schon seit einiger Zeit gemerkt hatten, daß sich ihre »Tage« immer zur gleichen Zeit einstellten, kam es zu plötzlichen Abbruchblutungen. Sie waren offensichtlich durch die Wahrnehmung des Pheromonduftes ausgelöst worden.

Geschichten aus dem Mädchenpensionat

Zu Beginn dieses Jahrhunderts wurde in der Fachpresse über eine recht seltsame Beobachtung in mehreren englischen Mädchenpensionaten berichtet. Bereits kurze Zeit nach Bezug eines gemeinsamen Schlafsaals stellten die Mädchen regelmäßig fest, daß ihre Regelblutungen gleichzeitig eintraten und außerdem einige Tage länger als gewöhnlich dauerten.

Schon damals wurde angenommen, daß dieser sogenannte *Boarding-house-Effekt* dadurch ausgelöst wurde, daß jeweils eines der Mädchen mit dem Achselschweiß vermehrt einen besonderen Riechstoff absonderte und damit die Monatsregel ihrer Zimmergenossinnen beeinflußte. Heute weiß man, daß es sich dabei um einen Stoff vom Androstenol-Typ gehandelt hat. Neueste Studien aus den USA in Großraumbüros bestätigen, daß dies natürlich auch heute noch Gültigkeit hat.

»Geburtenkontrolle« auf Mäuseart

Trächtige Mäuseweibchen erkennen den Erzeuger ihres ungeborenen Nachwuchses an Geruchsstoffen, die er mit dem Urin ausscheidet. Im Verlauf von vier bis sechs Stunden ab Befruchtung bis zu ca. 50 Tagen danach sind sie imstande, das Männchen genau am Geruch zu erkennen und es von anderen zu unterscheiden. Hält sich während dieser Zeit in ihrer unmittelbaren Umgebung ein fremdes Männchen auf, so ist regelmäßig ein Abbruch der Schwangerschaft zu beobachten. Bei Versuchen konnte man feststellen, daß der Geruch eines fremden Männchens in den Körpergeweben einer trächtigen Maus den Gehalt an Progesteron (das Hormon, das eine Schwangerschaft aufrechterhält) absinken läßt.

Gerüche spielen bei Mäusen auch eine wichtige Rolle für die Geschlechtsreife und das Sexualverhalten. So wurde beobachtet, daß weibliche Jungmäuse, die mit männlichen Artgenossen zusammen aufwuchsen, wesentlich früher geschlechtsreif wurden als solche, die nur mit Weibchen zusammen gehalten wurden. Auch die Anzahl der Nachkommen pro Wurf war bei den mit männlichen Gerüchen aufgewachsenen Mäuseweibchen etwa eineinhalbmal so hoch wie bei denen, die anfangs nur weibliche Gesellschaft hatten.

Phänomene, wie sie im Theater-Experiment oder beim *Boardinghouse-Effekt* (siehe oben) aufgetreten sind, kannte man früher nur aus Tierbeobachtungen. So konnte eine zeitliche Übereinstimmung und Verlängerung des Regelkreises bei Mäuseweibchen, die ohne männliche Artgenossen gehalten wurden, erstmals von den Amerikanern Lee und Boot beschrieben werden. Den beiden Wissenschaftlern gelang es auch, die oben beschriebene pheromonabhängige Reaktion zu entdecken, die als »Schwangerschaftsblock« *(Lee/Boot-Effekt)* bekannt geworden ist.

Dies alles mag bei Mäusen zur natürlichen Geburtenkontrolle oder zur Erhaltung der Art zweckmäßig sein, läßt sich aber selbstverständlich nicht ohne weiteres auf den Menschen übertragen. Allerdings sollte man darüber nachdenken, ob es nicht doch mehr als nur ein lästiges Überbleibsel aus unserer stammesgeschichtlichen Frühzeit ist, wenn vergleichbares auch beim Menschen auftritt. So kann beispielsweise die männliche Geruchsaura bei Frauen den monatlichen Regelkreis verkürzen und die Chance einer Befruchtung dadurch erhöhen, daß der Eisprung öfter stattfindet. Der Duft von Frauen kann bei ihren Geschlechtsgenossinnen bewirken, daß sie ihre biologischen Uhren langsamer laufen lassen und sich in Wartestellung begeben, solange keine Möglichkeit besteht, einen Partner zu finden. Unsere Überbetonung sichtbarer und vom Verstand kontrollierter Merkmale sexueller Anziehungskraft dürfte wohl ein Versuch sein, uns aus den Fesseln des Geruchs, der uns so offensichtlich an die Welt der Tiere bindet, zu befreien.

Wo kein Geruch ist, leidet die Liebe

Wie sehr Geruchssinn und Sexualität beim Menschen zusammenhängen, zeigt ein sehr bedrückendes Krankheitsbild, von dem ausschließlich junge Männer betroffen sind. In den medizinischen Lehrbüchern wird es unter der Bezeichnung »olfaktogenitale Dysplasie« (lateinisch: *genitalis* = das Geschlecht betreffend, griechisch: *dys* = fehlerhaft, *plasma* = Gebilde) oder auch Kallmann-Syndrom aufgeführt. Kennzeichnend für dieses Leiden ist ein angeborener Genschaden, der zu Unterentwicklung und Unterfunktion der Geschlechtsdrüsen führt (Hypogonadismus). Dazu kommt tragischerweise noch eine weitere schwere Beeinträchtigung: Der Geruchssinn fällt praktisch vollständig aus, und die Ärzte kommen über die Anosmie schließlich zur genauen Diagnose der Krankheit.

Den Zusammenhang zwischen Geruchssinn und männlicher Fortpflanzungsfähigkeit hat Prof. Jakob Steiner (Universität Jerusalem) eindrucksvoll bestätigen können. Maß für die Fruchtbarkeit des Mannes und für die Einteilung von Störungen in verschiedene Schweregrade ist die Anzahl reifer Samenzellen im Sperma. Die Versuchsteilnehmer erhielten eine kleine Auswahl von Riechstoffen, darunter Androstenon, zur Beurteilung, und wieder einmal zeigten sich die markantesten Ergebnisse. Fast 80% der gesunden Männer konnten den Androstenongeruch wahrnehmen. Dagegen war es nur etwa einem Drittel derjenigen, die schwerwiegende Probleme mit ihrer Zeugungsfähigkeit (Aspermie oder schwere Oligospermie) hatten, möglich, Androstenon zu riechen (normalerweise enthält die Samenflüssigkeit mindestens 20 Millionen Samenzellen pro ml Samenflüssigkeit, bei Aspermie 0 bis 5 Millionen und bei schwerer Oligospermie 5 bis 8 Millionen.

Pheromoneffekte sind auch beim Menschen nachzuweisen, wenn die Versuchsergebnisse auch nicht immer eindeutig und oft sogar widersprüchlich sein können. Meist hinterlassen solche Beobachtungen nur das unbestimmte Gefühl zurück, als wäre da mehr, als vordergründig erkannt werden kann. Ein Blick auf die Tierwelt, für die Gerüche von größter Bedeutung für das Sozialleben sind, zeigt, daß wir Menschen für uns selbst bis jetzt nur »die Spitze des Eisbergs« gesehen haben. Sind wir letzten Endes doch nur parfümierte Affen?

Die Traumfabrik im Flakon

Illusion und Wirklichkeit des Parfüms

Überlegen Sie bitte einmal, mit wie vielen duftenden Pflegemitteln Sie Ihren Körper heute bearbeitet haben. Seife, Zahnpasta, Deodorant, diverse Cremes und Lotionen, Eau de Toilette, Rasierwasser oder ein Tropfen des gerade aktuellen Parfüms tauchen Sie mit Sicherheit täglich in ein Meer von Wohlgerüchen. Fragt man nach dem Grund, warum Menschen sich so gerne in Düfte hüllen, wird man wahrscheinlich hören »weil man sich gut fühlt«, »weil sie so erfrischen«, »weil ich dann so gut rieche«. Es ist den meisten von uns einfach zu einer lieben Gewohnheit geworden, das Haus nicht ohne die duftende »zweite Haut« zu verlassen.

Außerdem bewerten wir die Qualität der verschiedenen Produkte nach dem Duft. Für eine Kaufentscheidung ist nicht zuletzt der angenehme Geruch ausschlaggebend, obwohl er, bei Licht betrachtet, herzlich wenig darüber aussagt, wie gut oder wie hautverträglich z. B. eine kosmetische Creme ist. Unsere Nase trifft dabei eine stren-

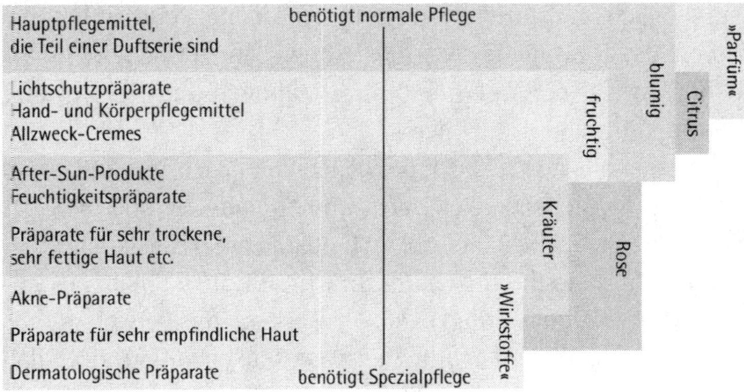

Marktanalyse: Positionierung der verschiedenen Produkttypen und Parfümierung. Der Hautgesundheitsindex als Orientierungshilfe bei der Parfümierung kosmetischer Emulsionen. (Mit freundlicher Genehmigung des Autors Dr. J. Stephan Jellinek, Leiter der Verkaufsförderung der Dragoco International.)

ge Auswahl: Die Zahnpasta darf nach Pfefferminze, jedoch keinesfalls etwa nach Jasmin riechen. Eine Emulsion, die wir zur »Behandlung« trockener Haut benutzen, muß im Geruch ein bißchen an Medizin erinnern, um uns an klinische Testung und Verwendung denken zu lassen. Parfüms müssen uns mit einer Wolke von Jasmin-, Rosen- oder modernen, chemisch hergestellten Düften umgeben. Mit Minze oder anderen »gesunden« Gerüchen könnten wir uns wohl weniger anfreunden.

Die Parfümindustrie hat natürlich die Zeichen der Zeit erkannt und als Hilfe für die Parfümierung kosmetischer Zubereitungen einen »Hautgesundheitsindex« erarbeitet. Er ist das Ergebnis verschiedener Untersuchungen, bei denen Pflegemittel für die völlig gesunde bis zur geschädigten Haut getestet wurden. Man weiß jetzt also genau, welchen Duft der Käufer bei welcher Art von Präparat erwartet, und kann sich darauf einstellen, daß König Kunde bevorzugt mit der Nase auswählt.

Über die Parfümierung können dem Verbraucher eine Reihe von Nutzeffekten eines Hautpflegeprodukts signalisiert – aber auch vorgetäuscht – werden, z. B.:

- Luxus bzw. Sparsamkeit,
- männliche bzw. weibliche Note,
- traditionelles bzw. neues Produkt,
- Unbedenklichkeit bzw. Bedenklichkeit,
- natürliche bzw. synthetische Inhaltsstoffe,
- starke bzw. zarte Effekte,
- Kurzzeit- bzw. Langzeitwirkung.

Wer hat das Parfüm erfunden?

Der Zoologe D. M. Stoddart hat eine faszinierende, bis in die Anfänge der Menschheitsgeschichte zurückführende Theorie über den Ursprung der Parfümverwendung entwickelt. Er ging davon aus, daß das Sexualverhalten unserer frühen Vorfahren ganz sicher in ähnlicher Weise von Gerüchen abhängig war, wie es heute noch bei fast allen Tiergattungen der Fall ist. Auch für unsere Ahnen aus der Vorzeit war die zeitliche Abstimmung des männlichen Geschlechtstriebes mit der Befruchtungsbereitschaft der Frau ein wirksames Programm der Natur. In der Zeit vor dem Eisprung sondert das Säugetierweibchen einen besonderen Geruch ab, auf den das Männchen entsprechend reagiert.

Da die Natur in dieser Hinsicht so einfach wie genial ist, sind auch wir neuzeitlichen Menschen noch reichhaltig mit speziellen Duftdrüsen ausgestattet. Ihren Ausdünstungen, die uns so stören, meinen wir allerdings mit einer Lawine von Wasch- und Desinfektionsmitteln zu Leibe rücken zu müssen. Offensichtlich rühren solche Gerüche an eine besonders wunde Stelle in uns, anders wäre dieser Aufwand wohl nicht zu erklären!

Wehe, wenn sie losgelassen …

Als sich die Formen des menschlichen Zusammenlebens durch Bevölkerungszunahme, Hordenbildung und die damit nötige Arbeitsteilung zu verändern begannen, wurde der Zusammenhalt der Lebensgemeinschaften vor neue Herausforderungen gestellt. Die Männer waren oft lange Zeit von ihren Familien getrennt, um Nahrung herbeizuschaffen, während die Frauen die Aufzucht der Kinder allein übernahmen und von der regelmäßigen Versorgung durch den Mann abhängig waren.

Daraus ergab sich, wie Stoddart meint, ein großes Problem: Sobald sich nämlich die Empfängnisbereitschaft der Frau durch den dafür typischen Geruch anzuzeigen begann, konnten auch andere Männer angelockt werden, wenn der eigene gerade nicht in der Nähe war. Das Überleben der Frau und ihrer Kinder konnte aber nur die streng eingehaltene Treue zu ihrem Mann sichern, da dieser kein Interesse daran hatte, andere als seine eigenen Nachkommen zu ernähren.

Die Frau hatte somit, wenn sie den Bestand ihrer Familie erhalten wollte, gar keine andere Wahl, als Wege zu finden, um ihre Körpergerüche zu überdecken. Es ist anzunehmen, daß sie das mit Hilfe stark riechender Essenzen aus Kräutern und Beeren bewerkstelligte. Diese ersten vom Menschen verwendeten Parfüms dienten also vermutlich dazu, die eigene sexuelle Anziehungskraft zu verbergen.

Adams Lehrjahre und Evas Wandlungen

Aus einem der vielen Seitenäste unseres Stammbaums hat sich vor etwa 14 Millionen Jahren ein gemeinsamer Vorfahr von Affe und Mensch (Ramapithecus) herausgebildet. Vor über zwei Millionen Jahren setzten die ersten als menschenartig zu bezeichnenden Wesen ihren Fuß auf Mutter Erde. Der erste »echte« Mensch, der Homo erectus (lateinisch: *homo* = Mensch, *erectus* = aufrecht), betrat die Bühne des Lebens zu Beginn einer Eiszeit vor ca. 600 000 Jahren. Die knöchernen Überreste seiner bekanntesten Vertreter, des (nach dem jeweiligen Fundort benannten) Java-, Peking- und Heidelberger Menschen, können wir heute in Museumsvitrinen bestaunen. Diese Frühzeitmenschen waren bereits imstande, einfache Werkzeuge herzustellen. Sie ernährten sich zunächst überwiegend von Pflanzen, wurden aber durch die zunehmende Kälte mehr und mehr gezwungen, nach Beutetieren zu jagen. Vor allem aber hatten sie gelernt, mit dem Feuer umzugehen und ihre angeborene Angst vor der zerstörerischen Macht der Flammen zu überwinden. Mit diesem Entwicklungsschritt begann die Herrschaft des Menschen über die Tiere.

Vor 250 000 Jahren meldete sich in Europa erstmals der Homo sapiens (lateinisch: *sapiens* = weise, denkfähig) zu Wort. Einen vorläufigen Höhepunkt bildete schließlich der Cromagnon-Mensch (nach seinem französischen Fundort Cro-Magnon benannt), der gegen Ende der letzten großen Eiszeit vor etwa 37 000 Jahren lebte. Er war mit seinem ausgeprägten Totenkult, seiner künstlerischen Begabung und seinem weitentwickelten Gemeinwesen uns Heutigen geistig durchaus ebenbürtig. Vor rund 10 000 Jahren beschlossen unsere Vorfahren, das rastlose Leben von Jägern und Sammlern aufzugeben, und sie begannen damit, im Zweistromland zwischen Euphrat und Tigris (heute: Irak) ihr Glück mit Ackerbau und Viehzucht zu machen. Die moderne Zivilisation hatte begonnen.

Die Entwicklung der menschlichen Riechkultur ist nur in den Dimensionen von Jahrmillionen zu begreifen. Es wäre vermessen, sie für eine Leistung des Industriezeitalters der letzten 150 Jahre zu halten. Auf ihrem Weg durch die Geschichte hat die Frau irgendwann begonnen, ihren Eigengeruch der allgemeinen Wahrnehmung zu entziehen. Mag die Verdrängung weiblicher Gerüche ehedem auch eine biologische Notwendigkeit im täglichen Überlebenskampf gewesen sein, so hat sie sich im Lauf der Geschichte in ein gesellschaftliches Gebot umgekehrt, das die persönliche Entfaltung der Frau nur noch in engen Grenzen gestattete.

Blumenduft – der Geruch der ehrbaren Frau

Eigengeruch drückt Selbstwertgefühl aus und unterstreicht den Anspruch des Menschen, als Einzelperson von anderen erkannt und respektiert zu werden. Was es bedeuten kann, wenn der Frau dies verwehrt wird und die körperliche Liebe aus moralischen Gründen eigentlich nur in der Phantasie stattfinden darf, zeigte im vorigen Jahrhundert das erotikfeindliche Zeitalter des Biedermeier. Eine Trennung von Liebe und Lust ist nur dann möglich, wenn die weibliche Geruchsaura von jeglichem sinnlichen »Ballast« befreit ist. Es ist also kein Wunder, wenn die Parfüms jener Tage ausschließlich aus harmlosen Blumendüften (im Gegensatz etwa zu einer »Moschusbombe«) zusammengestellt waren. Die Gleichsetzung der von »Entehrung« bedrohten Weiblichkeit mit der Unschuld unberührter Blumen bedeutet nichts anderes als die völlige Verleugnung der geschlechtlichen Persönlichkeit der Frau.

Dabei spielten die Düfte in den Salons und Boudoirs eine erhebliche Rolle. Die Parfümierung von Taschentüchern, Briefpapier und allen möglichen Gegenständen des täglichen Gebrauchs nahm – nach heutigen Maßstäben – fast groteske Ausmaße an. Der Duft einer Frau wurde mit dem einer Blüte gleichgesetzt, sinnliches Begehren wurde nicht gezeigt, sondern spielte sich allenfalls in den Köpfen der Männer ab. Blumige Düfte waren der erlaubte und kontrollierte Ausbruch unterdrückter Leidenschaften und gleichzeitig der Ersatz für erotische Freuden. In dieser Hinsicht leisten in unseren Tagen die Sexmagazine in all ihrer Derbheit übrigens den gleichen Dienst.

Das Parfüm der modernen Frau

Ein Meilenstein in der Geschichte der edlen Düfte war sicher vor rund 70 Jahren die Einführung der im Chemielabor hergestellten synthetischen Aldehyde in die Parfümerie. Die fortschreitende Industrialisierung hatte die gesellschaftliche Stellung der Frau von Grund auf verändert. Zuerst in den USA und dann auch in der übrigen Welt drängten die Frauen immer mehr in bis dahin den Männern vorbehaltene Bereiche des öffentlichen und beruflichen Lebens. Die selbstbewußte, sich aus ihren Abhängigkeiten befreiende Frau brauchte neue Gerüche, um sich geruchlich auszudrücken und wollte sich von den alten Duftmarken des »Heimchens am Herde« vollkommen lösen.

Es ist also kein Zufall, daß in den 20er Jahren der für die damalige Zeit revolutionäre Duft von *Coco Chanel,* das berühmte *Chanel No. 5,* die Frauen begeisterte. In diesem Parfüm gab Undecylenaldehyd, ein synthetischer Aldehyd (in provozierend hoher Konzentration), der modernen Weiblichkeit den Duft, der ihre Selbständigkeit verkörperte: völlig neu und unbelastet von Althergebrachtem, aber über alle Maßen angenehm.

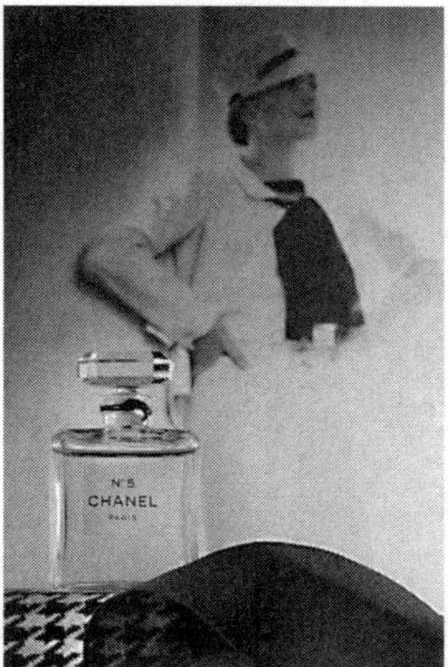

Seither haben sich die Vorlieben für bestimmte Düfte regelmäßig und im Zusammenhang mit gesellschaftlichen Umwälzungen etwa alle zehn Jahre verändert. Die 60er und 70er Jahre, die Zeit der Auseinandersetzungen zwischen den politischen Lagern und der Jugendproteste gegen die uralten Zöpfe der Generation ihrer Eltern, leiteten für die Parfümerie eine sehr vielseitige Ausrichtung ein. Die blumigen Parfüms hatten ebenso Hochkonjunktur wie die vornehmeren Chypre-Düfte und die exotisch-orientalischen Noten all jener, die ihr Lebensglück in den Weisheiten fernöstlicher Lehren suchten. Die Düfte aus »Tausend und einer Nacht« sind immer dann besonders begehrt, wenn die Menschen ihre Zeit als besonders gefühlskalt und spannungsgeladen empfinden und dazu neigen, sich auf ihr inneres Erleben zurückzuziehen.

Auch die Parfüms der 80er und 90er Jahre entsprechen dem Zeitgeist. Der Einzelmensch von heute, der auf der ständigen Suche nach Selbstverwirklichung ist, findet seine persönliche Note vor allem in den Düften amerikanischer Machart. Sie zeichnen sich durch einen durchdringenden, oft recht künstlich wirkenden Geruch aus, der sich auf der Haut praktisch nicht mehr verändert. Im Unterschied zu den klassischen französischen Parfüms, deren Duft sich erst allmählich im Wechselspiel mit Körpertemperatur und -chemie entwickelt, sind diese modernen Düfte auch keine aphrodisierenden (Aphrodite = die griechische Liebesgöttin) Botenstoffe mehr. Mit ihnen wird der Anspruch auf persönlichen Freiraum betont und die Zone der eigenen Intimität abgeschirmt. Gerade die amerikanischen Parfüms werden aber von vielen Männern – und auch Frauen – als viel zu intensiv empfunden. Der Grund mag darin liegen, daß starke Duftmarken an ererbte Verhaltensmuster, z. B. bei Revierkämpfen erinnern. Wissen Sie noch, wann Sie zuletzt von einem aufdringlichen Parfüm so richtig schön schockiert waren?

Umschlagplatz Supermarkt

Seit einigen Jahren haben die Marketingabteilungen verschiedener Großkonzerne Geschmack an der Parfümerie – oder an den damit verbundenen Profiten – gefunden. Neue Düfte, die häufig nur schlechte Kopien alter Vorbilder sind, erscheinen oft wie Eintagsfliegen aus der Retorte, um für das käufliche Zubehör des sogenannten High-Society-Lebens zwischen Tennisplatz und Hotelbar zu werben.

Amerikanische und französische Parfüms:

Klassische französische Parfüms sind aus drei Duftkomponenten zusammengesetzt, die man als Angeruch, Herz- und Basisnote bezeichnet. Je nach Flüchtigkeit der Riechstoffe verändern sie sich allmählich auf der Haut und entfalten nach längerem Tragen einen warmen und sinnlichen Duft. Sie sind als echte Aphrodisiaka anzusprechen und vor allem dazu geeignet, bei privaten und kulturellen Anlässen getragen zu werden. Typische Vertreter sind *Fidji* und *Madame Rochas*. Amerikanische Parfüms, wie *Charlie* oder *Halston*, werden tagsüber in öffentlicher und beruflicher Umgebung bevorzugt. Sie riechen bereits unmittelbar nach dem Auftragen sehr intensiv, und ihr Duft bleibt über lange Zeit gleich stark. Schon seit den 70er Jahren haben die Grenzen zwischen den beiden Parfümtypen begonnen, sich allmählich zu verwischen. Düfte wie *Poison* oder *Opium*, zu denen die Meinungen durchaus geteilt sind, fallen vor allem durch ihre Haftfähigkeit und ihre Aggressivität auf.

Weitere Beispiele für Markenparfüms:

- *amerikanisch:* Chloe (1973), Alliage (1972), Estée (1969)
- *französisch:* Rive Gauche (1970), Eau de Rochas (1970), Cristalle (1974)
- *Mischtyp:* Beautiful (1986), Paloma Picasso (1984), Coco (1984), Paris (1983), Escada (1990), Bogner Woman (1990), Society (1991), Armani Gio (1996), JFK (1997), Calvin Klein (1998), Liagara (1998).

In Klammern das jeweilige Erscheinungsjahr.

(Nach: J. Stephan Jellinek, *PARFUM – der Traum im Flakon*.)

Der Kunde soll damit (zumindest in seiner Phantasie) erleben, wie man sich fühlt, wenn man morgens als erfolgreicher Jungmanager sein Luxusappartement verläßt, mittags als lässige Karrierefrau über das schnurlose Telefon alle Puppen tanzen läßt und abends in dem

Lokal, das gerade »in« ist, für viel Geld wenig – aber dafür Extravagantes – zu speisen pflegt. Eine ungeheure Bilder- und Wortflut zielt darauf ab, die Kaufentscheidung des Verbrauchers weniger an der Qualität des Duftes als vielmehr nach den Traumszenen auf Hochglanzpapier auszurichten.

Von der ursprünglichen Bedeutung der Parfümerie für uns Menschen bleibt dabei nicht mehr sehr viel übrig. Was soll der Freund edler Düfte anderes tun, als wehmutsvoll auf die doch recht zahlreiche Ausschußware unserer Tage zu blicken und sich an die olfaktorische Sensation beispielsweise eines Chanel No. 5 zu erinnern?

Vor 50 Jahren ein Skandal: der parfümierte Mann

Wie präsentiert sich heute das Wechselspiel zwischen Adam und Eva? Der Apfel ist endgültig gegessen, und die alten Rollenbilder sind weitgehend zusammengebrochen. Vorstellungen vom »edlen Beschützer« sind ebenso überholt wie die vom wohlbehüteten Jüngferchen auf der Suche nach dem Prinzen. Mann und Frau stehen sich als gleichwertige Partner gegenüber und müssen zueinander in offenen Wettbewerb treten. Viele Herren der Schöpfung sind durch den Verlust ihrer althergebrachten und durchaus bequemen Vorrangstellung enorm verunsichert. Also versuchen sie, etwas von ihrem Wesen vor anderen zu verbergen. Verwundert es da, daß auch die Männer – etwa seit Anfang der 70er Jahre – begonnen haben, sich zu parfümieren?

Was zu Großvaters Zeiten noch verpönt und mit dem Ruch des mißratenen Jungen und seiner absonderlichen Neigungen behaftet war, ist heute alltäglich. Für den modernen Mann ist der Griff zur Parfümflasche zum selbstverständlichen Ausdruck seines neuen Lebensgefühls geworden. Warum auch nicht? Schließlich sprechen die Herren auf Gerüche und Düfte ebenso an wie die Damen, wenn es sich auch lange Zeit für richtige Männer nicht schickte, ihre Gefühle und Empfindungen öffentlich zu zeigen. Lassen Sie uns bitte nicht vergessen, daß der Parfümzauber der Frauen ja durchaus auch auf die männlichen Nasen abzielt, die das übrigens sehr wohl zu schätzen wissen!

Olfaktorische Intimitäten

Der Zauber von Malmaison

Am 9. März 1796 erschien ein kleiner, ehrgeiziger und im übrigen mittelloser General korsischer Abstammung, den die Wogen der Französischen Revolution nach oben gespült hatten, mit einer gewissen Marie Rose Tascher de la Pagerie, verwitwete Marquise Beauharnais, Tochter des Gouverneurs von Martinique, auf dem Standesamt des zweiten Arrondissements von Paris, um den Bund der Ehe zu schließen. Niemand konnte zu diesem Zeitpunkt ahnen, daß damit ein neuer, bisher wenig beachteter Frauentyp dazu ansetzen sollte, die vornehmen Pariser Salons für sich zu erobern.

Marie Rose, die spätere Kaiserin Joséphine Bonaparte, war nicht nur um einiges älter als ihr Gemahl, sondern brachte, neben einer nicht unerheblichen Schuldenlast, auch die gesamte Lebenserfahrung einer reifen Frau mit in die Ehe ein. Im Alter von 17 Jahren war sie mit dem Pariser Lebemann Alexandre de Beauharnais vermählt worden, mußte dann aber miterleben, wie die – recht unglückliche – Ehe mit der Hinrichtung des Gatten auf der Guillotine ein jähes Ende fand. Sie selbst hatte einige Zeit im Kerker zu verbringen. Nach ihrer Befreiung aus der Haft schaffte sie es, Zutritt zu den Kreisen der neuen Machthaber zu erlangen und gehörte bald zu einer Gruppe immerhin zweitrangiger Mätressen des Konventspräsidenten Barras.

Nach damaliger Einschätzung stand sie mit ihren 32 Jahren bereits nicht mehr in der vollen Blüte ihrer Fraulichkeit. Es war also höchste Zeit, ihren ausschweifenden Lebensstil durch eine feste und solide

Bindung über die unsicheren Zeiten zu retten. Der frischgebackene General war trotz seiner unbestrittenen strategischen Talente rettungslos verloren, als er dieser Frau begegnete, die sich vorzüglich darauf verstand, die sinnlichen Begierden eines vom Pulverdampf der Schlachtfelder trockengelegten jungen Mannes neu zu schüren.

Joséphine war eine wahre Meisterin der olfaktorischen Verführungskünste. Daher kehrten, als ihr Gemahl sich mit Erfolg um das höchste Amt im Staate bemüht hatte, die ehedem verpönten Parfüms und Düfte in den kaiserlichen Palast und in die Gemächer der neuen Oberschicht zurück. Das war einerseits erstaunlich, weil die Erinnerungen an die verhaßten Adeligen, die ihre unerträglichen Ausdünstungen hinter wahren Wolken von Parfüm und Puder zu verbergen trachteten, noch sehr lebendig waren. Andererseits war der Geruch der schmutz- und kotverschmierten Straßen und Plätze der Stadt unerträglich, und die Idee der öffentlichen und privaten Hygiene hatte seit der Mitte des 18. Jahrhunderts begonnen, sich allmählich durchzusetzen. Der persönliche Duft war zum Statussymbol geworden, mit dem man sich vom Gestank der Armen abgrenzen konnte.

Natürlich wußte eine in Liebesdingen erfahrene Frau wie Joséphine, daß kein Geruch ein besserer erotischer Zündstoff für den Mann ist als ein wohldosierter Hauch ihres eigenen Körperdufts! Die Kunst der Verführerin bestand darin, mit dem richtigen Einsatz ihres Körpergeruchs den Liebeszauber voll auszuspielen, ohne dabei die Vorstellung mangelnder Reinlichkeit aufkommen zu lassen. Man war, wie gesagt, gerade in diesem Punkt empfindlicher geworden.

Auf Geheiß Joséphines wurden die Räume der kaiserlichen Residenz mit Rosen- und Veilchenduft, den Napoleon besonders liebte, parfümiert, um den Kaiser ständig an seine leidenschaftliche Zuneigung zur Gemahlin zu erinnern. Für intime Stunden hatte man außerhalb der Stadt das Lustschlößchen Malmaison eingerichtet. Dort konnte Joséphine, unbelastet von der bei Hofe gebotenen Zurückhaltung, die Räume nach ihren Vorstellungen in ein wahres Duftparadies verwandeln und ihre Vorliebe für den sinnlichen und schweren Moschusduft im kaiserlichen Schlafgemach hochleben lassen. Noch 60 Jahre nach ihrem Tod soll ihr Bett diesen balsamischen Duft ausgestrahlt haben!

Man darf mit Sicherheit annehmen, daß Napoleon für die oft abwertende Fassung der gesellschaftlichen Stellung der Frau im Code Napoléon (unter Napoleon in Kraft gesetzte Sammlung bürgerlicher Rechte) von seiner Gattin zur Rechenschaft gezogen wurde. Vermutlich hat er sich hinter geschlossenen Jalousien, betäubt von der Magie der Düfte, nur allzugern in die Niederlage gefügt.

Während der Arbeitsstunden bevorzugte der Kaiser für sich selbst *Eau de Cologne,* das er literweise verbrauchte. Es genügte ihm nicht, sich jeden Tag eine Flasche des »Eau admirable« über Kopf und Körper zu schütten. *Kölnisch Wasser* nahm er auch innerlich in reichlichen Mengen ein – vielleicht als Medizin für sein chronisches

Kölnisch Wasser – seit über 300 Jahren beliebt

Das Eau de Cologne ist eine Erfindung des Mailänders Paul de Feminis. Er selbst begann im Jahre 1690 in Köln und sein Neffe Jean Antoine Farina 1706 in Paris mit der fabrikmäßigen Herstellung des Duftwassers. Das Geheimnis der Rezeptur ist eine Mischung verschiedener Zitrusdüfte, die zusammen mit Lavendelöl einen kräftigen Frischeeffekt haben. Der hohe Anteil an Trigeminusreizstoffen ist bestens geeignet, um »verbrauchte« Luft nicht mehr zu riechen und sich gegen störende Gerüche (vor allem die anderer Menschen) abzuschirmen. Die Wirkung der Essenzen tritt nur in starker Verdünnung mit Alkohol ein, der wiederum für die kühlende Wirkung und die Flüchtigkeit der Duftstoffe auf der Haut verantwortlich ist.

Magenleiden, mit dem übrigens seine typische Armhaltung in Zusammenhang gebracht wird. Auf jeden Fall ist dieser übermäßige Verbrauch des Duftwassers psychologisch interessant. Möglicherweise wollte der nur 148 cm große Herrscher seiner tatkräftigen Persönlichkeit durch eine starke Geruchsaura den angemessenen Ausdruck verleihen. Man darf auch nicht vergessen, daß er, als Korse, zeit seines Lebens an seiner nicht rein französischen Abstammung und an seiner einfachen Herkunft zu leiden hatte. Wollte er all dies hinter dem frischen Duft des Eau de Cologne verstecken?

Sie selbst müssen sich vermutlich nicht, wie Napoleon, mit *Kölnisch Wasser* in die passende Stimmung für die große Lagebesprechung mit Ihren Generälen versetzen. Aber vielleicht möchten Sie Ihr Kölnisch Wasser einmal selbst zusammenbrauen. Das Rezept dafür wird Ihnen geliefert – bitte bedienen Sie sich!

Rezept: Eau de Cologne

- 11 g Bergamotteöl
- 5 g Zitronenöl
- 3 g Petitgrainöl
- 2 g Lavendelöl
- 1 g Orangenschalenöl
- 1 g Neroliöl
- 1 g Rosmarinöl
- 0,5 g Eisenkrautöl
- 0,5 g Geraniumöl

Die ätherischen Öle werden in 1 Liter 85- bis 90%igem Aethanol (Aethylalkohol) gelöst und die Mischung für 5–6 Monate gelagert. Erst dann hat das Eau de Cologne seine beste Qualität erreicht.

(Nach: Hugo Janistyn, *Taschenbuch der modernen Parfümerie*, leicht abgeänderte Zusammensetzung.)

Der Gehalt an ätherischen Ölen liegt im *Kölnisch Wasser* nur bei etwa 2,5%. Eine vergleichbare Rezeptur mit geringerem Alkoholzusatz ergibt übrigens lediglich ein fades Parfümgemisch ohne Aussagekraft.

Ähnliche Spezialitäten, deren Beliebtheit allerdings im Lauf der Geschichte wechselte, sind beispielsweise Lavendel- oder Rosmarinwasser (letzteres auch *Ungarisches Wasser* genannt. Es soll nicht nur ewige Schönheit, sondern auch ein langes Leben garantieren). Bei diesen Wässern werden im Unterschied zum *Eau de Cologne* nicht die Essenzen in Alkohol aufgelöst, sondern es handelt sich um Rückstände aus der Destillation der ätherischen Öle.

Einmaleins der Liebesdüfte

Ob durch *Kölnisch Wasser* oder durch einen anderen Duft – unser historisches Beispiel von Napoleon und Joséphine hat gezeigt, die geruchliche Anziehungskraft läßt sich auf zwei verschiedenen Wegen steigern: zum einen durch Überdecken des eigenen Körpergeruchs, zum anderen durch seinen wohldosierten Einsatz.

Frische Aromen sind Sinnbild des stürmischen Eroberers, der Aufmerksamkeit auf sich ziehen will. Die Verführerin setzt dagegen die Möglichkeiten ein, die ihr die Natur in die Wiege gelegt hat. Erfolg ist beiden Methoden beschieden, wobei die zweite sicherlich der größeren Raffinesse und Phantasie bedarf.

Was ist also zu tun, wenn eine Frau den eigenen Geruch im Dienst der Verführung einsetzen will? Der Duft darf im günstigsten Fall kaum merkbar an den Körpergeruch erinnern und muß gleichzeitig so zart sein, daß er nur unterschwellig wahrgenommen werden kann. Mit ihm soll ein Geheimnis nur angedeutet, nicht verraten werden. Schließlich liegt der eigentliche Reiz der Liebeswerbung doch in der Suche nach dem verborgenen Schatz. Nach modernen Begriffen lassen sich mindestens drei verschiedene Geruchsqualitäten benennen, die mit der sexuellen Attraktivität einer Person verknüpft sind.

Nahezu alle tierischen und pflanzlichen Riechstoffe, die für die Parfümerie, aber auch weit darüber hinaus, Bedeutung erlangt haben, sind auf verblüffende Art imstande, diese sexuell anregenden Gerüche zu imitieren. Letztlich liegt die Faszination der Düfte, ohne daß wir uns dessen in der Regel bewußt werden, ja darin, daß sie uns an unseren eigenen Geruch erinnern.

Sexuell anregende Gerüche
1. *Pheromongerüche* Ihre erotisierenden Effekte sind mit Sicherheit die stärksten, weil sie direkt auf die angeborenen Verhaltensmuster (in den beim Menschen gültigen Grenzen) einwirken (Beispiele: Androstenon, Androstenol).
2. *Die Gerüche der Geschlechtsorgane und ihrer unmittelbaren Umgebung* Auch sie regen (bei entsprechender Körperpflege) die Liebesbereitschaft merklich an, da ihre Wahrnehmung immer mit Vorstellungen intimer Nähe verbunden ist (Beispiele: Vaginal-, Analgerüche).
3. *Haut- und Haargerüche* Sie drücken menschliche Nähe und Wärme aus und beeinflussen neben sexuellen auch andere gefühlsmäßige Reaktionen. Ihre Wirkung ist schwächer als die der beiden anderen Geruchsqualitäten, sie können nur indirekt erotisieren.

»Who is Who« der Liebesdüfte

Pheromongerüche aus der Natur

Bitte fürchten Sie nicht, daß Sie jetzt wie zu Ihren Schulzeiten mit chemischen Formeln bombardiert werden sollen. Einige grundlegende Dinge müssen aber zur Sprache kommen, damit Sie verstehen können, was mit den Pheromongerüchen gemeint ist. Wie bereits erwähnt, leitet sich der Pheromonstoff Androstenon vom männlichen Geschlechtshormon Testosteron ab, das zusammen mit Cholesterin, Vitamin D und Cortison zur Gruppe der Steroide gezählt wird. Zum Aufbau der Steroide und anderer biochemischer Verbindungen in lebenden Organismen beschreitet die Natur ganz bestimmte Wege, die bei Pflanzen, Tieren und Menschen parallel verlaufen.

Steroide, die duftenden Botschafter

Im sogenannten Terpenstoffwechsel werden die Steroide über mehrere Zwischenstufen aus Essigsäureeinheiten aufgebaut. Terpene sind organische Verbindungen und Hauptbestandteil ätherischer Öle. Dem Terpenstoffwechsel entstammen z. B. auch die in Herzmedikamenten verarbeiteten Inhaltsstoffe des *Roten Fingerhuts,* die wie alle Steroide biologisch sehr stark wirksam sind. Eine Schlüsselstellung für den Aufbau der Steroide hält die Mevalonsäure. Mevalolacton, der Ester (organische Kohlenstoff-Sauerstoff-Verbindung) im Molekül der Mevalonsäure, ist nicht nur eine besonders wichtige Zwischenstufe, sondern weist auch einen zwar schwachen, aber charakteristischen Steroidduft auf. Wie Mevalolacton zeichnen sich auch viele andere in der Natur vorkommenden Lactone durch diese besondere Geruchsqualität aus. In verdünnter Form duften sie süß, warm, nußartig und ein bißchen wie rohes Fleisch oder Innereien. Erst in stärkerer Konzentration wird ihr Geruch als durchdringend und mitunter sogar abstoßend empfunden. Androstenon und Androstenol verkörpern genau diesen Riechstofftyp.

Für das Androstenon vermutet man einen spezifischen Rezeptor in der Nasenschleimhaut, an den sich der Stoff bindet und über den er auch erkannt wird. Welche Folgen das für Tier und Mensch haben kann, wissen Sie ja inzwischen! An den Rezeptoren verhalten sich die Androstenonmoleküle so wie andere Moleküle auch, nämlich genau wie ein Schlüssel im Schloß: Entweder paßt er, und die Tür läßt sich aufsperren, oder er paßt nicht, und die Tür bleibt zu. Auf

Moleküle und Rezeptoren übertragen bedeutet dies, daß ein Signal empfangen werden kann oder auch nicht. Am besten funktioniert die Schaltung mit dem Stoff, für den der Rezeptor von der Natur eingerichtet worden ist. Das Ganze klappt aber auch mit Substanzen, die verwandte chemische Eigenschaften haben. Wir sagen dann »es riecht so ähnlich wie …«, wobei der Unterschied von anderen in ätherischen Ölen enthaltenen Stoffen oder auch von der Konzentration der Leitsubstanz herrühren kann.

Die Besonderheit des Androstenongeruchs liegt darin, daß er eine mit der Nase erkennbare Botschaft über den Entwicklungsstand der geschlechtlichen Reife eines Menschen oder auch über eine kurzfristige sexuelle Erregung übermitteln kann. Selbstverständlich funktioniert das frühestens in den Entwicklungsjahren, weil erst dann die apokrinen Drüsen ihre Tätigkeit aufnehmen. Kinder haben keinen Steroidgeruch!

Naturstoffe, die im Geruch an menschliche Pheromone erinnern, sind immer geeignet, vergleichbare Reaktionen wie diese auszulösen. Eine sehr eng mit den Steroiden verwandte Gruppe stellen gewisse Pflanzenstoffe dar, die als Phytosterole (griechisch: *phyton* = Pflanze) bezeichnet werden. Sie sind in zahlreichen Harzen und Balsamen enthalten, die seit Menschengedenken bei rituellen Zeremonien verwendet werden. Im Harz der Kiefer (Pinus silvestris) hat man sogar das Testosteron selbst sowie dessen chemischen Abkömmling Androstendion finden können. Auch im Myrrhenharz kommen dem Testosteron ähnliche, riechende Steroidalkohole vor. Die sagenumwobene Ginsengwurzel (Panax ginseng) wird in der chinesischen Medizin seit langer Zeit als Aphrodisiakum verwendet. Daß die Pflanze tatsächlich erotisierende Stoffe enthält, weiß man, seit in neuerer Zeit in ihr mindestens zehn Phytosterine entdeckt worden sind. Einige von ihnen finden sich auch im ätherischen Öl, darunter das Panacen, das für das typisch nussige Ginsengaroma verantwortlich ist.

In der unten folgenden Übersicht sind eine ganze Reihe natürlicher Riechstoffe tierischen und pflanzlichen Ursprungs aufgeführt, die in ihrem Geruch menschlichen Pheromonstoffen ähneln. Die Natur hat diese Substanzen so genial in eine Fülle von Begleitdüften eingebaut, daß sie unter Umgehung der Kontrolle durch die bewußte Wahrnehmung direkt in das Unbewußte gelangen. Dort wird ihre Qualität aber sehr wohl erkannt.

Pheromonstoffe tierischen Ursprungs

Bei ihnen ist die Ähnlichkeit zu menschlichen Pheromonen naturgemäß am deutlichsten ausgeprägt. Ethische Bedenken, Artenschutzabkommen, aber auch schlichter Rohstoffmangel haben die Chemiker der Parfümindustrie schon früh dazu veranlaßt, im Labor Ersatzstoffe zu entwickeln, die die oft unerschwinglichen echten Substanzen möglichst genau nachahmen oder nachempfinden sollten. In Grenzen ist ihnen dies auch recht gut gelungen, die letzten Geheimnisse konnten sie den Rezeptbüchern der Natur jedoch nicht entreißen.

Ambra

Sogenannte graue Ambra, Ausscheidungsprodukt des Pottwals *(Physeter macrocepholus)* mit ca. 0,3 bis 0,6% riechenden Anteilen. Aus dem auf dem Wasser schwimmenden Stoffgemisch (Ambrein) bilden sich durch Verbindung mit Sauerstoff und Einwirkung von Luft und Sonne die charakteristisch duftenden Substanzen (Ambrox) sowie weitere Inhaltsstoffe mit Steroidgeruch.

Der erdig-balsamische, auch leicht fäkalartige Ambrageruch soll an den schwarzhaarigen Menschentyp erinnern. Für etwa 40 % aller modernen und teuren Parfüms bildet der Ambraduft in einer Konzentration von 0,02% die Grundlage. Der Hauptriechstoff Ambrox ist heute relativ leicht auf synthetischem Weg herzustellen.

Castoreum (Bibergeil)
Alkoholische Auszüge getrockneter Duftdrüsen des kanadischen Bibers *(Castor fiber)*. Die Riechstoffe sind noch nicht vollständig analysiert.

Der Geruch ist stark haftend, rauchig, lederartig, mit einer deutlichen Tabak- und Nikotinnote und nimmt bei stärkerer Verdünnung eine angenehm süßliche Qualität an. Bibergeiltinktur ist aromatischer Bestandteil des traditionellen Schwedenbitters und an dessen Aroma maßgeblich beteiligt. Paul Jellinek sagt den Bibergeilfreunden eine Schwäche für den schwarzhaarigen Typ nach.

Moschus
Salbenartiger Inhalt der Geschlechtsdrüsen des männlichen Moschustiers *(Moschus moschiferus)*, das auf ca. 1500 m Höhe in Nepal, Tibet und China lebt. Für 1 kg des aufbereiteten Duftstoffes muß man etwa 750 000 Mark auf den Tisch legen, also ungefähr so viel wie für ein komfortables Einfamilienhaus.

Der weiche und süßlich-animalische Moschusduft zeigt eine ausgesprochene Verwandtschaft mit dem Androstenol, Leitsubstanz ist das Muscon (chemisch: Methyicyclopentadecanon). Es gibt mehrere künstliche Ersatzstoffe, von denen einige (Moschusoxylol und Moschusketon) in letzter Zeit in den Verdacht geraten sind, gesundheitschädigend zu wirken.

Moschus verkörpert nach Paul Jellinek den Geruchstyp rothaariger Menschen mit blasser Haut. Frauen reagieren, im Zusammenhang mit der Hormonausschüttung im Verlauf des monatlichen Regelkreises, deutlich stärker auf Moschusgerüche als Männer. Für eine Abhängigkeit der Moschuswahrnehmung von dem weiblichen Sexualhormon Östrogen spricht die Tatsache, daß die Empfindlichkeit für diesen Geruch mit Beginn der Wechseljahre sehr plötzlich abnimmt. Die berühmte Nivea-Creme verbirgt hinter ihrem typisch frischen Lavendel-Bergamotteduft mit leicht blumiger Note den synthetischen Moschusriechstoff Cyclopentadecanolid (persönliche Auskunft des Leiters des Parfümlabors der Firma Beiersdorf). Der Duft von Nivea, der seit vielen Jahren ein unverwechselbares Marken- und Qualitätskennzeichen ist, gründet seine Beliebtheit letztlich auch auf seine pheromonartige Note.

Zibet

Wachsartiges Drüsensekret der in Äthiopien beheimateten und gezüchteten Zibetkatze *(Viverra zibetha)*. Der Duftstoff kommt in einer aparten Verpackung in den Handel, nämlich in Büffelhörnern. Zibet ist eine echte parfümistische Allroundwaffe, da es sowohl Pheromonqualität als auch deutlich fäkalartige Geruchsnoten aufweist. Die bestimmende Substanz ist das Zibeton (chemisch: Cycloheptadecanon). Konzentriert hat Zibet einen ziemlich abstoßenden Geruch (etwa so wie ein schlecht belüfteter Raubtierkäfig), der bei steigender Verdünnung immer milder, blumiger und weicher wird.

Vor allem in Männerparfüms erfreut sich Zibet schon seit langer Zeit größter Beliebtheit und ist der Lieblingsduft all derer, die sich gerne als Ladykiller in Szene setzen möchten. Paul Jellinek meint, den blonden bis braunhaarigen Typ aus dem Büffelhorn herausriechen zu können.

Hier ein Tip, wie man, ohne restlos zu verarmen, in den Besitz dieser wirklich wertvollen Essenzen gelangen kann: Castoreum wird als *Tincturo Castorei* in Apotheken zu einem einigermaßen erschwinglichen Preis verkauft. Dort gibt es auch künstliches Zibet in kleinen Abpackungen von etwa 10 g. Ambra und Moschus sind wichtige Rohstoffe in der Homöopathie, nach deren Behandlungsgrundsätzen Kranke in stärkster Verdünnung Substanzen erhalten, die in hoher Konzentration bei Gesunden vergleichbare Krankheitserscheinungen hervorrufen würden. Man kann – was sicher nicht allgemein bekannt ist – Urtinkturen von Ambra und Moschus (Hersteller: Deutsche Homöopathie Union, Staufen Pharma) in kleinen Fläschchen erwerben. Damit hat man zwar die Arzneibuchgarantie für beste Qualität und einen gesetzlich vorgeschriebenen Preis, billig sind die Fläschchen aber trotzdem nicht. Rechnen Sie mit etwa 50 bis 60 Mark für 10 ml Ambratinktur.

Pheromonstoffe pflanzlichen Ursprungs

Es gibt davon mehr, als man denkt. Daher kann hier nur eine repräsentative Auswahl von Essenzen aufgeführt werden, die aber sicher vollständig genug ist, damit Sie am Ende »Ihr« Jahrhundertparfüm selbst komponieren können. Einige davon kennen Sie wahrscheinlich bereits aus Ihrem Gewürzregal. Da Essen ja auch mit Genuß verbunden sein soll, haben Sie keinen Grund, rot zu werden, wenn Sie in Zukunft etwas davon an den Salat geben, weil Sie gerade »Lust« darauf haben.

Angelicawurzel

Aus den getrockneten und zerkleinerten Wurzeln der Engelwurz *(Angelica archangelica)* durch Wasserdampfdestillation gewonnenes ätherisches Öl. Es enthält mit dem Exaltolid (chemisch: 15-Pentadecanolid) wahrscheinlich den stärksten pflanzlichen Pheromonersatz. Der feine Duft ist erdig, leicht pfeffrig und wird von einer wunderbaren, dezenten Moschusnote gekrönt.

Angelicawurzel ist als Zusatz in Likören sehr beliebt, sie wird auch im Original *Schneeberger Schnupftabak* verarbeitet. In der Pflanzenheilkunde wird sie als zuverlässig wirkendes Nervenmittel geschätzt.

Anis, Fenchel

Jäger, die im Wald Salzlecksteine aushängen, vergessen nie, einige Tropfen Anisöl daraufzugeben, um damit das Wild zur richtigen Stelle zu locken. Die Tiere kommen nämlich vor allem deshalb, weil sie ihren arteigenen Sexuallockstoff wittern, geben sich dann aber auch mit dem Salz zufrieden.

Anethol ist der Hauptriechstoff des Anissamens, das Fenchelaroma wird durch Fenchon bestimmt. Beim Schnuppern an einer Flasche mit Fenchelöl kann man sein eigenes Pheromon-Aha-Erlebnis haben: Zuerst würde man sich am liebsten mit dieser wundersam durchdringenden, würzigen, erdig-balsamischen Sache vollpumpen. Kaum hat man diesen Gedanken gefaßt, behagt einem der Geruch plötzlich nicht mehr, weil er so sonderbare Gelüste erwecken kann.

Die Volksmedizin verwendet Teemischungen aus Anis, Fenchel, Kümmel und Pfefferminze bei stillenden Müttern, um das Einschießen der Milch in die Brust anzuregen und die Milchmenge zu steigern. Nach eigenen Beobachtungen reicht es aber bereits, mit kleinen Prisen dieser Drogen, z. B. Kraftsuppen, zu würzen, um die Milchbildung zu fördern. Es ist also naheliegend, daß die Wirkung mit der olfaktorischen Wahrnehmung verknüpft ist. Falls Sie Mutter eines Babys sein sollten, können Sie sich selbst davon überzeugen, daß die »Lactagoge Gewürzmischung« (lateinisch: *lac* = Milch, griechisch: *ogein* = führen) ein beeindruckendes Beispiel für die Beeinflussung des Hormonhaushalts durch pheromonähnlich riechende Stoffe ist.

Rezept: Lactagoge Gewürzmischung	
Zu gleichen Teilen: – Basilikumkraut – Anisfrüchte – Fenchelfrüchte – Majorankraut	Die Lactagoge Gewürzmischung eignet sich zum Würzen von Suppen und Eintopfgerichten jeder Art.

In der einschlägigen Literatur zur Aromatherapie wird beharrlich an einer östrogenen Wirkung des Anisöls festgehalten. Diese Behauptung ist zugleich falsch und richtig: Tatsächlich bildet sich bei längerem Stehen an der Luft und unter Lichteinfluß aus Anethol das Dianethol, das östrogene Effekte hat. Mit diesen ist also nur bei unsachgemäßer Lagerung des ätherischen Öls zu rechnen.

Bittermandel

Vor allem Frauen erkennen die sinnliche Ausstrahlung des Duftes der reinen Essenz, die durch Auspressen der reifen Samen der Bittermandel *(Prunus amygdalus)* gewonnen wird. Duftträger ist der Benzaldehyd mit dem typischen leichten Blausäuregeruch sowie schweißigen, süßlichen und fast ein bißchen gefährlich anmutenden Untertönen.

In der Weihnachtszeit ist der Duft der Bittermandelessenz, die ein beliebter Backzusatz ist, fast allgegenwärtig.

Hopfen

Das ätherische Öl des Hopfens *(Humulus lupulus)* befindet sich in den Fruchtständen der weiblichen Pflanzen in speziellen Drüsenschuppen. Es enthält unter anderem den Wirkstoff Luparon (chemisch: Methylnonylketon), womit wir wieder bei den pflanzlichen Pheromonen angelangt wären.

Die Volksheilkunde schätzt die eigenartig duftenden Blüten als vorzügliches Beruhigungsmittel. Die eigentliche Beliebtheit des Hopfens begründet sich aber natürlich darauf, daß er ein unverzichtbarer Zusatz im Biersud ist.

Ingwer

Essenz aus dem knolligen Wurzelstock des Ingwers *(Zingiber officinale)*. Die pheromonähnlichen Stoffe im ätherischen Öl, das übrigens nicht am scharfen Geschmack der Pflanze beteiligt ist, sind Zingiberon und Zingiberol. Der Duft ist erdig-blumig mit einer leichten Zitrusnote.

Ingwer ist ein wichtiger Bestandteil aller Currymischungen und wird allgemein in der Lebensmittelindustrie gerne verwendet (Beispiel: »Ginger Ale«). Die bekannte Vorliebe der Engländer für ingwerhaltige Süßspeisen straft all diejenigen Lügen, die von der angeblich prüden Lebenseinstellung der Briten erzählen wollen.

Iriswurzel

Gewinnung aus der geschälten und getrockneten Wurzel einer Schwertlilienart *(Iris pallida)*. Wurzeln aus der Umgebung von Florenz, die sogenannte Florentinaware, haben die beste Qualität. Das Absolue, das durch Extraktion mit Lösungsmitteln, wie z. B. Alkohol, gewonnen wird, kommt in Form einer weißlichen, krümeligen Masse in den Handel. Der feine Irisduft entfaltet sich erst in stärkerer Verdünnung und wird vor allem von den sogenannten Ironen geprägt, deren wichtigster Vertreter das Alpha-Iron mit gut ausgeprägter Pheromonqualität, zusätzlicher blumig-süßer Note und guter Haftfestigkeit ist. Nicht umsonst ziert die Schwertlilie seit 1179 das Lilienbanner der Bourbonen!

Ein guter Ersatz für den echten Irisduft ist das auch künstlich herstellbare Betalonon. Mit den anderen Qualitäten der Schwertlilie hat dieser Stoff natürlich nichts zu tun: Die Iriswurzel selbst verfügt auch über eine deutliche entzündungshemmende Wirkung. Vor unserem Plastikzeitalter gab man deshalb zahnenden Babys geschälte und geschliffene Iriswurzelstücke zum Kauen. »Früh übt sich« kann man – aus olfaktorischem Blickwinkel – dazu nur sagen! Man kann auch heute noch kleinen Erdenbürgern den Durchbruch der ersten Zähnchen mit Iriswurzeln erleichtern: Sie sind als *»Zahnwurzel-Baby«* im Handel und in zwei Größen erhältlich.

Irisriechstoffe kommen auch noch in den folgenden fünf Pflanzen vor:

Costuswurzel
Essenz aus dem Wurzelsaft der Costuspflanze *(Saussurea lappa)*. Unverdünnt verbreitet sie einen intensiven Bocksgeruch, der mit zunehmender Verdünnung mehr und mehr den Charakter von Iris und Veilchen, mit zusätzlichen holzig-blumigen Untertönen bekommt. Für die stark erotisierende pheromonähnliche Wirkung der Essenz sind die Stoffe Alpha-Ionon und Costuslacton (aus der Familie der weiter oben erwähnten Lactone) verantwortlich.

Hamamelis (Zaubernuß)
Extrakt aus Rinden und Blättern des Zaubernußstrauches *(Hamamelis virginiana)* aus dem östlichen Nordamerika und Ostasien, der auch in Europa kultiviert wird. An der Ausbildung des Aromas sind vor allem seine Irisriechstoffe beteiligt. Ein Wasserdampfdestillat aus frischen Zweigen und Blättern wird als beliebter Kosmetikzusatz für Gesichtswässer angeboten (Hamameliswasser). Der Geruch des Hamameliswassers eignet sich übrigens besonders gut dazu, die Pheromonqualität eines duftenden Pflanzenauszugs zu studieren!

Madonnenlilie
Die Madonnenlilie *(Lilium candidum)* wird heute nicht mehr in der Medizin oder Parfümerie verwendet. Daß gerade diese Blume, die zwar Blüten von makellosem Weiß, aber auch einen schwülen Irisduft besitzt, zum Symbol der Unschuld gewählt wurde, hat psychologische Gründe: Reinheit und Jungfräulichkeit wirken nur dann anziehend, wenn sie Sinnlichkeit ahnen lassen und nicht der Ausdruck von Gefühlskälte und Seelenlosigkeit sind.

Mimose
Extraktion aus Blüten des vor allem in der Provence beheimateten Mimosenbaums *(Acacia decurrens)*. Das mitunter etwas aufdringlich

süß riechende Absolue enthält Alpha-Iron und zeigt damit Irisqualitäten.

Veilchen
Extrakt aus Blättern und Blüten duftender Veilchen *(Viola adorata)*. Veilchenduft ist mit seiner Irisnote ein echter Sympathieträger. Er wird von fast allen Menschen als besonders angenehm empfunden, vielleicht deshalb, weil seine Pheromonnote sehr dezent in einem hellen Duftakkord verpackt ist.

Ivakraut
Das mit der Schafgarbe verwandte Ivakraut *(Achillea moschata)* findet man nur noch in älteren Arzneibüchern als Bestandteil aromatischer Magenbittermittel erwähnt. Der Geruch des zerriebenen Krauts ist angenehm würzig und offenbart bei seiner weiteren Entwicklung ein wunderbares Moschusbouquet. In neuen Arzneibüchern werden Duftpflanzen wie das Ivakraut nicht mehr genannt. Anscheinend stört ihr Wohlgeruch das moderne medizinische Denken.

Kalmus
Essenz aus gereinigten Stückchen des Wurzelstocks der Kalmuspflanze *(Acorus calamus)*, die gern an feuchten Uferrändern wächst. Der erdig-würzige Duft ist in eine deutlich wahrnehmbare Ambranote eingebettet. Duftende Inhaltsstoffe sind unter anderem Calamon und Asaron.

Kokosnuß
Eigentlich handelt es sich dabei gar nicht um Nüsse, sondern um Steinfrüchte der in den Küstenregionen aller tropischen Länder wachsenden Kokospalme *(Cocos nucifera)*. Verwendet wird die Kokosmilch und das in der »Nuß« enthaltene Nährgewebe für den

zukünftigen Keimling, die Kopra. Aus ihr wird durch Auspressen bei 70 bis 80 °C das Kokosfett gewonnen, das vor allem als Bratfett, in der Kosmetikindustrie und zur Herstellung von Seifen und Kerzen verwendet wird.

Der Genuß kokoshaltiger Süßigkeiten kann ein sinnliches Erlebnis sein (denken Sie nur an die einschlägige Produktwerbung!). Verantwortlich dafür ist der nußartige Aromastoff Gamma-Nonalacton, der auch ein wesentlicher Bestandteil des Moschusduftes ist. Die Beliebtheit anderer Nüsse, wie Walnuß, Haselnuß usw., ist ebenfalls nicht zuletzt damit zu erklären, daß ihr besonders feiner Geruch recht eindeutig in die Gruppe der Sexuallockstoffe einzugliedern ist. Die Franzosen, die für ihre Lebensart berühmt sind, lassen sich fast immer zum Apéritif ein Schälchen mit Nüssen servieren. Wahrscheinlich wollen sie sich damit auf den sinnlichen Hochgenuß eines guten Essens in der richtigen Form einstimmen.

Kuminsamen (Mutterkümmel)

Ätherisches Öl aus dem Samen des Mutterkümmels *(Cuminum cyminum)*. Kuminsamen sind häufig Bestandteil exotischer Currymischungen. Der durchdringend schweißige Geruch mit deutlicher Holznote beruht in erster Linie auf dem in den Samen enthaltenen Cuminaldehyd. Das ätherische Öl ist ein beliebter Zusatz in Männerparfüms (z. B. *Fendi for Men)*.

Labdanum (Zistrose)

Aus der harzartigen Masse, die aus Blättern und Zweigen einer Zistrosenart *(Cistus ladaniferus)* austritt, läßt sich mit Lösungsmitteln das sogenannte Resinoid gewinnen. Sein Duft ist warm, balsamisch und wunderbar ambraartig. Die Schlüsselsubstanz ist das Trimethylcyclohexanon, dessen erotisierende Wirkung in geeigneten Mischungen wirklich durchschlagend ist.

Lakritze
Konzentrierter wäßriger Auszug aus den geschälten und getrockneten Wurzeln und Ausläufern der Süßholzwurzel *(Glycyrrhiza glabra)*. Die vielseitige medizinische Verwendung ist auf den Hauptwirkstoff Glyzyrrhizin zurückzuführen. Er ist nicht nur etwa 50mal süßer als Rohrzucker, sondern weist auch hervorragende entzündungshemmende Eigenschaften auf, vor allem bei Magengeschwüren. Die Substanz ähnelt in ihrer Wirkung dem Cortison, ist also vorsichtig zu dosieren.

Süßholzsaft wird wegen seines angenehmen Aromas mit Pheromonqualität in großem Umfang zur Verfeinerung von Lebens-, Arznei- und Genußmitteln verwendet, z. B. bei der Tabak-, Kautabak- und Bierfabrikation. Lakritzeliebhaber sind, was die Marke ihres bevorzugten Gaumengenusses angeht, übrigens ausgesprochene Feinschmecker und bleiben für gewöhnlich der Herstellerfirma ein Leben lang treu. Sie sind daher auch als Lebenspartner nur zu empfehlen.

Liebstöckelwurzel
Haben Sie sich schon einmal gefragt, warum eine Gewürzmischung wie das in allen Suppentellern zu findende *Maggi* so erfolgreich ist? Vielleicht liegt es am typischen Aroma des Liebstöckels *(Levisticum)*, der großzügig in diesem Würzmittel verarbeitet wird und auch »Maggikraut« genannt wird. Sein Wirkstoff Sedanonsäureanhydrid, der auch im Sellerie enthalten ist, und seine aromabildenden Butylphtalide stammen (wie könnte es anders sein?) aus der Ecke der Sexuallockstoffe. Schon die in der Umgangssprache gebräuchlichen Namen der Pflanze, »Liebstöckel«, »Liebesstückel«, »Liebesstengel«, weisen auf ihre in der Volksmedizin übliche Verwendung als Mittel für allerlei Liebeszauber hin. Übrigens findet sich auch im Schweißgeruch blonder Menschen recht häufig eine deutlich wahrnehmbare Liebstöckelnote.

Moschuskörneröl (Ambrette, Absolue)
Aus den zerkleinerten Samenkörnern einer Hibiscuspflanze *(Abelmoschus moschatus)* durch Destillation gewonnen. Das im Moschuskörneröl enthaltene Lacton Ambrettolid riecht blumig, moschusartig und süßlich. Es haftet sehr gut auf der Haut und kann daher als Fixativ verwendet werden. Im Vergleich zum echten Moschus fehlt ihm jedoch die animalische Note.

Muskatnuß, Macisblüte
Die Essenz wird entweder aus dem Samenkern *(Nux moschata)* der Muskatpflanze *(Myristica fragrans)* oder aus der sogenannten Muskat- oder Macisblüte gewonnen. Ihr Geruch ist aromatisch-würzig und warm-holzig, mit leichter Moschusnote, und erinnert recht überzeugend an die Geruchsaura rothaariger Menschen.

Als »Oleum nucistae« ist die sogenannte Muskatbutter im Handel, eine talgartige, bröselige Masse, die man durch vorsichtiges Erhitzen (maximal 50 °C) und anschließendes Auspressen gemahlener Muskatnüsse erhält. Muskatbutter eignet sich vorzüglich zum direkten Auftragen auf die Haut. Hier ein Vorschlag für Hobbykosmetiker aus dem DAB 6 (Deutsches Arzneibuch, 6. Auflage) von 1953:

Rezept: Muskatbalsam *(Ceratum Nucistae)*
– 22,5 g Gelbes Wachs – 11,0 g Erdnußöl – 66,5 g Muskatbutter
Die Bestandteile werden durch Erhitzen auf einem Wasserbad verflüssigt und anschließend kaltgerührt. Was dabei entsteht, ist eine weiche und hinreißend nach Muskat duftende Salbe, die als Brustbalsam bei Husten und als Einreibung für die Bauchgegend bei Verdauungsbeschwerden gute Dienste leistet (für Kinder nicht geeignet!).

Muskatbalsam ist auch ein leichtes Aufputschmittel, mit dem Sie Ihre Energien wieder ein bißchen auf Trab bringen können. Dazu reicht es, eine etwa erbsengroße Portion der Salbe auf dem Stirnchakra (die Stelle zwischen den Augenbrauen, an der Inderinnen einen Punkt tragen) einzumassieren. Auch Sportler können, vor allem wenn es auf die Ausdauer ankommt, auf diese Weise ihre Leistung fördern. Bei der Dopingkontrolle stehen sie dann mit reiner Weste da und haben trotzdem gewonnen!

Der wertbestimmende Anteil des ätherischen Öls ist das Myristicin. Seine biochemischen Umwandlungsprodukte wirken anregend auf das Nervensystem: Sie können sogar Halluzinationen auslösen und bei Dauergebrauch zu Abhängigkeit führen. In der medizinischen Literatur sind Suchtfälle amerikanischer Hausfrauen beschrieben worden.

Safran

Essenz aus im Herbst gesammelten dunkelorangefarbenen, aromatischen Narbenschenkeln einer Krokusart *(Crocus sativus)*. Für ein Kilo Safran müssen etwa 200 000 Krokusse geerntet werden, der Preis liegt bei 20 000 Mark. Safranal, der Geruchsträger des ätherischen Öls, ist für seine halluzinogene Wirkung bekannt. Schon 10 g Safran können ausreichen, um eine Abtreibung durchzuführen. Nimmt man 20 g des Pulvers unverdünnt ein, kann man sich mit Stil – und nicht ganz billig – ins Jenseits befördern.

Der echte Safrankrokus wird in Südeuropa (vor allem in Spanien), im Orient und in Ostasien angebaut und dient dort seit etwa viertausend Jahren als Gewürz, Parfüm, Färbe- und krampflösendes Heilmittel.

Für unsere Vorfahren war Safran der »süße Duft des Erfolgs«, da nur die Reichen dazu in der Lage waren, sich mit dem Aroma des mit Abstand teuersten Gewürzes der Welt zu umgeben. Im antiken

Rom galt man zur Zeit der Herrschaft des Lucretius als echter VIP, wenn der Platz, auf dem man im Theater saß, mit Safran parfümiert war. Kaiser Hadrian ließ eigens Statuen errichten, die auf sein Geheiß aus versteckten Düsen Safranduft, den Geruch der Götter, verströmten. Der Genußmensch von heute überträgt einschlägige sinnliche Gelüste vor allem auf seine Art, zu essen und seine Speisen zu würzen: Risotto Milanese, Paella und Bouillabaisse sind die bekanntesten Safrangerichte und vorzüglich dazu geeignet, den Appetit auf fortgesetzte leibliche Genüsse anzuregen.

Safran gehört zu einer Gruppe von Essenzen, die – wenn man nur ein bißchen zuviel davon abbekommt – zu recht unangenehmen Beschwerden wie Kopfschmerzen, Übelkeit und sogar Sehstörungen führen können. Seien Sie also bitte vorsichtig und glauben Sie nicht an die Märchen von der gefahrlosen Anwendung reiner, natürlicher Essenzen. Mit Vanille, Ylang-Ylang, Tuberose und Hyazinthe sollten Sie übrigens genauso vorsichtig umgehen!

Sandelholz

Die Essenz des ostindischen Sandelholzes wird durch Destillation aus dem zerkleinerten Holz des fast ausschließlich in der indischen Provinz Mysore vorkommenden immergrünen Sandelbaumes *(Santalum album)* gewonnen. Alpha- und Beta-Santalol, die bestimmenden Riechstoffe, erinnern geradezu verblüffend an das Androstenol, ergänzt durch einen leichten Unterton von Urin. Mit dem Sandelholzduft, der enorm erotisierend wirkt, hat die Natur den Geruch der weiblichen Scheide und ihrer unmittelbaren Umgebung perfekt nachvollzogen.

Wegen ihrer hervorragenden keimtötenden Eigenschaften wird die Sandelholzessenz in der Aromatherapie mit gutem Erfolg zur Wundversorgung und zur Behandlung entzündeter Schleimhäute eingesetzt. Überzeugen Sie sich selbst von der Wirkung:

Rezept: Sandelholzessenz gegen Entzündungen
1 Tropfen Sandelholzessenz mit ca. 1 Liter abgekochtem Wasser verdünnen und kräftig durchschütteln. Für Umschläge oder Spülungen verwenden.

Das sogenannte westindische Sandelholzöl stammt von einer anderen Pflanze *(Amyris balsamifera)*: Es wird häufig als preiswerter, aber nicht vollwertiger Ersatz für die teure echte Essenz angeboten.

Sellerie

Die getrockneten Samen und Wurzeln des Küchenkrauts Sellerie *(Apium graveolens)* werden nicht nur in Magenelixieren und Gewürzsalzmischungen gern verwendet, sie gelten auch in der Volksmedizin seit jeher als besonderer Geheimtip für müde Männer. Ausschlaggebend dafür sind die Riechstoffe Sedanolid und Sedanonsäureanhydrid, die beide dem Androstenongeruch sehr nahe kommen. Frische und würzige Aromen, wie das von Limonen, überdekken den Pheromonduft – einmal mehr der Beweis für die »Raffinesse« der Natur und für die Rolle, die praktische Erfahrungen in der Volksheilkunde spielen.

Tabak und Nikotin

Ein Blick auf die einschlägige Zigarettenreklame zeigt, daß mit der Darstellung männlicher Verhaltensweisen offensichtlich besonders gut für den Rauchgenuß geworben werden kann. Daß es sich dabei nicht um einen Zufall handelt, zeigt die chemische Analyse der Duftstoffe aus den getrockneten und fermentierten Blättern der Tabakpflanze *(Nicotiana tabacum)*. Vor allem die Orienttabake enthalten eine ganze Reihe Riechstoffe mit Pheromonqualität. Exaltolid, das auch in der Angelicawurzel enthalten ist, Octadecanolid sowie einige aromatische Bestandteile des Bibergeils verleihen dem Tabak die Moschus- oder Ambranote. Nikotin, das die eigentliche Wirkung des Tabakdunstes ausmacht, hat ebenfalls eindeutig Pheromongeruch. Eingehende Untersuchungen, die im Hinblick auf die Suchtgefahr sicher von größtem Interesse wären, stehen derzeit leider noch aus.

Trüffel

Den Trüffeln werden erhebliche aphrodisierende Wirkungen nachgesagt. Sie sind die unterirdisch, bevorzugt in der Nähe von Eichen wachsenden »Früchte« einiger Pilzarten, die alle anderen Pflanzen bis hinauf zur Erdoberfläche verdrängen. Deshalb werden sie vor allem dort gesucht, wo die Erde wie verbrannt aussieht. Um den Stellenwert der schwarzen Perigord- *(Tuber melanosporum)* und der weißen Piemonteser Trüffel *(Tuber magnotum)* als Luxusgewürz streiten sich französische und italienische Feinschmecker seit langem. Andere Sorten, wie z. B. die Sommertrüffel *(Tuber aestivum)* spielen im »Trüffelkrieg« nur eine untergeordnete Rolle.

Menschliche Nasen sind nicht fein genug, um den Steroidgeruch der würzig-knoblauchartig duftenden Knollen, die 10 bis 30 cm unter der Erde wachsen, »erschnüffeln« zu können. Seit jeher wird deshalb mit Schweinen, die in der Trüffel einen arteigenen Pheromongeruch wittern, und mit abgerichteten Hunden gearbeitet, um die kostbaren Früchte zu heben. In Frankreich geht man seit einiger Zeit auch mit einer »elektronischen Nase« (Umist), die auf den Pheromonstoff geeicht ist, auf Trüffeljagd.

Zimt

Ätherisches Öl aus Rindenstücken des auf Ceylon (Sri Lanka) heimischen und kultivierten Zimtbaumes *(Cinnamomum ceylanicum)*. Der unverkennbare Geruch ist balsamisch-würzig, süß und warm. Hauptriechstoff ist der Zimtaldehyd, der zusammen mit Benzaldehyd und

Cuminaldehyd (Riechstoffe aus Bittermandel und Kuminsamen) den Pheromoncharakter des Dufts begründet. Die Volksheilkunde kennt unter der Bezeichnung »Zimttropfen« oder »Tinctura Cinnamomi« sowohl ein wirksames Mittel gegen Beschwerden im Zusammenhang mit der Regelblutung, als auch ein vorzügliches Aphrodisiakum.

Bei den pheromonähnlichen Riechstoffen aus der Natur sind zwei Punkte besonders augenfällig:

- Natürliche Steroide oder steroidähnliche Substanzen kann der Mensch an ihrer typischen Geruchsqualität erkennen. In konzentrierter Form werden sie häufig als abstoßend empfunden, angenehm wirken sie erst in der entsprechenden Verdünnung.
- Alle obengenannten Essenzen haften sehr gut auf der Haut. Welche chemischen Vorgänge dabei eine Rolle spielen, ist noch recht wenig untersucht. Zu vermuten ist, daß die feste Anbindung der Pheromonstoffe erblich bedingt ist und aus Zeiten stammt, in denen beim Menschen (ebenso wie beim Tier) Duftmarkierungen mit arteigenen Stoffen eine sehr viel größere Rolle gespielt haben, als heute vorstellbar ist.

Natur als Gaukler:
Pflanzendüfte, die Intimgerüche imitieren

Ohne Frage sind Gerüche, die an die Duftaura der Geschlechtsorgane erinnern, vorzüglich dazu geeignet, gewisse Gefühle in uns wachzurütteln. Diese Riechstoffe müssen selbstverständlich die passende schwache Konzentration aufweisen oder geschickt in einen »unverfänglichen« Duftcocktail verpackt sein, sonst könnte ja unsere strenge Einstellung zu körperlichen Ausdünstungen uns einen Strich durch die Rechnung machen. Die Natur läßt uns da nicht im Stich: Sie hat mit großer Raffinesse typische Menschengerüche nachgeahmt und in den schönsten pflanzlichen Duftakkorden versteckt.

Indolnoten

Jasmin

Der duftende Jasmin *(Jasminum grandiflorum)* wird seit Ende des 17. Jahrhunderts in Südfrankreich angebaut, vor allem in der Gegend von Grasse, dem Zentrum der französischen Parfümerie. Die aus den Blüten durch Enfleurage oder durch Extraktion mit Lösungsmitteln gewonnene Essenz ist einer der wichtigsten Duftbausteine edler Parfüms und gehört auch zu den wirksamsten Heilmitteln der Aromatherapie. Von August bis Oktober werden die einzelnen Blüten von Hand gepflückt, und 9 Millionen davon werden benötigt, um 1 kg der Essenz zu erhalten. Da der Gehalt an ätherischem Öl in der frühen Morgendämmerung am höchsten ist, muß die mühsame Arbeit vor Sonnenaufgang durchgeführt werden. Wundern Sie sich also nicht, wenn für die wertvolle Ware mehr ausgegeben werden muß als für ein hochkarätiges Schmuckstück beim besten Juwelier der Stadt!

Der Duft des Jasmins ist eine botanische Meisterleistung. Selbst den begabtesten Parfümeuren ist es bisher auch nicht annähernd gelungen, ihn zu kopieren. Das Absolue enthält neben dem nach Sellerie duftenden Cis-Jasmon und dem schweißigen Anthranilsäuremethylester noch das fäkalartig riechende Indol (in einer Konzentration von bis zu 2,5%!), das auch in tierischen und menschlichen Ausscheidungen als typischer »Aromaträger« ausfindig gemacht werden kann. Waren Sie bei einer Reise in südliche Gefilde schon einmal vom Duft eines Jasminstrauchs völlig verzaubert und wurden dann nach einer Weile das Gefühl nicht mehr los, daß sich anscheinend in unmittelbarer Nähe ein Hund erleichtert haben muß?

Jeder Parfümeur scheitert gnadenlos, wenn er versucht, mit einer 2,5%igen Indollösung ein auch nur halbwegs brauchbares Parfüm zustande zu bringen. Die Jasminpflanze jedoch macht daraus einen herrlichen honigartig-süßen Duft mit blumigen, fruchtigen und grünen Untertönen. Der Geruch des Jasmins gehört zu den stärksten olfaktorischen Aphrodisiaka, weil seine vom Bewußtsein akzeptierte Intensität eine Begegnung mit dem eigenen Intimleben ermöglicht. Indol oder das diesem verwandte Skatol bestimmen auch bei einigen anderen Essenzen den Wert des Duftes.

Flieder

Schon seit langer Zeit ziert im Frühjahr der üppig blühende Flieder *(Syringa vulgaris)* in einfachen oder veredelten Formen viele Gärten. Der Duft roter und blauer Sorten ist beruhigend oder narkotisch, erotisierende Gerüche verströmt nur der weiße Flieder. Seine schwüle Note, die besonders ausgeprägt ist, wenn die Blüten zu welken beginnen, wird vom Indolgehalt bestimmt.

Bisher ist es nicht gelungen, einen haltbaren Extrakt oder ein ätherisches Öl aus Flieder zu gewinnen, und selbst die chemische Analyse der Duftstoffe steckt noch in den Kinderschuhen. In den 70er Jahren wurde ein »Fliederalkohol« entdeckt, ansonsten tappt man noch weitgehend im dunklen.

Neroli (Orangenblüte)

Essenz aus den Blüten der Bitterorange *(Citrus aurantium amara* oder *Citrus bigaradia)*. Die Pflanze liefert außerdem noch das Petitgrainöl aus den Blättern und grünen Triebspitzen sowie das Bitterorangenöl aus den Fruchtschalen. Auf keine der drei Essenzen könnte in der Parfümerie oder der Aromatherapie verzichtet werden.

Neroliöl erhält durch Indol und Phenylessigsäure einen etwas strengen Geruch, der allerdings in einen frischen Citrusduft eingebaut ist. Bei den durch Destillation gewonnenen terpenreichen Ölen ist die Frischenote stärker ausgeprägt als bei den mit Lösungsmitteln erzeugten terpenfreien Absolues, die aber ungleich stärker erotisierend wirken. Ein in der Naturkosmetik sehr beliebter Zusatz für

Cremes und Lotionen ist das Orangenblütenwasser *(Aqua aurantii, Eau de Fleur d'Oranger)*. Achten Sie darauf, terpenarme Ware zu bekommen, da die destillierten Wässer schlechtere Ergebnisse liefern.

Tuberose

Absolue aus den Blüten der aus ursprünglich aus Indien stammenden, zur Lilienfamilie gehörenden Tuberose *(Polyanthes tuberosa)*. Der schwer-blumig, sehr süß und dabei leicht würzig duftende Extrakt gehört zu den teuersten natürlichen Riechstoffen. Eine Mischung aus Tuberose- und Jasminessenz ist der olfaktorische Höhepunkt für jeden Duftliebhaber!

Jean Patou brachte 1930 *»Joy«* heraus, den Duft für die oberen Zehntausend, das teuerste Parfüm der Welt. Es bestand nur aus natürlichen Essenzen, sein Herz war ein Komplex aus bulgarischen Tuberosen und Jasmin. Der natürliche, reine und klare Duft mit einem Hauch verdeckter Sinnlichkeit kam vor allem bei Amerikanerinnen und Engländerinnen sehr gut an.

Ylang-Ylang

Das ätherische Öl wird durch Destillation aus den Blüten des in Südostasien kultivierten Canangabaums *(Cananga odorata)* gewonnen. Mehrere Güteklassen werden unterschieden: Ylang-Ylang-Öl hat die beste Qualität. Man erhält es im ersten Destillationsgang, erst in einem späteren erscheint das weniger wertvolle Canangaöl.

Der Geruch ist betäubend, sehr süß und erinnert an Jasmin. Er wird nur sehr sparsam eingesetzt, da er in Duftmischungen sonst sehr leicht andere Aromen überdeckt und auch Kopfschmerzen verursachen kann. Besonders eindrucksvoll erlebte – nach dem Bericht seines Frauchens – ein kleiner Hund die Wirkung des Ylang-Ylang-Duftes. Sobald in seiner Nähe die Flasche geöffnet wurde, verfiel er regelmäßig binnen weniger Sekunden in Tiefschlaf und fing an, laut zu schnarchen.

Essenzen aus Pflanzen müssen nicht immer köstliche Düfte verströmen. Ein Beispiel für das Gegenteil ist der

Stinkasant oder Teufelsdreck
Stellen Sie sich vor, Sie würden am Eingang zur Hölle stehen – Sie wüßten dann so ungefähr, wie Teufelsdreck riecht. Das Gummiharz *(Asa foetida)* aus den Wurzeln des Stinkasant *(Ferula asafoetida)*, einem asiatischen Doldengewächs, kommt in Form einer unansehnlichen, klebrigen, weißlich-grauen Masse in den Handel. Der schweflig-lauchige und fäkalartig-faulige Geruch des in Nervenberuhigungsmitteln verarbeiteten Stinkasants läßt selbst abgehärtete Nasen an seinem parfümistischen Wert zweifeln.

Asa foetida gilt wie der Knoblauch als überliefertes Mittel gegen Vampire und böse Geister. So wie früher benützen auch heute noch Anhänger der geheimen Künste den Stinkasant, um festzustellen, ob eine Person »besessen« ist. Wer sich dem Geruch fluchtartig entzieht, gerät in Verdacht. Nach Informationen von Eingeweihten soll der Test auch bei Verdünnungen bis zu 1 : 1 Million noch wunderbar funktionieren! Für Nicht-Besessene verändert sich der Teufelsdreck mit abnehmender Konzentration jedoch auf wunderbare Weise und bekommt balsamische, moschus- und vanilleartige Geruchsnoten.

Bis zur Mitte des 19. Jahrhunderts wurde der Asant, vor allem in Hessen, Württemberg und Schwaben zum Würzen von Wurstwaren verwendet. Mit der Körperpflege nahm man es damals nicht so genau. Das Aroma des Teufelsdrecks in gebratenen und gesottenen Würsten war vermutlicherweise deshalb beliebt, weil es so roch wie die Wurstesser selbst. Zumindest seinerzeit hieß es also: Hauptsache »es stinkt« – ob Wurst oder Mensch ist wurst.

Es muß nicht unbedingt Teufelsdreck sein – grundsätzlich gilt jedoch, daß Essenzen mit fäkal- oder skatolähnlicher Geruchsqualität unter anderem auch wirksame Heilmittel gegen Frauenleiden sind. Die Ursache von Beschwerden im Zusammenhang mit der Regelblutung kann z. B. der psychische Streß sein, der durch besondere Anforderungen an die Reinlichkeit ausgelöst wird. Die moderne Frau kann sich nicht, wie ihre Geschlechtsgenossinnen bei vielen Naturvölkern, während ihrer »Tage« zurückziehen und ihre Lebensweise entsprechend ausrichten. Sie muß vielmehr darauf bedacht sein, daß der perfekte Sitz des Tampons alle »störenden« weiblichen Gerüche beseitigt.

Rezept: Frauenbad bei Monatsbeschwerden

- 2 g Ylang-Ylang
- 1 g Neroli (ersatzweise 3 g Petitgrain)
- 4 g Palmarosa
- 3 g Indische Melisse (ersatzweise 3 g Citronella)

Die ätherischen Öle werden in eine Badegrundlage aus 80 g Mandel- oder Avocadoöl und 10 g eines Emulgators (z. B. »Mulsifan«, in Apotheken erhältlich) eingearbeitet und mit dem Badewasser vermischt.

Wenn die Badetemperatur etwas heißer gewählt und die Badedauer etwas verkürzt wird, kann mit dem Frauenbad auch einer überfälligen Regelblutung auf die Sprünge geholfen werden.

Natürliche Essenzen, die intime Düfte imitieren, haben die Fähigkeit, in den Menschen Bereitschaft zur Selbstbesinnung hervorzulocken und auch dazu, sich auf die Stimme des eigenen Körpers einzulassen. In einem wohlig duftenden Bad können sich anerzogene seelische Sperren lockern.

Urinnoten

Buccoblätter

Das ätherische Öl wird durch Wasserdampfdestillation aus den frischen Blättern der Buccopflanze *(Barosma betulina)* gewonnen. Der durchdringende, in der Kopfnote kampferartige Geruch erinnert deutlich an das Aroma schwarzer Johannisbeeren. Buccoblätteröl ist giftig und darf daher nur in sehr geringen Mengen verwendet werden.

Cassis (Schwarze Johannisbeere)

Die Essenz wird durch Extraktion von Blättern und Blütenknospen der schwarzen Johannisbeere *(Ribes nigrum)* gewonnen. Das sehr flüchtige Cassisaroma ist holzig, grün-würzig, fruchtig und erinnert in der Kopfnote etwas an Karbol. Angeführt wurde die Reihe der vornehmen und scheinbar sehr »unschuldigen« Cassisdüfte mit dem Parfüm »Amazone« (Hermes, 1965), berühmt wurde später vor allem »Chloe« (Lagerfeld, 1975) mit seinem Hauch von Luxus, tropischen Nächten und erotischem Zauber. Auch in Herrenparfüms wird der klare, reine Duft der schwarzen Johannisbeere gerne verwendet.

Erst in jüngster Zeit wurde durch Forschungen nachgewiesen, daß im Cassisduft Riechstoffe enthalten sind, die auch im Katzenurin vorkommen. Ist es nicht bewundernswert, mit welcher Raffinesse es der Natur gelingt, unsere geheimen Bedürfnisse in Einklang mit gesellschaftlichen Normen zu bringen?

Aminnoten

Kastanienblüten

Lieben Sie den Duft der Kastanien *(Aesculus hippocastanum)* im frühen Sommer? Haben Sie die sinnliche Gemütlichkeit der bayrischen Biergärten schon am eigenen Leib erfahren? Wissen Sie, wie wohl man sich fühlen kann, wenn sich alles Volk unter dem Dach der Kastanienbäume zusammenfindet und gleichmütig hinnimmt, daß ihm erst die Blüten in den Bierkrug und später die reifen Kastanien auf den Kopf fallen? Seit den Zeiten des bajuwarischen Engels Aloysius weiß man zwar zuverlässig, daß die Bewohner des »tiefen Südens« Deutschlands unter besonderem göttlichen Schutz stehen, es sind aber auch noch andere Mächte im Spiel, die Einheimischen und Zugereisten, ohne Unterschied des Standes, den Weg zum Bierausschank und zurück zum Stammplatz weisen.

Stecken Sie Ihre Nase einmal etwas tiefer in die duftenden Kastanienblüten, vielleicht kommt Ihnen dann das süßliche Aroma bekannt vor! Parfümeure sprechen in diesem Zusammenhang dezent von einer »Aminnote«, meinen aber den Spermageruch mit seinen Leitsubstanzen Spermin und Spermidin. Tatsächlich kann man aus den Blüten der Kastanie das Cardiospermin oder Castanospermin gewinnen, das für die besagte Aminnote verantwortlich ist. Der Duft ist allerdings sehr schwach und wird leicht von anderen Gerüchen überdeckt, so daß er selten bewußt wahrgenommen wird. Außerdem besteht ja bei etwa 25 % von uns eine ausgeprägte Anosmie für den Spermageruch. Wie dem auch sei, wir wissen jedenfalls, daß das bayrische Brauchtum – jedenfalls so weit es die Biergärten betrifft – nicht von ungefähr kommt.

Ambrosia

Die beifußartige Ambrosie *(Ambrosia artemisiaefolia* oder *Ambrosia elatior)* zählt zur Familie der Korbblütler. Sie wächst bevorzugt in der Nähe von Bahngleisen. Pflanzenauszüge stehen als homöopathische Urtinktur zur Verfügung. Wenn sich der Alkohol verflüchtigt hat, kommt ein olfaktorisches Kleinod zutage. Es überrascht uns zunächst mit einer deutlichen Tabak- und Nikotinnote, die reich an fetten, grünen und heuartigen Tönen ist. Danach kommt noch ein samtweiches Aminaroma dazu. Der echte Zauber des Duftes entfaltet sich, wenn man einen Tropfen der Tinktur auf die Zunge gibt.

Hautgeruch – ein Cocktail aus Düften

Was kann mehr bezaubern als der Duft nackter Haut in der Sonne? Am Hautgeruch sind verschiedene chemische Verbindungen beteiligt: Fettsäuren, Aldehyde, Ester und Wachse sind die wichtigsten davon. Ihrem Zusammenspiel verdankt die Haut, daß sie balsamisch, butter- oder wachsartig duftet, und manchmal auch so ähnlich wie Teer oder Holz. Die Alleskönnerin Natur liefert uns eine Fülle von Stoffen, die an das Aroma der menschlichen Haut erinnern.

»Männer sollen nach Holz riechen!« So lautet das Ergebnis der Leserumfrage einer Jugendzeitschrift. Zu Ende der 50er Jahre wurde die Feinkosmetik und ihre Parfümierung durch einen neuen synthetischen Riechstoff, das Lignofix, auf neue Beine gestellt. Sein vornehmer, holzig-pudrig-ambraartiger Duft, der sich durchaus am berühmten Chanel No. 5 messen kann, verschaffte dem veredelten Hautgeruch den Durchbruch als Parfümgrundlage der eleganten Toilettenseife.

Der Duft der Haut kann, muß aber nicht, erotisierend wirken. Haut-, Haar- und Schweißgerüche werden von unserem Wahrnehmungsvermögen nicht immer exakt von dem meist in ihnen enthaltenen Pheromonaroma des Androstenols unterschieden. Einige der nachfolgend genannten natürlichen Düfte könnten daher getrost auch der Gruppe der Steroidgerüche zugeordnet werden.

Baldrian
Ätherisches Öl aus den Wurzeln der in Europa und in weiten Teilen Asiens beheimateten Baldrianpflanze *(Valeriana officinalis)* mit beruhigender Wirkung. Der durchdringende Geruch der Essenz beruht vor allem auf der Isovaleriansäure, dem Valeranon sowie verschiedenen Terpenen.

Übrigens gelingt der weiter oben beschriebene Versuch mit der Katze auch mit Isovaleriansäure allein. Sie dürfte also der Stoff sein, der die »Miezen« magisch anzieht.

Daß der Baldrian über erotisierende Kräfte verfügt, kann man sich wegen des starken Geruchs heute kaum mehr vorstellen. Zu Zeiten jedoch, als die persönliche Körperpflege noch wesentlich lokkerer gehandhabt wurde und die Menschen viel deutlicher nach sich selbst gerochen haben, war die Baldrianwurzel als sexuelles Anregungsmittel durchaus geschätzt. Wir modernen, reizüberfluteten Menschen schätzen den Baldrian nur noch als Beruhigungsmittel.

Bay
Essenz aus den Blättern des Baybaums *(Pimento racemosa),* der auf den westindischen Inseln beheimatet ist. Der an Gewürznelken erinnernde frisch-würzige Duft prägte das Aroma des berühmten Bayrums, des von unseren Großvätern bevorzugten Haarwassers. Seine heute kaum mehr aufzufindende Rezeptur stammt aus einem alten Arzneibuch (DAB 6 [1953], Ergänzungsband) und soll all denen gerne zur Verfügung gestellt werden, die der guten alten Zeit nachtrauern.

Vergleichen Sie doch einmal den Duft von Bayrum mit der dezenten Parfümierung der Haarpflegemittel unserer Tage! »Mann« roch seinerzeit gewaltig und in erotischer Hinsicht durchaus anregend.

Rezept: Bayrum *(Spiritus Myrciae)*	
– 8 Teile Bayöl – 0,5 Teile Neroli – 0,5 Teile Nelkenöl – 2 Teile Ammoniumcarbonat – 565 Teile Weingeist – 424 Teile Wasser	Die Lösung wird ohne weitere Verdünnung als Haarwasser verwendet.

Cognac (Weinhefeöl)
Ätherisches Öl, das durch Destillation des bei der Weingärung anfallenden Bodensatzes gewonnen werden kann. Der Duft ist durchdringend blumig, fettig und fruchtig mit einer deutlichen Gasnote und schweißigen Untertönen. Wichtigste Aromaträger sind die Caprylsäure sowie Abkömmlinge der Caprinsäure, die auch Bestandteile des Hautfetts sind. Die in der Essenz enthaltenen Aldehyde erinnern an den Geruch synthetischer Duftstoffe in modernen Parfüms.

Holzessig
Auf einem internationalen Kongreß der Duftforscher (ECRO), der 1992 in München stattfand, überraschte Dr. Ingrid Nina Bell ihre manchmal etwas spröden Kollegen mit einem kleinen olfaktorischen Kabinettstück. Sie berichtete über die Bedeutung von Gerüchen im Leben melanesischer Inselbewohner in Papua-Neuguinea. Bei dieser Gelegenheit zeigte sie ein kunstvoll aus Naturfasern und Perlen angefertigtes Kleid, wie es dort von den jungen Frauen zur Hochzeit getragen wird, um sich und den frischgebackenen Ehemann auf die erste gemeinsame Nacht einzustimmen. Der ganze Hörsaal war im Nu mit einem köstlichen, leicht säuerlich-holzigen Duft erfüllt, der alle Anwesenden in Hochstimmung versetzte. Selbst die strengsten und nüchternsten Professoren begannen auf einmal,

sich angeregt mit ihren Banknachbarn zu unterhalten, und die Sitzordung löste sich immer mehr auf.

Genau diesen wunderbaren Geruch verströmt – vor allem in stärkerer Verdünnung – eine Flüssigkeit, die man in den Apothekenregalen unter der Bezeichnung »Holzessig« oder »Acetum pyrolignosum« findet. Holzessig entsteht bei der trockenen Destillation von Holz, sein Duft wird im wesentlichen von freien Fettsäuren (vor allem Essigsäure) bestimmt. Er entfaltet sein fein zusammengesetztes, warmes Bouquet, das ein bißchen an das Aroma von frischem Rauchfleisch gemahnt, innerhalb von wenigen Sekunden. Der Duft ist eine Huldigung der Natur an den Geruch unserer Haut!

Lorbeer

Ätherisches Öl aus den grünen Blättern des Lorbeerbaums (Laurus nobilis), der hauptsächlich im Mittelmeerraum kultiviert wird. Der Lorbeer war im antiken Griechenland dem Apollo geweiht, und von dort stammt auch der Brauch, Dichter und Sänger mit einem Lorbeerkranz zu schmücken. Die Römer übertrugen solche Ehrungen auch noch auf den militärischen Bereich – wie Sie wissen, mühten sich selbst Asterix und Obelix redlich um die Lorbeeren des Caesar. Die Sitte, hervorragende Persönlichkeiten, Sportler oder Jubilare mit Lorbeerblättern zu bekränzen, hat sich bis in unsere Tage erhalten.

Das Aroma der Essenz ist zunächst kampferartig, später auch frisch, süß und würzig. Es verleiht eine angenehme, starke Geruchsaura, die von verschiedenen Fettsäureestern sowie Essig-, Butter-, Isovalerian- und Capronsäure geprägt wird. Man kann den Duft als veredelten Hautgeruch beschreiben, was seine historische Verwendung verständlich macht. Fette und grüne Gerüche begegnen uns in der Natur häufig in Blättern und grünen Gemüsen. Der Mensch hat im Lauf seiner Entwicklungsgeschichte gelernt, solche Aromen sehr genau zu unterscheiden, um damit den Wert einer Pflanze für seine

Ernährung zu bestimmen. Die Vorstellung von Reife und Vollkommenheit wird durch den Lorbeerkranz auf einen durch sein Denken und Handeln vorbildlichen Menschen übertragen. Lorbeerduft ist ein ausgesprochener Sympathieträger! Für alle modernen Helden, die den Erfolg ihrer täglichen Beutezüge mit einem adäquaten Dufterlebnis belohnt wissen wollen, ist das »Heldenbad« ein passendes Vergnügen.

Sie können sicher sein, daß Sie als »gebadeter Held« auch aus Ihrem nächsten Feldzug als Sieger zurückkehren werden!

Rezept: Heldenbad	
– 6 g Lorbeeröl – 1 g Majoranöl – 1 g Nelkenöl – 2 g Bergamotteöl	Die ätherischen Öle werden mit 90 g Badegrundlage (siehe »Frauenbad«, S. 116) vermischt.

Möhrensamen

Das ätherische Öl wird durch Wasserdampfdestillation aus den zerstoßenen Samen der Möhre *(Daucus carota)* gewonnen. Der fettige, waldig-holzige Duft mit leicht säuerlicher Irisnote, an dem ein Sesquiterpenaldehyd maßgeblich beteiligt ist, erinnert deutlich an den Haut- und Schweißgeruch des hellhäutigen Menschentyps.

Patschuli (Patchouli)

Bis heute hat das durch Wasserdampfdestillation aus getrockneten und fermentierten Blättern der in Asien beheimateten Patchoulipflanze *(Pogostemon patchouli)* gewonnene ätherische Öl sein Duftgeheimnis erfolgreich bewahren können. Eine vollständige Analyse ist noch nicht gelungen, wahrscheinlich weil ungeheuer viele Substanzen in geringster Konzentration den Duftakkord ausmachen. Als

Bestandteile wurden bisher Benzaldehyd, ein rosenartig riechender Alkohol sowie Zimtaldehyd ermittelt. Das unverwechselbare holzig-erdige Aroma mit leicht grünem Einschlag und großer Strahlungskraft ist das Herz fast aller orientalischen Duftnoten und nicht durch synthetische Stoffe zu ersetzen.

Styrax

Der Balsam tritt bei Verletzen der Rinde des orientalischen Styraxbaums *(Liquidambar orientalis)* aus. Phenylpropanol, Zimtalkohol und Ethylcinnamat verleihen konzentriertem Styrax in der Spitze eine etwas störende, gasige Note, die sich aber schnell verliert, um einem balsamisch-blumigen Duft Platz zu machen. Styrax ist als Fixativ ein wichtiger Zusatz in vielen klassischen Phantasie-Duftwässern.

Teergerüche

Die lebhafte trockene Destillation von Holz oder Kohle liefert die verschiedenen Teersorten pflanzlichen Ursprungs. Beispiele sind Birken-, Fichten- oder Kiefernteer. Sie weisen zunächst meist einen leichten Gasgeruch (schweißähnlich) auf, entwickeln aber bei stärkerer Verdünnung eine dem Hautduft entsprechende balsamische, lederartige Qualität. Dieses Aroma, das verstärktem Hautgeruch entspricht, bildet vor allem die Grundlage männlich herber Parfümnoten.

Vanille und vanilleartige Düfte

Ein Meilenstein für die Verwendung synthetischer Düfte in der Parfümerie war die künstliche Herstellung von Vanillin, für die Prof. Ferdinand Tiemann und Dr. Wilhelm Haarmann im Jahr 1877 das Patent erhielten. Der aromatische Ersatz für die Vanilleschote war von den beiden Wissenschaftlern aus Coniferin, einem Zucker aus der Schicht zwischen Holz und Rinde von Nadelbäumen gewonnen worden. Seither befindet sich das Vanillin auf einem unaufhaltsamen Siegeszug durch Parfüms, Lippenstifte, Babykosmetik, Schokoladen, Puddings und viele andere Pflege- und Nahrungsmittel.

Auch die echte Vanille *(Vanilla planifolia)* enthält etwa 2 bis 3% Vanillin und außerdem zahlreiche Begleitstoffe wie Benzoesäure, Anis- und Benzaldehyd. Die Wirkung des Vanillegeruchs besteht darin, balsamische Effekte in vollendeter Weise abzurunden, sie harmonisch aufeinander abzustimmen und gleichzeitig das Haftvermögen des Duftes auf der Haut zu verbessern. Vanillearoma, das einen Hauch von sonnendurchwärmter Haut vermittelt, ist in doppelter Hinsicht Sympathieträger: Es ist sowohl der I-Punkt aller parfümistischen Künste als auch der Duft, der mit schönen, schmackhaften und süßen Erinnerungen – vor allem solchen aus der Kindheit – verbunden ist.

Die Natur kennt in einigen Baumharzen noch andere Quellen vanilleartiger Düfte: Perubalsam, aus einer mittelamerikanischen Baumart *(Myroxylon balsamum),* riecht voll und warm, mit betonter, süßer Vanillenote. Der Vanilleduft des Tolubalsams, der aus einem der gleichen Familie angehörigen Baum gewonnen wird, hat deutliche schweißige Untertöne. Der Geruch von Benzoe, dem Harz von auf Java und Sumatra heimischen Styraxbäumen *(Styrax tonkinensis)* erinnert sogar an Schokolade.

Vetiver

Essenz aus den Wurzeln des ostindischen Bartgrases *(Vetiveria zizanoides).* Die Inhaltsstoffe Vetivon und Vetiverol geben dem Duft eine männliche, süßlich-erdig-holzige Note. Das ätherische Öl erhält seine beste Qualität erst durch jahrelange Lagerung. Billige Öle haben einen rauhen und kratzigen Beigeruch.

Vetiver war zusammen mit dem Bayöl in der Generation unserer Großväter einer der beliebtesten Zusätze in Haar-, Rasier- und Erfrischungswässern. Die Essenz trug einen guten Teil zum Entstehen der damals als männlich empfundenen Geruchsaura aus Schweiß, Tabak und den Folgen einer eher großzügigen Körperpflege bei.

In der Aromatherapie wird Vetiver aufgrund seiner niemals näher beschriebenen, vermeintlichen östrogenen Wirkung sehr gern in Form von Bädern und Massageölen zur Linderung von Wechseljahrbeschwerden verwendet. Die Wirkung eines Vetiver-Bades können Sie nach folgender Anleitung selbst erproben: Wahrscheinlich kann der sehr »männliche« Vetiver-Duft den sich verändernden weiblichen Hormonhaushalt im Sinne eines Pheromoneffektes günstig beeinflussen.

Rezept: Schonwaschgang für die Wechseljahre	
– 5 g Vetiver – 3 g Rosenholz – 2 g Lemongras	Die Essenzen werden in 90 g Badegrundlage (siehe »Frauenbad«, S. 116) eingearbeitet.

Weihrauch und Myrrhe

Vielleicht sind Sie erstaunt, diese Düfte, die für uns Frömmigkeit und Andacht versinnbildlichen, hier aufgelistet zu finden. Lassen Sie sich überraschen!

Weihrauch oder Olibanum ist das Harz aus der Rinde verschiedener, in den Ländern um das Rote Meer wachsender Weihrauchbaumarten *(Boswellia)*. Die kleinen, samtbraunen bis bernsteinfarbigen Harzkörner verströmen, auch ohne verbrannt zu werden, einen wunderbaren Duft. Der Weihrauch, mit dem in den Kirchen geräuchert wird, ist in der Regel eine nach überlieferten Rezepten hergestellte Mischung verschiedener Harze und Balsame, meist unter Zusatz von Myrrhe, dem Harz von Myrrhenbäumen *(Comiphora myrrha)*. Das Abbrennen von Weihrauch hatte in vergangenen Zeiten einen sehr

Sex in der Kirche?

Was ist das Besondere am Weihrauchduft? Sein süßlich-balsamisches Aroma gehört ohne Frage in die Gruppe der erotisierenden Hautgerüche und widerlegt damit alle Behauptungen, die Kirche ködere ihre Anhänger nur mit der Androhung ewiger Verdammnis. Dem von den – wie man sagt – allen Lebensfreuden abholden Kirchenmännern geschwungenen Weihrauchgefäß entweichen jedenfalls nicht nur andachtfördernde Dämpfe, sondern auch Sexuallockstoffe! Gehen etwa deshalb viele ältere Damen so gern in die Kirche?

Der modernen Wissenschaft ist es übrigens gelungen, das gut gehütete Geheimnis zu lüften, daß es bei einigen Ministranten zu einer psychischen Abhängigkeit vom Weihrauchgeruch gekommen ist. Bei der Analyse des Rauches fanden die Forscher Inhaltsstoffe, die auch im Haschisch, dem Blütenharz, und im Marihuana, den getrockneten Triebspitzen des indischen Hanfs *(Cannabis sativa var. indica)* vorkommen, wie z. B. das Tetrahydrocannabinol.

Diese Substanzen werden von den Haschischrauchern wegen ihrer Hochstimmung vermittelnden und leicht berauschenden Wirkung über alles geschätzt. Sollten Sie der Generation angehören, die ihre Eltern mit langen Haaren und der Vorliebe für verrauchte Kellerpartys an den Rand der Verzweiflung getrieben hat, so kennen Sie den süßen Geruch eines »Joints« als den Hauch des verruchten Orts Ihrer Selbstfindungsversuche. Allerdings war Ihre damalige Befreiungstat gar nicht so außergewöhnlich: Ihre Eltern hatten dasselbe Vergnügen beim Stadtpfarrer um die Ecke, und zwar sehr viel billiger!

praktischen Sinn: Da die Toten früher innerhalb der Kirchenmauern in Grüften bestattet wurden, konnte mit Räucherungen der Gestank der verwesenden Leichen überdeckt werden. Außerdem waren die keimtötenden Bestandteile des Rauches, die Boswelliasäuren, dazu geeignet, bei den Zusammenkünften der Gläubigen die Übertragung ansteckender Krankheiten zumindest einzuschränken.

Zedernholz
Ätherisches Öl aus den Strünken und Wurzeln amerikanischer Wacholderarten *(Juniperus virginiana, J. mexicana).* Eine nordafrikanische Pinie *(Cedrus atlantica),* die eng verwandt ist mit den berühmten, aber fast ausgerotteten »Zedern des Libanon«, liefert das sogenannte Libanon-Zedernholzöl. Der süßlich-holzige Duft (je nach Herkunft auch mit einer leicht säuerlichen Teernote) vermittelt jeder Duftmischung Fülle, Tiefe und Wärme. Mit Sicherheit hat die Natur den Geruch unserer Haut mit dem Zederndufft am phantasievollsten nachgeahmt. Schon in der Antike begab man sich in die Zedernhaine des Libanon zur »Kur«, weil man von ihrem balsamischen Duft Heilung erwartete. Heute wird die mit seiner Wahrnehmung verbundene Vorstellung von menschlicher Nähe und Zuwendung in der Aromatherapie vielfältig genutzt.

Allerlei Liebeszauber

Rezepte für das Glück zu zweit

Nachdem Sie sich mit dem »Who is Who« der Liebesdüfte umfassend über die Gerüche mit dem »gewissen Etwas« informiert haben, sollen Ihnen jetzt einige Anleitungen zur Herstellung duftender Aphrodisiaka die Möglichkeit geben, Ihre Kenntnisse in die Praxis umzusetzen. Sie werden staunen, wie phantasievoll Sie Ihren amourösen Alltag mit Ihren eigenen Duftkompositionen gestalten können!

»Nimm Abschnitzel deiner Nägel und Haare und lasse sie im eigenen Urin faulen, reibe sie klein und Sperma proprium darunter und kauffe eine Muscaten-Nuß, wie sie dir geboten wird, bezahle sie, ohne abzubrechen, und lege sie unter den linken Arm, arbeite oder gehe, daß du schwitzest, daß sich der Schweiß in die Muscaten ziehet, diese reibe auch darunter, hernach kauffe vor 6 Pfennig Violen, 6 Pfennig Nelken und vor 6 Pfennig Schlagbalsam, und mische es auch darunter, und dem Frauenzimmer auff die Hand gestrichen, est Transplantatio Naturae.«

(Nach: Hans Freimarke, *Okkultismus und Sexualität, »Ein altes Zauberbuch empfiehlt …«)*

Ein Parfüm aus dem eigenen Labor

Ein Parfüm, das zur Liebe verführen soll, erschließt sein Geheimnis nur ganz allmählich. Kopf-, Herz- und Basisnote des Duftes folgen dem Verlauf einer erotischen Begegnung von Frau und Mann: Die Frische der Kopfnote erweckt Aufmerksamkeit, der süße Blütenduft der Herznote betört die Sinne, die animalischen Essenzen, Harze und Balsame der Basisnote geben dem/der Verführten dann den Rest.

Selbstgemachte Parfüms sollten immer aus natürlichen Essenzen zusammengebraut werden. Synthetische Riechstoffe in reine Blütendüfte einzubauen ist eine echte Kunst, die nur ein ausgebildeter Parfümeur beherrscht. Abgesehen davon lassen sich ätherische Öle sehr viel besser mit körpereigenen Gerüchen zu einem harmonischen Duftakkord verbinden. Künstliches stört in der Regel. Der Mensch ist dazu fähig, praktisch jede Sinneswahrnehmung als »natürlich« oder »künstlich« zu werten. So fügt sich beispielsweise im Freien der Klang eines (nicht elektronisch verstärkten) Musikinstruments in die Geräusche der Natur mit ein: Eine auf der Flöte oder

Gitarre gespielte Melodie ergibt mit dem Gesang der Vögel und dem Rauschen der Bäume immer ein fein abgestimmtes Klangbild. Die Geräusche auch nur entfernt vorbeifahrender Autos lösen die Harmonie auf. Mit den Gerüchen ist das nicht anders.

Wir sind heute allerdings mehr oder weniger auf synthetische Riechstoffe programmiert und müssen uns daher erst einmal einige Zeit mit den natürlichen Essenzen beschäftigen, wenn wir ihre Vorzüge erkennen wollen. Hat man sich dann in sie »eingerochen«, wird man industriell hergestellte Luxusdüfte nur noch schwer ertragen können. Hätten Sie nicht Lust dazu, Ihre parfümistischen Talente mit einer duftenden »Verführung nach Art der Natur« zu erproben?

Rezept: Une séduction d'après la nature

Kopf
- 1 Tr Blutorangenöl
- 3 Tr Mandarinenöl
- 2 Tr Zitronenöl
- 1 Tr Bergamotteöl

Herz
- 3 Tr Rosenöl
- 3 Tr Rosenholzöl
- 2 Tr Geraniumöl

Basis
- 5 Tr Jasminöl
- 10 Tr Iriswurzeltinktur
- 1 Tr Patschuliöl
- 1 Tr Kardamomöl
- 2 Tr Macisblütenöl
- 2 Tr Zedernholzöl
- 1 Tr Korianderöl
- 10 Tr Castoreumtinktur
- 20 Tr Vanilletinktur
- 10 Tr Labdanumtinktur 5%ig
- 1 Tr Olibanumöl
- 5 Tr Toneatinktur

Die Essenzen sollten rasch zusammen in einen Parfümzerstäuber gegeben werden, der dann mit 90%igem Alkohol aufgefüllt wird. Da der Duft erst reifen und zusammenwachsen muß, wird das Parfüm vor der Verwendung am besten zwei Wochen lang an einem dunklen und nicht zu warmen Ort gelagert.

Das Kernstück dieses verführerischen Parfüms ist der wunderbare Zusammenklang von Rosen und Jasmin. Der Duft entwickelt sich aus einer dezenten Zitrusspitze und weist balsamische und würzige Effekte auf. Ein feiner Heugeruch kommt von der Toncatinktur, die Cumarin enthält, den Stoff, dem auch der Waldmeister seinen charakteristischen Duft verdankt.

Es ist kein Zufall, daß der Akkord aus Rosen und Jasmin der Schwerpunkt der meisten guten französischen Parfüms ist. Im ätherischen Öl aus Rosenblüten findet man so gut wie keine Bestandteile, die an den Geruch des Menschen erinnern. Den süßen Rosenduft empfinden wir als betörend, in der Fachsprache der Parfümeure wird er als »narkotisch« bezeichnet. Verantwortlich dafür ist der hohe Gehalt an ausschließlich den Olfaktoriusnerv erregenden Terpenalkoholen, deren Wirkung durchaus mit der alkoholischer Getränke zu vergleichen ist. Betörende oder berauschende Düfte »vernebeln« das kritische Bewußtsein. Sie »rauben die Sinne«, so daß sie angeborenes Scham- und Hemmverhalten zurückdrängen und die Bereitschaft, sich gehen zu lassen, erhöht wird. In der Verbindung von Jasmin und Rose liegt genau das, was unseren Umgang mit sexuell anregenden Gerüchen ausmacht: Der narkotische Rosenduft öffnet die Pforten der Wahrnehmung für die sinnliche und erotisierende Kraft des Jasmins.

Ein bißchen hiervon, ein wenig davon …

Nachdem Sie sich mit der »Séduction d'après la nature« in ein zu allen Tages- und Nachtzeiten verführerisches Wesen verwandelt haben, möchten Sie jetzt sicher erfahren, womit Sie Ihrer/Ihrem Angebeteten auf die Sprünge helfen können. Dafür gibt es eine ganze Reihe erfolgversprechender Rezepte. Am besten suchen Sie sich aus der nachfolgenden Auflistung die Mischung aus, die Ihren Vorstellungen am meisten entspricht.

Der Liebestrank

Vielleicht möchten Sie die wortreichen Versprechungen, die Ihnen gemacht worden sind, einer praktischen Prüfung unterziehen. Mit dem Liebestrank sollte es Ihnen gelingen, die passende Stimmung herbeizuzaubern. Bitte sehr – das sind die Zutaten:

– 25 g Rotwein	– 3 g Rosenhonig
– 20 g Kirschsirup	– 1 g Zimttinktur
– 40 g Zuckersirup (Wasser und Zucker im Verhältnis 1 : 1)	– 1 g Kardamomtinktur
– 5 g Vanilletinktur	– 5 g Orangentinktur
	– 1 Tr Rosenöl

Zu empfehlen ist ein Likörglas pro Teilnehmer, mehr ist keinesfalls verboten!

Zauber der Venus

Welch geheimnisvolles Mittel mag die Verführerin vergangener Jahrhunderte wohl ihrem Herzbuben heimlich unter das Essen oder den Wein gemischt haben, um ihn verliebt zu machen? Was immer es war – hier ist jedenfalls ein Rezept, das Ihnen einen durchschlagenden Erfolg verspricht.

Allerdings würden Sie für die Zubereitung einige Gerätschaften brauchen, die nicht zur normalen Haushaltsausstattung gehören. Lassen Sie sich deshalb das Liebespulver in Ihrer Apotheke zusammenmischen.

– 5 g Vanillezucker (mit echter Vanille)	– 1 g Kardamompulver
– 2 g Rosenblüten, pulverisiert	– 1 Tr Rosenöl
– 1 g Iriswurzelpulver	– 20 Tr Ambra, homöopathische Urtinktur
– 1 g Orangenschalenpulver	– 35 g Rohrzucker

Dazu kommt noch eine Messerspitze Edelsteinpulver, wie z. B. Ferrum Rosatum (Roseneisen) Kräftigungsmittel, fördert Entschluß- und Tatkraft, Malachit erwärmt das Herz, Succinum (Bernstein), Stein der Treue.

Etwa ein halber Teelöffel vom »Zauber der Venus« wird dem Opfer heimlich unter die Speisen gemischt, am besten erst beim Dessert, da die Wirkung schlagartig einsetzen kann.

Öl der Wiederauferstehung

Dieses Rezept ist einer rein männlichen Problematik gewidmet. Beteiligte Damen sollten jedoch nicht zögern, beim Auftragen des Massageöls mitzuhelfen. Zuerst muß es aber zubereitet werden:

- 1 Tr Ingweröl
- 2 Tr Pfefferöl
- 1 Tr Macisöl
- 2 Tr Bohnenkrautöl
- 50 ml Trägeröl (z. B. süßes Mandelöl)

Bitte bringen Sie das Öl nicht mit Schleimhäuten in Berührung, da es dort zu Hautreizungen führen könnte. Die wichtigsten Stimulationspunkte des Mannes befinden sich am Rücken (etwa in der Höhe, wo vorne der Nabel ist) sowie auf der Innenseite der Oberschenkel zwischen Schritt und Knie. An diesen Stellen wird das Öl mit guten Aussichten auf Erfolg sanft einmassiert. Diese Stimulationspunkte entsprechen übrigens den aus der Akupunktur bekannten Energielinien (Meridiane).

Das ätherische Öl des schwarzen Pfeffers *(Piper nigrum)* hat sich als ein wahres Wundermittel zur Erweckung der Manneskraft erwiesen, es wird in der Rosa Szene als echter Geheimtip gehandelt. Pfefferöl riecht aromatisch nelkenartig. Es wird von der Haut gut vertragen, weil die Stoffe, die für die Schärfe des Pfeffers verantwortlich sind, im Öl nicht erscheinen.

Tantrische Mischung

Die Tantrische Mischung (Tantra = indische Heilslehre) hilft, die gegenseitige Hingabe zu verstärken und den vollen Genuß der körperlichen Liebe zu erfahren. Hergestellt wird das Massageöl aus

– 5 Tr Olibanumöl	– 1 Tr Patschuliöl
– 1 Tr Zibet (künstlich)	– 1 Tr Vetiveröl
– 3 Tr Rosenöl	– 50 ml Trägeröl (siehe »Öl der Wiederauferstehung«)
– 1 Tr Labdanumöl	

Das Öl kann – auf dem ganzen Körper aufgetragen – die Haut geschmeidig und gleitfähig machen und auch gezielt an den Stimulationspunkten eingesetzt werden. Wichtig ist, die Duftmischung auch im Bereich der Achselhöhlen anzuwenden, da sie geeignet ist, dort die Funktion der apokrinen Drüsen anzuregen. Probieren Sie's aus, Sie werden feststellen: »Es läuft wie geschmiert.«

Was halten Sie übrigens davon, den Geruch Ihrer intimsten Stellen zu erforschen und dann das passende natürliche Aroma unter den oben genannten Liebesdüften oder auf eigenen Streifzügen durch die Pflanzenwelt zu entdecken? Bauen Sie diesen Duft in Ihren Liebesfahrplan ein und parfümieren Sie mit ihm Ihre Bettwäsche! Sie können sicher sein, daß Ihre Partnerin/Ihr Partner – erst einmal neugierig gemacht – versuchen wird, die Quelle des Dufts aufzuspüren und zu erobern.

Die Spezialitätenküche

Wer so richtig glücklich gewesen ist, möchte dieses Gefühl am liebsten noch lange Zeit festhalten. Mit einer kleinen Räucherung läßt sich die berauschende Stimmung und auch die Kuschelwärme, die man »nachher« ganz einfach braucht, noch über Stunden genießen. Man muß nur rechtzeitig das Räuchergranulat vorbereiten.

Nach der Liebe ist vor der Liebe	
Mischen Sie: – 10 g Olibanum – 5 g Myrrhe – 5 g Tolubalsam – 5 g Iriswurzel, geschnitten – 20 Tr Vanilletinktur	*und parfümieren Sie die Mischung mit:* – 10 Tr Rosenholzöl – 5 Tr Zedernholzöl

Lassen Sie die Mischung einige Tage in einem verschließbaren Gefäß stehen, bis die Essenzen eingetrocknet sind. Wenn das Granulat dabei ein bißchen klumpen sollte, können Sie es mit einem Holzlöffel leicht wieder zerkleinern.

Zur Räucherung verwenden Sie Räucherkohletabletten (z. B. der Firma Weleda) nach Herstellervorschrift. Streuen Sie nicht zu viel von dem Granulat auf die glühende Kohle, da es einen viel stärkeren Geruch entwickelt als z. B. die Essenzen in einer Duftlampe. Wenn Ihre Haut und Ihre Haare den Duft der Nacht angenommen haben, werden Sie den ganzen nächsten Tag auf einer rosaroten Wolke schweben!

Vielleicht haben Sie jetzt genug von so viel Liebesgeflüster, und Sie überlegen (falls Sie dem weiblichen Geschlecht angehören), ob es möglicherweise ein wirksames Mittel gibt, um einen unerwünschten Bewerber gnadenlos ins Leere baggern zu lassen. Selbstverständlich können die richtigen Düfte auch mit einem Anmacher fertig werden! In der Tiermedizin sind solche olfaktorischen Abwehrmaßnahmen längst erprobt. So hat das altbewährte »Hau-ab«-Spray schon oft genug aufdringlichen Rüden, die hinter einer Hündin her waren, einen Strich durch die Rechnung gemacht. Der Mensch hat zu seinem Schutz ziemlich drastische Methoden entwickelt, die aber zum Teil auch über den Geruchssinn wirken. Zu nennen wären das Tränengas und als neueres Präparat ein Spray mit Stinktieröl. Beide sind nicht ganz unproblematisch in der Anwendung, weil der Schuß ja auch einmal nach hinten losgehen könnte.

Eine ganz andere Möglichkeit bietet ein aromatherapeutisches Rezept. Es hat den Vorteil, für die Zielperson völlig unschädlich zu sein. Außerdem bleiben alle Chancen, in gutem Einvernehmen voneinander zu scheiden, erhalten, weil ein entschiedenes »kein Sex« sehr raffiniert unterschwellig übermittelt wird. Dazu wird ein parfümistisches Prinzip einfach umgekehrt: Der weibliche Eigengeruch wird überdeckt, aber kein versteckter Duftstoff als Ersatz dafür angeboten.

Das Anti-Macho-Spray	
– 3 Tr Citronellaöl – 1 Tr Majoranöl – 2 Tr Melissenöl – Lavendelöl	Die ätherischen Öle werden in einen Parfümzerstäuber (10 ml) oder ein leeres Nasenspray-Fläschchen (Zerstäuber) gegeben und in 70%igem Alkohol gelöst.

Sie haben sicher gleich erkannt, daß hier ein paar Bestandteile eines »klassischen« Parfüms ganz einfach weggelassen wurden. Das »Anti-Macho-Spray« verwenden Sie entweder wie ein Parfüm, oder Sie besprühen damit unauffällig und nur ganz leicht einige Gegenstände in Ihrer unmittelbaren Umgebung (Stuhl, Handtasche usw.). Die Wirkung kann überraschend schnell einsetzen, da die Nase eines »balzenden Männchens« besonders empfindlich auf Gerüche reagiert. Dabei riecht das Spray beileibe nicht schlecht. Es ist nur der verwirrend »falsche« Duft, der den lästigen Bewerber aus der Bahn wirft und von seinem Vorhaben ablenkt.

Zum Abschluß nun noch ein Thema, das aber eng damit zusammenhängt. Der Wunsch nach Kindern. Um eine Schwangerschaft in die Wege zu leiten, wurde in früheren Zeiten gern ein mit allerlei Kräutern gefülltes Leinensäckchen über der gemeinsamen Liegestatt aufgehängt und auf die Heilkraft der Natur auch in dieser heiklen Angelegenheit vertraut. Greifen Sie diesen schönen Brauch doch wieder auf, falls Sie sich nach Nachwuchs sehnen sollten.

Kindersegen-Wundertüte

Mischen Sie:

- 10 g Angelicawurzel, geschnitten
- 10 g Selleriesamen
- 10 g Liebstöckelwurzel
- 10 g rotes Sandelholz
- 10 g Hopfenblüten
- 1 Vanilleschote, geschnitten

und parfümieren Sie die Mischung mit:

- 10 Tr Castoreumtinktur (volkstümlich: Muttererwartungstropfen!)
- 3 Tr Mandarinenöl

Füllen Sie die Kräutermischung in ein Leinensäckchen, das Sie dann über Ihrem Bett aufhängen. Man schläft bei diesem Duft übrigens wunderbar, was immerhin schon ein Teilerfolg ist.

Gerüche rund um Schwangerschaft und Wochenbett

In keinem Abschnitt ihres Lebens ist eine Frau dem Geheimnis menschlicher Existenz näher als in der Spanne zwischen Empfängnis, Erwartung, Geburt und den ersten gemeinsamen Tagen mit dem neugeborenen Kind. Ist es ein Wunder, daß Gerüche – als Bindeglied zwischen Außenwelt und Empfindung – in dem Zeitraum, in dem Hingabe, Liebe und Schutzbedürfnis, aber auch Verzicht und Schmerz so intensiv durchlebt werden, eine ganz besondere Rolle spielen?

Schwangerschaft verändert Geruchsempfinden

Im ersten halben Jahr der Schwangerschaft reagieren viele Frauen besonders empfindlich auf Gerüche. Oft können sie den Geruch von Essen (z. B. von gebratenem Fleisch) nur sehr schlecht vertragen. Widerwille besteht meist auch gegenüber starken Parfüms, jeder Art von künstlichen Aromen und Riechstoffen sowie Tabak- und Nikotingeruch. Gleichzeitig mit dieser für Außenstehende oft nicht nachvollziehbaren Überempfindlichkeit gerät auch das Seelenleben der werdenden Mütter aus dem Gleichgewicht: Vor allem in den ersten drei Monaten der Schwangerschaft haben sie bekanntermaßen »nah am Wasser gebaut«. So etwa ab dem Zeitpunkt, ab dem die Bewegungen des Kindes zu spüren sind, pendeln sich dann Gemütslage und Geruchsempfinden in der Regel wieder auf »normal« ein.

Die Abneigung gegen bestimmte Gerüche ist maßgeblich am Auftreten des gefürchteten Schwangerschaftserbrechens beteiligt. Übergeben (bis zu zehnmal am Tag), quälender Durst, Leibschmerzen und übelriechender Atem kennzeichnen die Hyperemesis gravidarum (griechisch: *hyper* = übermäßig, *emesis* = Erbrechen; lateinisch: *gravida* = die Schwangere), von der die ersten Monate der »frohen Erwartung« zu einer einzigen Qual gemacht werden können. Früher nahm man an, daß in den mütterlichen Stoffwechsel gelangte giftige Produkte des Zellabbaus die Auslöser seien. Heute macht man eine hormonelle Entgleisung des Östrogenhaushalts sowie seelische Ursachen dafür verantwortlich. Eine naheliegende Erklärung wäre die auch im monatlichen Regelkreis der Frau auftretende östrogenabhängige Geruchsempfindlichkeit. Auf jeden Fall sollte man über den biologischen Sinn einer solchen Reaktion nachdenken. Anzunehmen ist, daß die Nase ihre Aufgabe als hochempfindliches Warn- und Reizorgan erfüllt: Die Abwehr gegen schlecht verträgliche Lebensmittel oder andere gesundheitsschädliche äußere Einflüsse dient dem Schutz des in den ersten Schwangerschaftsmonaten besonders gefährdeten ungeborenen Kindes.

In diesem Zusammenhang ist das Ergebnis einer eigenen Untersuchung recht interessant: Bei einer Befragung schwangerer Frauen gaben etwa 30% von ihnen an, daß auch der Geruch des Partners (und Vaters des Kindes) oder mit seiner Person verbundene Düfte (z. B. Rasierwasser und ähnliches) schlecht vertragen wurden. Ist auch darin eine körperliche Schutzmaßnahme der werdenden Mutter zu sehen?

Können Ungeborene riechen?

Neugeborene können bereits zwischen süß, sauer, salzig und bitter unterscheiden, einige von ihnen auch zwischen guten und schlechten Gerüchen. Der Lernprozeß muß also bereits vor der Geburt begonnen haben. Man geht heute davon aus, daß der geringere Teil von Geruchsvorlieben und -abneigungen angeboren sein dürfte, der weitaus größere Teil jedoch erst im Lauf des Lebens erlernt wird.

Das Riechorgan des ungeborenen Kindes bildet sich schon zu einem sehr frühen Zeitpunkt aus. Zuerst entwickelt sich die Trigeminusregion und, ausgehend von dieser, dann das olfaktorische System. Auf Gerüche, bzw. in Blut, Fruchtwasser und anderen Körperflüssigkeiten gelöste Riechstoffmoleküle, wird etwa ab der 28. Schwangerschaftswoche reagiert. Dabei werden die Gerüche der Mutter selbst ebenso wahrgenommen wie die Aromen von Stoffen, die mit der Nahrung oder der Atmung in den mütterlichen Körper gelangen.

Welchen Sinn das hat, konnte ein Versuch mit Kaninchen zeigen. Wurde das trächtige Muttertier mit Wacholderzweigen gefüttert, so bevorzugten die Jungen später ebenfalls Futter, das nach Wacholder roch. Sie hatten also bereits als Ungeborene gelernt, was sie später ohne Gefahr essen konnten.

In einem anderen Experiment wurden dem Blutkreislauf trächtiger Schafe unterschiedlich aromatisierte Kochsalzlösungen zugeführt. Damit konnte, je nach dem, welche Duftstoffe verwendet worden waren, der Herzschlag der ungeborenen Lämmer deutlich beschleunigt oder auch verlangsamt werden.

Die Zusammensetzung des Fruchtwassers hängt stark davon ab, was die Mutter ißt und was sie einatmet. Der Austausch zwischen mütterlichem und kindlichem Stoffwechsel sowie die Ernährung des ungeborenen Kindes erfolgt über den Mutterkuchen (Placenta). Durch die sogenannte Placentaschranke wird der Übergang bestimmter Moleküle in das kindliche Blut verhindert und damit möglichen Schädigungen vorgebeugt. Riechstoffmoleküle sind jedoch aufgrund ihrer geringen Größe geeignet, diese Sperre zu überwinden, so daß das Ungeborene auf diesem Weg bereits bestimmte Gerüche erlernt.

Man muß sich diese Tatsache bewußt machen, um zu erkennen, daß die Zukunftsaussichten bedrückend sind. Im Rahmen der EU-Vereinheitlichung der Kennzeichnungspflicht für Aromastoffe in Lebensmitteln wird das heute gültige, sehr strenge deutsche Recht wohl aufgegeben und den großzügigen Vorschriften z. B. der Niederlande oder Englands angeglichen werden. In diesen Ländern dürfen Lebensmittel durch eine unübersichtlich große Zahl künstlicher Aromen und Geschmacksverstärker »verschönt« werden. Dabei wird auch vor Grundnahrungsmitteln und Säuglingsnahrung nicht haltgemacht. Wird das Kind bereits im Mutterleib mit solchen Stoffen vertraut, ist abzusehen, daß es diese auch im späteren Leben bevorzugen wird. Einer »Abrichtung« Ungeborener durch interessierte Kreise der Lebensmittelindustrie ist damit Tür und Tor geöffnet. Man muß sich klar darüber sein, daß künstliche Aromastoffe nicht nur dort Qualität vortäuschen, wo keine ist, sondern daß sie auch das Zustandekommen von Überempfindlichkeitsreaktionen oder Allergien ungeheuer begünstigen. Derartigen Entwicklungen muß im Interesse der ungeschützten Kinder entschieden entgegengetreten werden!

Stumme Botschaften zwischen Mutter und Kind

Auch in schwierigen Zeiten, wenn Probleme, Ärger, Streß oder Depressionen die werdende Mutter belasten, findet das Zwiegespräch zwischen ihr und dem Kind statt. Der Informationsaustausch erfolgt dabei auch durch Übertragung chemischer Signale. Für alles, was die Mutter bedrückt, hat ihr Sprößling, bereits bevor er zur Welt kommt, sehr empfindliche Antennen entwickelt.

Die Folgen von Streß (z. B. Überbevölkerung, Hunger, aggressives Umfeld, untergeordnete soziale Rangstellung) auf das Fortpflanzungsverhalten von Hausmäusen sind eingehend untersucht worden. Ungeborene Mäusekinder erleben den Druck, dem ihre Mutter ausgesetzt ist, vor allem als gesteigerte Konzentration von Streßhormonen (Adrenalin, Cortisol und Testosteron) im Fruchtwasser. Von den Auswirkungen sind in erster Linie die weiblichen Jungtiere betroffen, bei denen der vorgeburtliche Testosteronschub zu einer Vermännlichung führt. Sie verändern sich sowohl körperlich (Ausbildung der Geschlechtsorgane, Gewicht usw.) als auch in ihrem Verhalten (typisch männliche Eigenschaften sind bei Mäusen unter anderem gesteigerte Aggressionslust und eine größere Reichweite des Auslaufs im Gelände).

Auch das menschliche Pheromon Androstenon ist nichts anderes als ein Testosteron-Abkömmling. Durch die chemische Umwandlung wird diesem Hormon lediglich ermöglicht, den Organismus zu verlassen und als chemischer Botenstoff zwischen zwei Lebewesen wirksam zu werden. Seit etwa 100 Jahren wird in den Industrieländern eine zunehmende Vermännlichung der Frauen beobachtet. Zu erörtern wäre, ob die Mütter durch chemische Signale bereits ihren ungeborenen Kindern von dem berichten können, was sie in Zukunft erwartet.

Leider sind wir nicht imstande, unsere Welt von heute auf morgen zu verändern. Vielleicht gelingt es aber, mit dem nachfolgenden Rezept einen kleinen Beitrag dazu zu leisten, daß das Leben zukünftiger kleiner Erdenbürger und ihrer Mütter etwas weniger streßbelastet ist.

Anti-Streß-Massage für Schwangere und Ungeborene	
– 3 Tr Rosenöl – 1 Tr Ylang-Ylang-Öl – 1 Tr Muskatellersalbeiöl – 1 Tr Melissenöl	Die Essenzen werden in 50 ml einer fetten Ölmischung aus etwa gleichen Teilen von Jojoba-, Weizenkeim- und Aloe-vera-Öl eingearbeitet.

Die regelmäßige sanfte Massage des mütterlichen Bauches mit dem wohlriechenden Ölgemisch hat sich in der Praxis auch als vorzügliches Mittel bewährt, um Schwangerschaftsstreifen zu verhindern. Später kann der Duft zur Aromatisierung des Kinderzimmers dienen. Davon ist vor allem eine beruhigende Wirkung zu erwarten, da der Geruch dem Baby schon vom Mutterleib her vertraut ist. Auch zur Säuglingspflege ist das Öl geeignet, sein Duft erinnert Mutter und Kind an die gemeinsamen Tage der Schwangerschaft und die ganz besondere Stimmung inniger Zusammengehörigkeit.

Zarte Fühler in eine unbekannte Welt – Geruchssignale aus dem Mutterleib

Für jede Schwangere sind die ersten spürbaren Bewegungen ihres Kindes ein besonderes Erlebnis. Wenn es beginnt, bei sanftem Druck auf den Bauch zurückzustrampeln, knüpft es erste Kontakte mit der Welt außerhalb des Körpers der Mutter. Das Baby macht sich aber auch noch auf eine andere, sehr viel weniger beachtete Weise bemerkbar. In der Schwangerschaft verändert sich die geruchliche Ausstrahlung der Mutter, und das nicht nur, weil sie vielleicht jetzt leichtere und frischere Parfüms bevorzugt. Der Grund ist vielmehr darin zu sehen, daß das Ungeborene schon sehr früh damit beginnt, über den mütterlichen Organismus bestimmte Duftsignale an die Außenwelt zu senden. Das kindliche Immunsystem fängt schon im Mutterleib an, eingeschränkt zu arbeiten. Seine im Knochenmark gebildeten typischen Geruchsstoffe verlassen den Körper der Schwangeren über deren Ausscheidungsorgane. Die mit dem Immunsystem des Babys zusammenhängenden Gerüche unterscheiden sich deutlich von denen der Mutter, und die Mischung verleiht ihrem körpereigenen Duft eine andere Qualität.

Was hat die Natur damit bezwecken wollen, daß die Mutter den Geruch ihres ungeborenen Kindes nach außen signalisiert? Das wird sofort verständlich, wenn man sich Tiere vor Augen führt, die in Herden leben und praktisch alle ihre Jungen zur gleichen Zeit zur Welt bringen. Sowohl die Muttertiere selbst als auch andere Rudelmitglieder gewöhnen sich schon während der Trächtigkeit an den Geruch des zukünftigen Nachwuchses. Dadurch können die Mütter bereits unmittelbar nach der Geburt ihre Kinder als eigene erkennen, und die Gefahr, daß die neugeborenen Jungtiere in einer großen Herde verlorengehen, wird nahezu ausgeschlossen.

Für uns Menschen sind diese vorgeburtlichen Signale genauso wichtig, wenn auch unter anderen Vorzeichen. Die Wahrnehmung des Geruchs eines ungeborenen Kindes ist eine wesentliche Voraussetzung dafür, daß der Säugling dann sowohl von seiner Mutter als auch vom Vater, von den Geschwistern und allen anderen Personen, die seinen Geruch bereits erlernt haben, gefühlsmäßig angenommen wird. Schon das Ungeborene gibt also seine ganz persönliche Visitenkarte ab, an der es später erkannt werden will.

Wochenbettgerüche

In den ersten Wochen ihres Lebens können Babys eine ganze Reihe besonderer körperlicher Leistungen vollbringen. Sie antworten auf Sinnesreize, die von außen kommen, mit den »frühkindlichen Reflexen«, die von stammesgeschichtlich älteren Bereichen des Gehirns gesteuert werden. Wenn dann die höheren Hirnstrukturen ausreifen, verlieren sich diese Fähigkeiten und müssen später erst wieder neu erlernt werden. Typische Beispiele für die weitgefächerten Reaktionsmöglichkeiten der kleinen Erdenbürger sind der Saugreflex und das sogenannte Schnutenphänomen (Spitzen des Mundes bei Beklopfen der Mundwinkel), die vom Lage- und Bewegungssinn bestimmten Flucht-, Greif-, Halte-, Steh- und Stützreflexe. Selbstverständlich kommen auch geruchliche Reize als mögliche Auslöser angeborener Verhaltensformen in Frage, wenn auch die medizinischen Lehrbücher darüber noch nicht besonders viel auszusagen wissen.

Der Mensch wird keineswegs nackt geboren. Wenn wir den Mutterschoß verlassen, ist unser kleiner Körper ganz von einer durchgehenden, dünnen, schleimig-käsigen Schicht überzogen, die einen ganz besonderen Duft ausstrahlt. In der Fachsprache wird diese Hülle als »amniotisches Fluid« (griechisch: *amnion* = Schafshaut, Eihaut, lateinisch: *fluidus* = flüssig) oder »Käseschmiere« bezeichnet. Bevor wir dann in unserer desodorierten Welt willkommen geheißen werden, hebt uns die Hebamme zunächst einmal sehr entschlossen in die Badewanne. Erst wenn wir frisch gewaschen sind, werden wir der stolzen Mutter auf den Bauch gelegt, während der erschöpfte Vater mit letzter Kraft die Videokamera bedient.

Wollte man z. B. bei einem neugeborenen Schaf genauso verfahren, hätte dies sehr böse Folgen: Die Mutter könnte ihr eigenes Kind nicht erkennen, sie würde ihm die lebenswichtige erste Fürsorge verweigern und es schließlich verstoßen. Wir haben uns angewöhnt,

Schafe als außergewöhnlich dumm zu bezeichnen, und das nicht zuletzt deshalb, weil sie sich so offensichtlich von Gerüchen leiten lassen. Wenn man allerdings davon überzeugt ist, daß die Natur einen allgemeingültigen Geruchscode entwickelt hat, den wir nicht mehr verstehen können, weil wir zu gescheit geworden sind, würde man sich gerne vor diesen freundlichen Tieren in die Schulbank setzen.

Nur während einiger Stunden nach der Geburt ist das weibliche Schaf besonders empfindlich für den Geruch des amniotischen Fluids seines Neugeborenen, und in dieser kurzen Zeitspanne bildet sich die Mutter-Kind-Bindung aus.

Innerhalb von vier Stunden, nachdem sie geworfen hat, erkennt die Schafmutter ihr Kind am Geruch, andere Lämmer würde sie nicht als eigene annehmen. Verantwortlich dafür ist die durch die Geburt ausgelöste Erregung der Geschlechtsorgane und die in ihrer Folge erhöhte Ausschüttung des Hormons Oxytocin. Dieses wiederum steigert die Konzentration von Noradrenalin (eine körpereigene Substanz, die Nervenreize weiterleitet) im Riechsystem, und die Geruchsempfindlichkeit nimmt dramatisch zu.

Bei uns Menschen läßt die Entfernung der Käseschmiere unmittelbar nach der Geburt einen mit Sicherheit ähnlich angelegten biologischen Regelmechanismus ins Leere verpuffen. Was bei Tieren instinkthaft abläuft, hat die stammesgeschichtliche Entwicklung bei uns in tief verankerte Verhaltensweisen umgewandelt, die unser vom Verstand geprägtes Handeln bestimmen. Wie so oft neigen wir auch hier dazu, einen Teil unserer Lebensgrundlage zu verleugnen und ihn im wahrsten Sinne des Wortes ganz einfach »abzuwaschen«. Vielleicht wäre es möglich, der gefürchteten Wochenbettdepression, die von der Schulmedizin mit dem hormonellen Streß während der Geburt erklärt wird, auf eine sehr wirksame Weise zu begegnen: Man könnte den Geruchskontakt unmittelbar nach der Geburt zulassen und sogar mit konserviertem amniotischen Fluid im Wochenbett fortsetzen. Das wäre mit Sicherheit ein Heilmittel aus ureigener Produktion!

Der Duft der Mütter

Neugeborene Kinder erleben den Geruch ihrer Mutter auf doppelte Weise. Zum einen sind die Brustwarzen ringförmig von pheromonbildenden Duftdrüsen umgeben, die ihre stärkste Aktivität während der Stillzeit entfalten. Die Nase des Säuglings kann dadurch die Futterquelle zuverlässig erkennen. Zum anderen nimmt der charakteristische Eigengeruch der Mutter nach der Entbindung deutlich zu, weil auch die apokrinen Drüsen der Achseln verstärkt tätig werden. Ein aufmerksamer Besucher wird daher an Wöchnerinnen immer einen warmen, moschusartigen Schweißgeruch wahrnehmen, von dessen Beseitigung mit Deodorants dringend abzuraten ist.

Die Reaktionen des Säuglings auf Muttergerüche sind teils angeboren, teils aber auch erst nach der Geburt erlernt. Mit industriell hergestellten Milchprodukten ernährte Babys ziehen, wie Versuche ergeben haben, immer den Duft der Brust – auch fremder Frauen – dem Geruch des Fläschchens vor. Die Anziehungskraft des Dufts stillender Frauen muß also wohl schon vor der Geburt eingeprägt worden sein.

Anders verhält es sich mit den Achselgerüchen. Vor die Wahl gestellt, bevorzugen Babys nach einiger Zeit zwar immer den Duft der apokrinen Drüsen der eigenen Mutter, brustgestillte Säuglinge tun dies aber viel eher als Flaschenkinder. Das liegt an der Haltung während des Stillens: Die Nase des Babys ist nicht weit von der Achsel entfernt, und es erlernt den Geruch der Mutter schneller.

Der mütterliche Duft ist an der Ausbildung des »Urvertrauens« beteiligt: Er signalisiert dem Kind, daß der Mensch, der so riecht, seine grundlegenden Triebe befriedigt. Im späteren Leben kann dann jeder natürliche, dem Muttergeruch ähnliche Duft an Nähe, Wärme und Fürsorge erinnern. Dasselbe gilt ohne Einschränkung auch für jedes Parfüm, das die Mutter während der Stillzeit trägt. Viele scheinbar nicht erklärbare Geruchsvorlieben im fortgeschrittenen Alter lassen sich sicher damit erklären, daß sie bereits im Wochenbett eine Rolle gespielt haben.

Der Schweißgeruch der Mutter ist auch ein wunderbares Beruhigungsmittel für den Säugling. Wenn man ein Baumwolltuch, das sich die Mutter vorher einige Zeit unter die Achsel geklemmt hat, einem unruhigen Baby unter den Kopf legt, wird es in der Regel sehr viel leichter ein- und besser durchschlafen. T-Shirts und ähnliches sind dafür übrigens nicht so gut geeignet, da sie beim Tragen auch den Brustgeruch annehmen. Das Kleine könnte dadurch Hunger bekommen, und die erwünschte beruhigende Wirkung würde dann doch nicht eintreten.

Sollten Sie jetzt wissen wollen, welcher natürliche Riechstoff dem Muttergeruch nahekommt, so sei Ihnen empfohlen, Ihre Nase in eine blühende Holunderdolde zu stecken. Sie finden dort eine geradezu umwerfende Kopie mütterlicher Düfte. In keinem alten Bauerngarten fehlt der Holunderbusch, dem in vergangenen Zeiten eine magische Schutzwirkung gegen böse Geister nachgesagt wurde. Der Blütenduft wehrt tatsächlich zahlreiche Schadinsekten ab – lassen Sie uns aber nicht den psychologischen Ansatz vergessen, der mit der Wahrnehmung des Muttergeruchs verbunden ist. In neueren Gartenbüchern sucht man vergebens nach dem Rat, einen Holunderbusch in den eigenen, mehr oder minder gartenarchitektonisch durchstilisierten Ziergarten zu pflanzen. Der Grund dafür ist sinnigerweise der »unangenehme Duft der Blüten«!

Heilen mit Düften

In den Gerüchen verborgene Kräfte beeinflussen unser Verhalten, sie können uns krank und auch wieder gesund machen, sie sind die stummen Regenten des Daseins. Eine kleine Geschichte soll Ihnen zeigen, welche Macht hinter den Düften steckt.

Im Reich der Düfte

Es lebte einmal eine Königin, die über ein riesiges Volk herrschte. Jeder ihrer Untertanen sah seinen einzigen Lebenszweck darin, ihren Willen zu erfüllen. Einmal im Jahr lud sie alle heiratsfähigen Männer zu sich, um unter ihnen den geeignetsten als Vater ihrer Kinder auszuwählen. Dazu ließ sie bis in die letzten Winkel ihres Reiches einen geheimnisvollen Duft versprühen, dessen Zusammensetzung nur sie selbst kannte. Jeder, der als Bewerber in Frage kam, machte sich, sobald er den wunderbaren Geruch wahrgenommen hatte, sofort auf den Weg, um sich der Wahl zu stellen. War dann die Entscheidung gefallen, zogen sich die Abgewiesenen ohne Groll wieder zurück. Nur die Königin durfte Kinder gebären. Daher hatten ihre Dienerinnen die Aufgabe, im ganzen Staat einen anderen speziellen Duft zu verbreiten, der bei den übrigen Frauen die Entwicklung zur Geschlechtsreife verhinderte, so daß sie sich weiterhin nur den ihnen zugewiesenen Arbeiten widmen konnten.

Schon bei der Geburt wurde der weitere Lebensweg jedes Kindes genau festgelegt. Jeden Raum, in dem ein Neugeborenes heranwuchs, kennzeichnete die Königin durch eine Duftschale. Es gab drei Arten von Kinderstuben und Düften, an denen die Dienerinnen erkennen konnten, wer sich im Zimmer befand, um die richtige Nahrung durch eine kleine Klappe in der Tür schieben zu können. Die Prinzessinnen, von denen eines Tages eine die neue Königin werden sollte, lebten in großen Zimmern und wurden mit allen Köstlichkeiten versorgt, die das Reich zu bieten hatte. Den Schalen vor ihren Türen entstieg ein honigsüßer Blumenduft. War indes einmal geklärt, wer von ihnen die neue Herrscherin werden sollte, wurden alle anderen kurz und schmerzlos getötet und aus dem Palast geworfen.

In sehr viel einfacheren Räumen, aber mit durchaus vernünftiger Kost wuchsen die Kinder auf, die für ein Arbeitsleben bestimmt waren. Vor ihren Zimmern duftete es nach grünem Gras und auch ein bißchen nach Gewürzen. Der Nachwuchs, der für den Soldatendienst vorgesehen war, wurde in winzigen Zellen gehalten, bekam nur das Allernötigste zu essen, und vor den Türen roch es nach fauligem Wasser, vermischt mit Blut. Sie sollten zeit ihres Lebens unfähig bleiben, sich selbst zu ernähren und nur von der Versorgung durch die Dienerinnen abhängig sein. Jedes Kind, gleichgültig wozu es bestimmt war, hatte seine Duftschale mit einem Tropfen seines Speichels markiert. Von seinem Geruch wurden die Pflegerinnen durch das Gewirr der Palastgänge zu ihren Schutzbefohlenen geleitet, und an ihm konnten sie auch erkennen, welches Kind in welchem Raum auf sein Essen wartete.

Als die Königin alt geworden war und der Geruch ihres nahenden Todes ihr Reich durchzog, entstand Unruhe im Staat. Die Prinzessinnen begannen auf einmal, sich zu reifen Frauen zu entwickeln. Einfache Arbeiterinnen waren plötzlich imstande, Kinder zu bekommen, die freilich nur zu Soldaten taugen sollten. Alles glitt aus den gewohnten Bahnen, und als auch die Lebensmittelversorgung nicht mehr klappte, fanden sich alle Untertanen zusammen, um die Ordnung wieder herzustellen. Vor dem Palast versammelten sich Soldaten. Sie sollten losziehen und die Vorratskammern eines anderen Volkes ausrauben, um die letzte Notlösung, nämlich das Auffressen der eigenen Kinder, zu verhindern. Bevor die Kämpfer abzogen, wurde ihnen noch eine außergewöhnliche Uniform verpaßt: Jeder von ihnen wurde von Kopf bis Fuß mit einer wohlriechenden Salbe eingerieben. An ihrem Geruch konnten sie einander erkennen, und er beruhigte sie auch bei Gefahr, weil sie sich von Kameraden umgeben wußten. Auf ihrem Marsch markierten sie von Zeit zu Zeit den Weg mit einer Spur ihres Geruchs, um ohne Schwierigkeiten wieder zurückfinden zu können.

Die Soldaten näherten sich unentdeckt einem fremden Volk, dessen Geruch sie aus weiter Entfernung wahrgenommen hatten. Da es nicht mehr lange dauern konnte, bis sie erkannt würden, gruben sie schnell einen Gang in die fremde Burg und folgten einer Duftspur, die sie zu dort gehaltenen Tieren führte, die nicht nur gemolken, sondern auch verzehrt werden konnten. Nach einem erbitterten Kampf mit den Verteidigern des fremden Staates blieben viele Tote und Verletzte zurück, um die sich niemand kümmern wollte, weil sie abstoßend nach Kampf, Wut und Angst rochen.

Von den Eroberern wurde eine riesige Herde von Nutztieren aus der Festung getrieben. Der Rückweg entlang der vorsorglich gelegten Duftspur war schnell gefunden, und zu Hause stand eine Armee bereit, um jeden Verfolger mit beißenden, tödlichen Kampfstoffen zurückzuschlagen und die Beute in Sicherheit zu bringen. Da die Kämpfer ihre Aufgabe erfüllt hatten, erhielten sie keine Nahrung mehr. Sie mußten sterben, damit jüngere, kräftigere Soldaten an ihre Stelle treten und unter der Herrschaft einer neuen Königin den Schutz des Reiches übernehmen konnten.

Hat die Geschichte für Sie ein bißchen arg nach Science-fiction geklungen? Das ist sie keineswegs! Sie schildert nur den Alltag bei Bienen-, Termiten- und Ameisenvölkern, bis hin zu der Tatsache, daß die letzteren Blattläuse als »Zuchtvieh« halten. So wie die Menschen ihre Staaten durch komplizierte Gesetzeswerke funktionsfähig erhalten, wird bei vielen Insektenvölkern die straffe Ordnung durch eine hochentwickelte Duftsprache garantiert.

Medizingerüche

Wer nun aussätzig ist, soll zerrissene Kleider tragen und das Haar lose und den Bart verhüllt und soll rufen: unrein, unrein! (Drittes Buch Moses, 13)

Die Medizin unseres aufgeklärten 20. Jahrhunderts verfügt über die unterschiedlichsten diagnostischen Möglichkeiten, und die Behandlungsmethoden haben sich seit biblischen Tagen deutlich verändert. Unverändert geblieben ist aber unsere gefühlsmäßige Begegnung mit dem »Kranksein«: Es trägt den Makel des Unreinen, da es den Menschen in seiner Hinfälligkeit bloßstellt.

Zu Moses' Zeiten war das Heilen der Kranken den Priestern vorbehalten, denn sie standen in Verbindung mit Gott, und er allein konnte die »Reinigung« bewirken. Für die Behandlung waren bestimmte Verfahren vorgeschrieben. So wurden z. B. Aussätzige siebenmal mit dem Blut eines frisch geschlachteten Vogels besprengt, das mit Zedernholz und Ysop *(Hyssopus officinalis)* aromatisiert worden war, und danach mit klarem Wasser reingewaschen.

Für uns Menschen von heute verbindet sich mit dem Begriff »unrein« unwillkürlich die Vorstellung von Gestank. Das Alte Testament vermeidet es, vom Geruch der Krankheit zu sprechen, sondern beschäftigt sich mit dem »göttlichen Wohlgeruch«, also dem Beweis der unsichtbaren Nähe Gottes und seiner heilenden Kraft, die auf den Leidenden übergeht. Auch die Salbung, die bei Kranken, ebenso aber auch bei Königen mit duftenden Ölen durchgeführt wurde, stellte die Betreffenden direkt in den Atem Gottes und erhöhte sie über ihr irdisches Dasein.

Krankheit kann man riechen

Wenn wir jetzt einen – zugegebenermaßen reichlich großen – Sprung bis ins 18. und 19. Jahrhundert machen, sehen wir, daß zu dieser Zeit die Menschen den Zusammenhang von Krankheit und Geruch schon sehr viel deutlicher erkannten als unsere Urväter. Versuchen wir, uns in das übervölkerte Paris von damals zu versetzen. In der Stadt gab es (ebenso wie in anderen vergleichbaren Orten Europas) weder Kanalisation noch öffentliche Unratbeseitigung. Die Straßen waren erfüllt vom Gestank der Fäulnis und Verwesung. Unheilvolle Gase, die sogenannten Miasmen (griechisch: *miasma* = giftige Ausdünstung aus dem Boden), die aus Erdspalten, Abwasserrinnen und Senkgruben aufstiegen und die Atemluft vergifteten, wurden für viele Krankheiten verantwortlich gemacht. Viele Ärzte und Naturwissenschaftler machten sich auf die Suche nach den Quellen der Miasmen und wurden, was nicht weiter überrascht, auch in ihren Hospitälern fündig. Sie entdeckten, daß zu Krankheiten in der Regel auch krankhafte Gerüche gehören, die häufig typisch für bestimmte Leiden sind. Diese Ausdünstungen ermöglichten dem geschulten Mediziner eine recht genaue Diagnosestellung: Scharlach riecht nach alten Äpfeln, Masern wie frisch gerupfte Federn, Tuberkulose aasartig und zwiebelig, Typhus wie frisches Brot und Skorbut am allerschlimmsten, nämlich durchdringend faulig. Sogar das Sterben eines Menschen ist von einem charakteristischen, säuerlichen Geruch begleitet.

Nach dem Weltbild der damaligen Zeit bedrohten solche Gerüche Leib und Leben eines jeden, dem sie in die Nase stiegen, weil sie sich unverzüglich im Gehirn festsetzten. Die riechbare Aura der Krankheiten löste eine entsetzliche Furcht davor aus, daß die Miasmen in den gesunden Körper eindringen und ihn schädigen und schwächen könnten. Allein die Nähe fremder Menschen reichte aus, um die Verderbnis leibhaftig zu spüren. Heute mögen wir die Ängste unserer Vorfahren mit einem Lächeln zur Kenntnis nehmen und als unbegründet abtun. Wir sollten aber keinesfalls vergessen, daß unsere »modernen« Erkenntnisse auf der Grundlage der Vorstellungen früherer Zeiten zustandegekommen sind.

Wohin sind in unseren Tagen die Gerüche der Krankheiten entschwunden? Durch das volltechnisierte Klinikum von heute weht nicht der geringste Hauch eines Körperdüftchens seiner Insassen, geschweige denn eines olfaktorischen Zeugnisses ihrer Leiden. Kein Arzt würde es wagen, seinen Krankenbericht etwa so zu beginnen: »Nach eingehender Beriechung des Patienten ...«. Und dennoch: Wenn wir ein Krankenhaus, eine Arztpraxis oder eine Apotheke betreten, sind es immer ganz besondere Gerüche, die uns zunächst in Bann schlagen. Welche Bedeutung sie für uns haben und was sie über das Wesen der Medizin aussagen, werden wir leichter verstehen, wenn wir uns noch einmal zurückwagen auf die Pariser Straßen der letzten Jahrhunderte.

Düfte zur Abwehr von Gefahren

Im Kampf gegen die Miasmen wurden Gerüche aller Art eingesetzt. Durch sie wurde der Gestank mit Schwung und Raffinesse einfach aus der Luft vertrieben. Man goß Essig über glühende Schaufeln, stellte Räucherpfannen in den schlecht belüfteten Räumen auf und hing sich duftende Kugeln oder Kräutersäckchen um den Hals. Niemand traute sich, ohne parfümiertes Taschentuch oder Riechkapsel allgemein zugängliche Plätze oder Gebäude zu betreten. Für die Dame von Stand war das Riechfläschchen ein »Muß« und oft genug der seidene Faden, der sie vermeintlich am Leben erhielt. Kurzum, mit einer wahren Armee von Wohlgerüchen wurde der verpesteten Luft zu Leibe gerückt.

Von den Ärzten wurden die Riechstoffe voller Begeisterung in ihre Behandlungspläne aufgenommen, die Phantasie kannte dabei keine Grenzen und trieb die buntesten Blüten. Mit dem Geruch verbrannter Pantoffel half man einer ausbleibenden Monatsblutung auf die Sprünge. Übermäßige Gemütserregungen, Depression und Melancholie wurden einfach weggeräuchert. Parfümeure und Apotheker schufen immer wieder neue Duftsensationen für alle nur denkbaren medizinischen Probleme und brachten es damit zu ungeheurem gesellschaftlichen Ansehen.

Desinfektion statt Räucherpfannen

Noch bis in unser Jahrhundert hinein war der »Hospitalismus« (Gesundheitsschäden, die durch den Klinikaufenthalt verursacht werden) die Geißel der Krankenhausmedizin. Die Gefahr für die Patienten, an Infektionen, die sie sich im Hospital geholt hatten, zu sterben, war größer als die, an ihren eigentlichen Leiden zugrundezugehen. Auf Entbindungsstationen und chirurgischen Abteilungen betrug die Sterblichkeitsrate bis zu 90%. Eine Einweisung ins Krankenhaus glich daher nicht selten einem Todesurteil, und entsprechend schlecht war das Ansehen des Hospitals in der öffentlichen Meinung.

Die entscheidende Wende kam mit der Entdeckung der Keime als Fäulnisverursacher und Überträger von Krankheiten durch *Louis Pasteur* (1822–1895). Allerdings wurden wirksame Gegenmittel von vielen Ärzten anfangs nur widerwillig angenommen. So konnte sich die Erkenntnis des Wiener Frauenarztes Ignaz Semmelweis (1818–1865), daß zur Bekämpfung des Hospitalismus der gesamte Krankenhausbereich lückenlos desinfiziert werden muß, gegen den Widerstand der meisten seiner Kollegen nur sehr schwer durchsetzen.

Die breitangelegte Beseitigung der Keime erfolgte zunächst vor allem mit Chlorkalk, dessen fäulnishemmende Wirkung schon längere Zeit bekannt war. In den 30er Jahren unseres Jahrhunderts wurde mit der Entdeckung des Penicillins durch den englischen Arzt

Alexander Fleming der Siegeszug der Antibiotika durch die Krankenzimmer eingeleitet. Seither ist die Abtötung und Hemmung des Wachstums infektiöser Keime zu einer der wichtigsten Grundlagen moderner Medizin geworden. Desinfektion und Geruchlosigkeit gelten heute als Beweis für vollzogene Hygiene.

Spannt man einen Bogen vom Salböl der Antike über die Räucherkampagnen der Zeit vor der Aufklärung bis hin zur desodorierten Klinik unserer Tage, so erkennt man als roten Faden durch die Geschichte der Heilkunde, daß der Kampf gegen Krankheiten auch immer ein Kampf gegen deren Ausdünstungen war. Wie atemberaubend die Fortschritte der Medizin auch sein mögen, seit ihren Anfängen dient das Verdrängen und Überdecken von Gerüchen nur zur Rechtfertigung der Therapie: Wo nichts riecht, ist auch nichts! Damit entpuppen sich alle Bemühungen, nichts vom Geschehen einer Krankheit in unsere Nase dringen zu lassen, als psychologische Drahtseilakte.

Die Medizin selbst ist aber beileibe nicht geruchlos. Es ist ihr lediglich gelungen, den Geruch der Krankheit zu beseitigen. Ob Hustensaft, Venensalbe oder das Aroma einer sich auflösenden Brausetablette – auch mit verbundenen Augen wissen wir sofort, was Arznei ist und was nicht. Nicht zuletzt verdankt die sogenannte medizinische Kosmetik ihrer besonderen Parfümierung, daß die Behauptung, eine klinische Prüfung sei von Bedeutung für die Wirkung, ohne Kopfschütteln für bare Münze genommen wird.

Moderne Medizin muß »sauber« riechen

Stellen Sie sich eine Skala vor, an deren einem Ende alle menschenähnlichen Aromen aufgeführt sind. Würde man nun versuchen, die medizinischen Gerüche richtig einzuordnen, so müßte man sie genau entgegengesetzt unterbringen. Also: Je weniger Mensch, desto mehr Medizin!

Im Zuge der Raumfahrttechnik entwickelte, bemerkenswerte Stoffe haben Eingang in die klinische Verwendung gefunden. Sie können bestimmte Gerüche unserer Wahrnehmung entziehen, etwa so, wie ein farbiges Bild mit schwarzer Farbe völlig zu überdecken ist. Wie das vor sich geht, ist noch nicht genau bekannt. Es scheint jedoch so zu sein, daß vor allem schlechte Gerüche diesen Substanzen, z. B. dem Cyclohexyl-Methyl-Pentanon (CMP), zum Opfer fallen. *Nilodor*® ist nicht nur die Handelsbezeichnung eines solchen im Bereich der Krankenhaushygiene überaus beliebten olfaktorischen »Gegengifts«, sondern zugleich auch der Leitspruch: »Kein Geruch, bloß kein Geruch« (lateinisch: *nil* = kein, *odor* = Geruch)! Nachdem CMP seine Arbeit getan hat, bleibt von den »kranken« Gerüchen nur noch ein Aroma übrig, das an eine eben geöffnete Waschmaschine oder einen mit Kernseife geputzten Badezimmerboden erinnert. Sollte das am Ende der Geruch der unbelebten Materie sein?

Praktisch alle Desinfektionsmittel reizen weniger die Geruchsnerven als vielmehr den Trigeminusnerv. Typische Beispiele dafür sind das (heute kaum mehr verwendete) Formalin und der allgegenwärtige Isopropanol (desinfizierender Alkohol mit Lösungsmittelgeruch). Aufgrund ihrer aufschreckenden und alles überdeckenden Wirkung eignen sich Trigeminusreizstoffe bestens dazu, den Eindruck zu erwecken, daß sonst nichts Riechendes in der Nähe ist.

Längst hat die fixe Idee der klinischen Hygiene die Stätte ihrer Entstehung verlassen und unsere Wohnstuben, bis hinein in die persönlichsten Bereiche, erobert. Ob Putzmittel, Geruchskiller, Deodorant, Intimspray, Körperseife oder Shampoo, sie alle erhalten ein gemeinsames Gütesiegel durch den Hauch vermeintlicher Keimfreiheit, den sie über uns verbreiten. Man hat den Eindruck, daß jedes Stäubchen, das vielleicht organische und sich zersetzende Materie enthalten könnte, durch einen zitrusduftstrotzenden Kraftakt aus unserem Leben vertrieben werden soll. Vielleicht wären wir gut beraten, die Mikrobiologen und Bakteriologen noch einmal mobil zu machen: Am Ende gibt es die Miasmen ja doch, und sie wurden in den letzten Jahrzehnten nur übersehen!

»Ruchlose« Wesen

Lassen Sie Ihre Phantasie ein wenig spielen und stellen Sie sich vor, daß Sie in einem Restaurant soeben ein wunderbares Essen serviert bekommen. Da geschieht das Unfaßbare: Der Kellner ist zwar äußerst zuvorkommend, aber so durchdringend parfümiert, daß es Ihnen Atem und Appetit verschlägt. Es ist gar kein so billiges Parfüm, mit dem er Ihnen auf den Pelz rückt. Was Sie stört, ist vielmehr, daß er Ihnen seinen aufdringlichen Geruch zumutet und Ihre Gaumenfreuden verdirbt.

Nicht nur Kellner, sondern auch eine Reihe anderer Menschen dürfen in der Öffentlichkeit einfach nicht riechen, und schon gar nicht nach sich selbst. Dazu gehören Anwälte, Vertreter, Priester, Mannequins, Popstars und eben vor allem auch Ärzte und Angehörige anderer medizinischer Berufe. Was ist ihnen trotz der Verschiedenheit ihrer Tätigkeiten gemeinsam? Bei näherer Betrachtung wird jede dieser Personen mit ihrer sozialen Rolle, ihrem Beruf oder einer Dienstleistung, die sie erbringt, gleichgesetzt. Diese Tatsache wird häufig auch noch durch einheitliche Kleidung oder genormte Verhaltensweisen unterstrichen. Wir haben es also eigentlich gar nicht mehr mit einzelnen Menschen, sondern nur noch mit »Vertretern ihres Berufsstandes« zu tun.

Um Nähe und Intimität empfinden zu können, brauchen wir aber das sinnliche Dreiergespann von Sehen, Riechen und Berühren. Wer seinen Geruch verbirgt, entzieht sich der gefühlsmäßigen Bewertung durch andere Menschen. Tabakdunst, Essensgerüche und der eigene Körperduft geben Auskunft über Lebensführung und persönliche Reinlichkeit. Dies sind knallharte Maßstäbe zur Einstufung einer Person in die soziale Bewertungsskala. Den »Gestank der Armen« gibt es nach wie vor, und er wird deutlich von dem heute als »schick« empfundenen »Duft der großen weiten Welt« getrennt! Gegenüber Menschen, deren geruchliche Wahrnehmung einem verwehrt wird, reagiert man immer mit Vorsicht, Respekt oder auch Angst, weil man letztlich nicht weiß, mit wem man es eigentlich zu tun hat.

Halbgötter in Weiß

Um auf die Mediziner zurückzukommen: Nicht umsonst nennt man sie »Halbgötter in Weiß«! Mit dieser Farbe verknüpft die Farbenpsychologie Eigenschaften wie Reinheit, Unberührtheit und Unberührbarkeit, Neutralität und Zurückhaltung. Hinter »Weiß« kann man sich (ebenso wie hinter »Schwarz«) am besten verstecken. Wenn man sich vorstellt, man könne Farben anfassen – bei Weiß würde man immer ins Leere greifen! Eine entscheidende Botschaft der ärztlichen Uniformierung ist, neben dem Beweis der Zugehörigkeit zu einem Berufsstand von gehobenem sozialen Ansehen, die Betonung des Abstands zwischen dem Behandelnden und seinem Patienten. Wer zu viel Nähe zu anderen Menschen vermeiden will, sollte entweder sehr stark oder aber überhaupt nicht riechen! Ist man schlau genug, sich für letzteres zu entscheiden, verhindert man Annäherungen, ohne eine feindselige Haltung einnehmen zu müssen. Übrigens: In der christlichen und in anderen Religionen ist vom »göttlichen Wohlgeruch« die Rede. Götter riechen also, Halbgötter dagegen offenbar nicht!

Der Medizin-»Betrieb«

Unser Vertrauen in die medizinische Versorgung hängt in hohem Maß von dem Glauben ab, daß Ärzte kraft ihres Wissens uns überlegen sind und daß wir uns den von ihnen verfügten Maßnahmen bedingungslos zu unterwerfen haben. In der Sprache der Mediziner verwendete Begriffe wie »Verordnung«, »Überweisung«, »Einweisung« oder »Entlassung« und auch der besitzanzeigende Ausdruck »mein Patient« offenbaren eine Geisteshaltung, die Befehl und Gehorsam sowie eine zeitweise Entmündigung des Kranken voraussetzt.

Wer krank und behandlungsbedürftig wird, sieht sich plötzlich als abhängiger Leistungsempfänger der Firma »Medizin«. Mit jedem Entwicklungsschritt von Medizintechnik und Medikamenten nimmt die Hilflosigkeit des Patienten zu. Er fühlt sich für sein eigenes Wohlbefinden nicht mehr verantwortlich und tut sich schwer, ein Bewußtsein dafür zu entwickeln, was er selbst zu seiner Gesunderhaltung beitragen kann. Schließlich kann er sich ja wohl darauf verlassen, daß auftretende »Schäden« von den dafür Zuständigen behoben werden!

Genau das ist der Teufelskreis: Unvernünftige Lebensführung macht eine immer kompliziertere Medizin nötig, um den Folgen von schlechter Ernährung und Mißbrauch von Genußgiften begegnen zu können. In diesem Spannungsfeld steht der Arzt als Krankheitsmanager, der gar nicht anders kann, als mit Macht und Überlegenheit aufzutreten, wenn es gilt, Patienten, die sich Krankheiten eigentlich nicht »leisten« können, zu versorgen. Damit wird der Kranke regelmäßig in die Stellung eines Befehlsempfängers versetzt. Er scheint damit einverstanden zu sein und bezahlt dafür, daß er vom Arzt wieder »repariert« wird. Daß beide gemeinsam daran arbeiten sollten, die Gesundheit zu erhalten, wird dabei völlig vergessen. Bezeichnend für diese Einstellung ist die ärztliche Gebührenordnung. Sie vergütet vorbeugende Maßnahmen schlechter als die Behandlung einer bestehenden Krankheit!

Medizingerüche: Rezeptur der Angst

Die Empfindungen eines Kranken bewegen sich zwischen Angst und Hoffnung, den beiden »Eckpfeilern« jedes durchlebten Leidens. Wenn die Angst geschürt wird, steigt die Bereitschaft, zu glauben und zu hoffen. Das hatten schon in früheren Zeiten die Quacksalber und fahrenden Wunderheiler erkannt, die auf Jahrmärkten die Zuschauer das Zittern lehrten. Mit großem Erfolg führten sie Menschen vor, die anscheinend schwerkrank waren, und befreiten sie alsbald mit den sonderbarsten Mixturen von ihren Leiden.

Seither haben sich nur die Methoden geändert. Die Medizin ist nach wie vor das große Geschäft mit der Angst. Auch der »keimfreie« Geruch der Klinik oder ärztlichen Praxis sowie der nicht minder charakteristische Apothekengeruch machen angst. Es ist der Atem der Macht, der es fertigbringt, daß man sich fürchtet und klein und bedeutungslos vorkommt. »Hier riecht es gesund« kann nur jemand sagen, der nicht weiß, wie und ob Gesundheit überhaupt riecht. Tatsächlich sind »keimfreie« Gerüche immer mit der Vorstellung von Krankheit verbunden, weil sie immer dort auftreten, wo Menschen krank sind oder sich zur Heilung in die Hände anderer begeben mußten.

Es gibt verschiedene Gründe, die nahelegen, dem Medizingeruch vielleicht besser aus dem Wege zu gehen. Bei den sogenannten Naturvölkern spielt das Räuchern mit Harzen, Wurzeln und Hölzern eine große Rolle. Zusammen mit Beschwörungen und Gesängen sowie dem Aufstellen magischer Gegenstände wird eine Aura der Heilung geschaffen, die sich von unseren modernen Vorstellungen erheblich unterscheidet. Ziemlich kleinlaut muß unser aufgeklärtes Gehirn zur Kenntnis nehmen, daß mit Hilfe modernster Geräte hochwirksame desinfizierende und antibiotische Eigenschaften in den Räucherungen festgestellt werden konnten. Vor kurzem entdeckte man z. B. im Weihrauch die »Boswelliasäuren«, die speziell eine stoffwechselsteuernde körpereigene Substanz unterdrücken, die Entzündungen aufrechterhält. Ein solcher Stoff aus einem Laboratorium ist bisher nicht bekannt!

Räucherprodukte zeigen außerdem Ähnlichkeit mit den Gerüchen bestimmter Gegenden des menschlichen Körpers (jetzt sollten Sie vielleicht noch einmal zurückblättern zu dem Kapitel »Die Natur als Gaukler: Pflanzendüfte, die Körpergerüche imitieren«). Gedankenverbindungen entstehen bei solchen Düften auch, wenn sie einen Riechstoff enthalten, der dem ähnelt, mit dem eine Erfahrung gespeichert wurde (z. B. der Geruch der Mutter). Auch vertrauten Gerüchen vergleichbare Düfte können das Gefühl von Zuwendung, Nähe und Wärme vermitteln, und zwar einfach deshalb, weil sie nach Mensch riechen. Man könnte sagen, daß die Gerüche des gesunden Körpers dem kranken Organismus den Weg zur Heilung weisen. Wer möchte da behaupten, daß die Räucherei nur Hokuspokus eines Medizinmanns aus dem Busch ist?

Ein noch junger Zweig der medizinischen Wissenschaft hat sich zur Aufgabe gemacht, die Zusammenhänge seelischer und körperlicher Zustände unserem Verständnis wieder zugänglich zu machen: Die Psycho-Neuro-Immunologie (PNI) sucht faßbare Verknüpfungen, die von der Schulmedizin (wider besseres Wissen?) nicht zur Kenntnis genommen werden wollen. Jeder von uns weiß aus eigener Erfahrung, daß Streß und Kummer krank machen können. Forscher haben herausgefunden, daß Immunzellen besondere Bindungsstellen für das Hormon Cortisol haben, das der Körper bei Streß, Trauer, Einsamkeit und Trennungsschmerz vermehrt bildet. Ein anhaltend erhöhter Cortisolspiegel beeinträchtigt wiederum die Immunabwehr und erhöht die Gefahr einer Erkrankung, was aus der ärztlichen Praxis hinreichend bekannt ist.

»Hygienische« Gerüche als Auslöser von Streß

Die Maßnahmen, die getroffen werden, um medizinische Bereiche keimfrei zu halten, beseitigen nicht nur Krankheitsgerüche, sondern auch jeden Menschengeruch. Dadurch werden Angst und Streß hervorgerufen: Man fühlt sich, als wäre man plötzlich in eine andere Welt verpflanzt worden, in der menschliche Zuwendung zwar noch mechanisch stattfindet, aber nicht mehr durch Gefühle vermittelt und erlebt wird. Für fast alle Kranken bedeutet ein Klinikaufenthalt seelische Erschütterung, weil das Band, das Körper und Seele verbindet, durchtrennt wird, selbst wenn die körperlichen Leiden behoben werden.

Selbstverständlich verdankt der Herzinfarktpatient sein Leben einer hochentwickelten Intensivmedizin. Aber ist er wirklich geheilt? Das ist er natürlich nicht, weil das Mißverhältnis zwischen dem, was er seinem Organismus zumutet und dem, was der auszuhalten vermag, fortbesteht. Er ist wieder »instand gesetzt«, und wenn er Glück hat, wird er mit dem guten Rat, in Zukunft alles etwas ruhiger anzugehen, nach Hause entlassen. Nach erfolgreicher Operation und anschließendem Kuraufenthalt fühlt sich der Patient erst dann wieder gesund, wenn er genau das Leben weiterführen kann, das ihn dem Tod auf die Schippe gesetzt hat.

Soll also die Oberschwester mit einem Räucherpfännchen die Arztvisite anführen, um alles besser zu machen als bisher? Wenn diese Vorstellung auch durchaus ihre Reize hat, darf man doch nicht den Fehler machen, die Probleme von heute mit Methoden vergangener Zeiten lösen zu wollen. Vielleicht könnte aber eine gezielte und durch wissenschaftliche Erkenntnisse gesicherte »seelische Aufrüstung« mit Hilfe von Riechstoffen dazu beitragen, den Patienten nicht nur zu »reparieren«, sondern ihn wirklich zu heilen. Wie sollte man denn dem Streß der Medizingerüche besser begegnen können als wiederum mit Gerüchen?

Was ist Aromatherapie?

Moderne Methoden der Behandlung mit Düften gibt es seit den 20er Jahren. Der Begriff »Aromatherapie« wurde erstmals 1928 von dem französischen Kosmetikchemiker Gattefosse verwendet, der ein Verfechter des gezielten Einsatzes natürlicher Riechstoffe in kosmetischen Zubereitungen war. Etwa um die gleiche Zeit begannen die beiden italienischen Ärzte G. Gatti und R. Cayola, sich mit dem Einfluß von ätherischen Ölen auf das Nervensystem zu beschäftigen. Ihr Ansatz wurde von dem Mailänder Mediziner Paolo Rovesti aufgenommen, der auch die ersten klinischen Untersuchungen auf dem Gebiet der osmologischen Heilkunde (griechisch: *osme* = Geruch) unternahm.

In den 60er Jahren sorgte dann Dr. Valnet in Frankreich mit – zum Teil sehr umstrittenen – Aussagen über den medizinischen Wert ätherischer Öle für die weitere Verbreitung der Aromatherapie. Seine Behandlungsmethoden konnten oft nicht überzeugen, sein Verdienst liegt jedoch darin, daß er einer wissenschaftlichen Auseinandersetzung über das Thema »Heilwirkung von Düften« den Weg bereitet hat.

Neue Akzente setzte schließlich der englische Heilpraktiker Robert B. Tisserand, der die Bedeutung der Duftwahrnehmung für das Seelenleben in den Vordergrund rückte und den Schulterschluß mit der psychologischen und medizinischen Wissenschaft suchte, um seine »Psycho-Aromatherapie« aus der abseitigen Stellung einer Geheimlehre zu befreien.

Seither beschäftigen sich weltweit an verschiedenen Instituten Forscher mit dem Geruchssinn des Menschen. Vor allem Steve Van Toller und George H. Dodd von der Olfaction Research Group der Universität Warwick (England) ist zu verdanken, daß diejenigen, die sich dem Thema verschrieben haben, immer wieder zusammengeführt werden. Die Kongresse, an denen Parfümeure, Heilpraktiker, Psychologen, Mediziner und Verhaltensforscher teilnehmen, sind ein Musterbeispiel für die Zusammenarbeit unterschiedlicher Fachrichtungen im Dienste einer Sache.

Ein moderner Anhänger der Aromatherapie ist Olaf Rippe, seit

1986 Heilpraktiker in München. Zusammen mit Homöopathie, Phyto- und Reflexzonentherapie (= Beeinflussung innerer Organe durch Behandlung und Massage bestimmter Hautzonen) gehört sie zu den Schwerpunkten seiner Praxis. Als Klammer, die im Sinne einer ganzheitlichen Therapie die verschiedenen Verfahren verbindet, sieht Rippe vor allem das Gedankengut des großen Arztes des 16. Jahrhunderts, Paracelsus, dem er sich besonders verpflichtet fühlt. In einem Praxisgespräch hat Rippe sich zum Stellenwert des »Heilens mit Düften« in der heutigen Naturheilpraxis geäußert.

Praxisgespräch:
Was ist dran an der Aromatherapie?

Warum haben viele Ärzte und auch Heilpraktiker Berührungsängste vor dieser Therapieform, die doch zumindest den großen Vorzug hat, wunderbar zu duften?

Wenn der Patient sagt: »Mir gefällt deine Medizin nicht, gib mir eine andere«, befürchten viele Therapeuten einen Autoritätsverlust. Ätherische Öle haben zwei Gesichter: Zum einen sind sie wirksame Heilmittel, zum andern lösen sie unweigerlich eine ganz persönliche Empfindung aus, die von der größten Begeisterung bis zur totalen Ablehnung eines bestimmten Duftes reichen kann. Und genau das macht sie verdächtig. Schließlich baut das allgemein verbreitete Medizinverständnis doch darauf, Sinneswahrnehmungen und damit eigene Stellungnahmen des Patienten soweit wie möglich auszuschalten.

Worin liegt denn der Vorteil, persönliche Vorlieben eines Patienten zu berücksichtigen?
Der Patient fängt an, sich aktiv mit seinen Problemen zu beschäftigen, sobald er den Duft als Heilmittel versteht. Er spürt, daß er eine eigene Verantwortung für seine Gesundheit trägt, weil er in der Praxis gemeinsam mit dem Therapeuten die Öle herausfinden muß, die er auch selbst für geeignet hält. Er ist also von Anfang an in die Behandlung miteinbezogen und läßt nicht, was sonst meistens der Fall ist, wie ein Entmündigter alles über sich ergehen. Von mir bekommt der Patient richtige Hausaufgaben, die auch noch Spaß machen, z. B. sich Bäder selbst herzustellen oder vielleicht sogar ein Parfüm zu mischen. Dadurch begreift er sofort, daß er die Schlüssel zur erfolgreichen Heilung in seiner Hand hat und ich ihm nur dabei helfe, die richtigen Türen aufzusperren.

Was läßt sich mit Düften behandeln und heilen?
Zunächst muß betont werden, daß die Aromatherapie nur einer der Bausteine des gesamten Behandlungsplans ist und andere Methoden ergänzt. Allein führt sie selten zum Erfolg, was ihre Bedeutung jedoch nicht verringert. Düfte verändern die Praxisatmosphäre, die Patienten fühlen sich wohler, wenn es gut riecht. Ängste, die vor allem zu Beginn einer Therapie bestehen, werden rascher abgebaut, und das Vertrauen zwischen Behandeltem und Behandler bildet sich schneller aus. Das ist ein wichtiger psychologischer Gesichtspunkt. Mit dem angenehmen Duft, der in der Praxis gegenwärtig ist, verknüpft der Patient seine Erwartungen und Vorstellungen von den Mitteln, die dort vorhanden sind. Ätherische Öle haben aber nicht nur allgemein eine wohltuende Wirkung, sie lassen sich mit Erfolg auch gezielt einsetzen, in erster Linie gegen Leiden, die psychische Ursachen haben. Dazu gehören vor allem Angstzustände, Erschöpfung, Depressionen, Nervosität und Streß. Aber auch einige organi-

sche Beschwerden, wie Husten oder Bronchitis, können sehr gut mit ätherischen Ölen behandelt werden.

Aroma-, »Bach-Blüten«- und Edelsteintherapie werden oft in einem Atemzug genannt. Wie gehören sie zusammen, was trennt sie?
Diese Therapieformen sind vor allem im Vorfeld von Erkrankungen wirksam. Sie beeinflussen veränderte Seelenzustände und charakterliche Eigenschaften, die für das Entstehen einer Krankheit mitverantwortlich sind. Alle drei Methoden sprechen tief verankerte Verhaltens- und Empfindungsmuster an, also Instinkte, die uns sagen, was richtig ist und was falsch. Ob man das als »Schwingung« oder »Energie« bezeichnen will, ist nur eine Frage der Wortwahl. Entscheidend ist, daß im Körper etwas in Gang gesetzt wird, z. B. seine Selbstheilungskraft, die immer noch der beste Arzt ist, den wir haben. Edelsteine wirken durch ihre Form, Farbe und Härte auf unser Empfinden ein, die Düfte durch ihren Wohlgeruch und die Bach-Blüten schließlich durch eine Art von Arzneimittelbild, wie es Dr. Bach (England) in den 30er und 40er Jahren kraft seiner Intuition erfaßt hat. Diese Therapien sollten nur von Naturheilkundigen eingesetzt werden. Zum »Selbstdoktorn« sind sie nicht geeignet.

Und was ist nun das Besondere an der Duftwirkung?
Der Naturheilkundige ist davon überzeugt, daß jede Erkrankung auch aus dem Geist kommt. Äußere Einflüsse, Lebenssituation, Arbeitsplatz, andere Menschen, kosmische Kräfte usw. spielen ebenfalls eine Rolle. Der Geruch hat vor allem mit der Einstellung zu sich selbst und zu seinen Mitmenschen zu tun. Wir tragen ein Parfüm, weil wir zum Beispiel einen Eindruck auf andere Leute erzielen und unserem Selbstwertgefühl Ausdruck verleihen wollen. Geruchstherapien sind deshalb dann wirkungsvoll, wenn Störungen im Verhältnis zu Mitmenschen oder zu sich selbst vorliegen. Die Redensart »Ich

kann dich nicht riechen« gibt genau diesen Sachverhalt wieder. Der Duftfreund ist sinnenfreudig, möchte etwas erleben und Kontakt zu anderen Menschen haben.

Man hört immer wieder, daß sich Aromatherapie und Homöopathie nicht miteinander vertragen.

Sowohl die Homöopathie als auch die Aromatherapie setzen bei der Arzneiherstellung das »Geistartige« einer Pflanze frei. Von Paracelsus wird dieses Phänomen auch als »Arcanum« (lateinisch: *arcanum* = Geheimnis) bezeichnet. Einen Gegensatz zwischen beiden Verfahren könnte man darin sehen, daß die Homöopathie mit abgestuften Verdünnungen, den sogenannten Potenzierungen, arbeitet, während in den ätherischen Ölen ganz ungeheure Konzentrationen von Pflanzenkräften zum Tragen kommen. Das bedeutet aber nicht, wie einige Homöopathen erklären, daß sich beide Methoden nicht miteinander kombinieren lassen.

Darf man also trotz homöopathischer Behandlung seine Zähne mit einer Pfefferminzzahnpasta putzen?

Einige Homöopathen neigen dazu, solche Standpunkte mitunter sehr publikumswirksam zu verfechten, ohne sie tatsächlich begründen zu können. Denkt man diese Lehrmeinung zu Ende, könnte man praktisch gar nichts anderes mehr tun, sobald man homöopathisch behandelt wird. Man dürfte über keine Wiese gehen, an keiner Blume riechen, man dürfte eigentlich gar nicht mehr leben, denn solange wir atmen, riechen wir auch. Eine solche Therapieform lehne ich ab, da der Mensch nun einmal nicht unter einer Glasglocke lebt. Die Einbeziehung der sinnlichen Ebene ist doch ganz wichtig, wenn man dem hohen Anspruch einer ganzheitlichen Behandlung auch nur einigermaßen gerecht werden will. Ich sehe für viele fanatische Homöopathen die große Gefahr, daß sie, wie die

Schulmedizin, das sinnliche Erleben auskoppeln. Aus meiner praktischen Erfahrung kann ich über gute Erfolge berichten, wenn z. B. innerlich Homöopathika verabreicht werden und dazu äußerlich eine aromatische Massage durchgeführt wird. Meine Patienten muß ich dazu jedenfalls nicht mit der Ächtung ihrer Lieblingszahncreme gängeln.

Wie werden die ätherischen Öle denn nun in der Praxis verabreicht?
Sie werden selten innerlich eingenommen, meist werden sie äußerlich nach verschiedenen Techniken angewandt. Ihre eigentlichen Vorzüge zeigt die Aromatherapie eigentlich erst dann, wenn man sie mit anderen Verfahren der Naturheilkunde sinnvoll kombiniert. In meiner Praxis versuche ich, eine Brücke zu schlagen von der Heilkraft der Essenzen zur Akupunktur und zur Reflexzonentherapie. Der grundlegende Gedanke der beiden letzteren Methoden läßt sich vielleicht so formulieren: Jede geistige Haltung und jeder Seelenzustand, aber auch alle krankhaften Organstörungen zeigen sich in irgendeiner Form auch an der Körperoberfläche. Diese »Projektionszonen« finden sich unter anderem auf der Haut, vor allem von Hand und Fußsohle, sowie auf der Regenbogenhaut des Auges. Der ganze Mensch ist sozusagen eine einzige Reflexzone, auf der sein gesamtes inneres Dasein widergespiegelt wird. Durch die Behandlung der Energiepunkte kann mit sehr gutem Erfolg auf Kräfte eingewirkt werden, die zu Störungen im Energiefluß des Körpers führen.

Mit unseren wissenschaftlichen Erkenntnismethoden lassen sich solche Energiezonen aber nur sehr unvollständig erklären.
Das ist richtig, allerdings dürfte z. B. die Wirksamkeit der Akupunkturbehandlung heute von niemandem mehr bestritten werden. Die chinesische Medizin stellt das leibliche Element des Menschen völlig in den Hintergrund und begreift den Organismus als energetisches

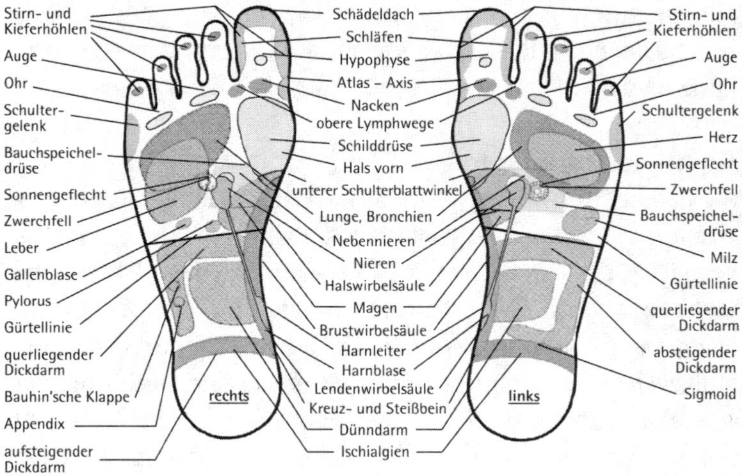

Reflexzonen des Fußes

Phänomen, d. h. sie geht davon aus, daß Wesen und Grundkraft aller Dinge die Energie ist. Akupunkturpunkte und Meridiane (in der Akupunktur: energieführende Leitbahnen des Körpers) überziehen den Menschen wie ein großes Gitternetz. Sie sind gelegentlich auch zu sehen oder zu tasten: Ein Hautausschlag sowie ein durch Fingerdruck auszulösender Schmerz an bestimmten Stellen sind deutliche Hinweise. Diese Bezirke können natürlich nicht nur mit Nadeln oder durch Druckmassage gereizt werden, sondern ebenso durch ätherische Öle, die sehr gut in die Haut eindringen. Hier setzt die Aromatherapie an und nutzt gleichzeitig die besondere Wirkung, die verschiedene Öle auf einzelne Punkte des Körpers ausüben.

Und wie ist das mit der Reflexzonentherapie?

Sie hat Gemeinsamkeiten mit der Chakrenlehre der Hindus (Chakra: Kraftwirbel, entspricht nach unserem Verständnis einem Nervengeflecht). Diese Energiezentren am Körper kann man fast immer spüren. Ein gutes Beispiel dafür ist Erleben der »Angst am Leib«, an verschiedenen Stellen des Körpers: im Bauch, in den Knien, am Rücken usw. Hier hat sich die Aromatherapie ebenfalls bewährt.

Angst – unser ständiger Gast

Niemand ist frei von Angst, und sie hat viele Gesichter. Oft ist sie die eigentliche Ursache für Unwohlsein, Krankheit und Depression. Dabei hat sie, etwa als Furcht vor einer Gefahr, durchaus lebenserhaltende Funktionen. Selbst die Todesangst nach einem Unglück oder einem Herzanfall kann bewirken, daß der Betroffene nicht sterben muß, weil sie ihn ruhig stellt und er dadurch seine Lage nicht mehr verschlimmern kann. Zum echten Problem wird die Angst erst, wenn sie sich als Folge von Krankheit, Lebenserfahrung, Streß oder Umweltveränderungen zum Persönlichkeitsmerkmal eines Menschen entwickelt.

Von der reaktiven Angst, also der Furcht vor einem bestimmten Ereignis, ist das viel bedrohlichere »Angstsyndrom« deutlich zu unterscheiden: Die Angst selbst wird dabei zur Erkrankung. Ohne Bezug zu angstmachenden Erlebnissen hält sie die wichtigsten Schaltstellen der Persönlichkeit besetzt. Patienten mit Angstsyndrom leiden an ihrem Unvermögen, sich selbst zu verwirklichen, und ihre Reaktionen sind der Wirklichkeit nicht mehr angepaßt. Dafür ein Beispiel:

Zwei Menschen stehen vor einer Brücke und wollen einen Fluß überqueren. Derjenige der beiden, der »nur« ängstlich ist, überlegt, ob die Brücke nicht zusammenbrechen wird und ob es ihm gelingen kann, ohne festen Boden unter den Füßen, mit wackligen Knien und ohne schwindlig zu werden, ans andere Ufer zu kommen. Da es nur über diese Brücke zu erreichen ist, wird er schließlich seine Angst überwinden und die Brücke betreten.

Der andere, der an einem Angstsyndrom leidet, glaubt in den Brückenpfeilern deutliche Risse zu erkennen, und er sieht das ganze

Gebilde bedrohlich hin- und herschwanken. Keine Macht der Welt könnte ihn bewegen, über die Brücke zu gehen, da er davon überzeugt ist, daß er damit sein Leben sinnlos wegwerfen würde. Also beschließt er, umzukehren und seine Pläne zu ändern. Dabei kann er sein eigentliches Ziel völlig aus den Augen verlieren.

An diesem einfachen Beispiel kann man bereits erkennen, daß ein Angstsyndrom ohne eingehende Psychotherapie niemals in den Griff zu bekommen ist. Der Aromatherapie würde ein Bärendienst erwiesen, wollte man behaupten, sie sei hier die Methode der Wahl. Was hingegen die allgemeine Ängstlichkeit angeht, so vermitteln Duftstoffe neue und bisher wenig genutzte Möglichkeiten einer sinnvollen Behandlung. Sie sollte vor allem als »Lebenshilfe« verstanden werden und nicht für sich in Anspruch nehmen, der große therapeutische Durchbruch zu sein. Die Empfindungen, die eine ängstliche Person verspürt, greifen tief in charakterliche Merkmale ein und haben nicht selten eine Wesensänderung zur Folge. Sorgenbereitschaft, körperliche Unruhe, mangelndes Selbstvertrauen, Schlafstörungen, Schwarzseherei und vor allem Hilflosigkeit bei der Bewältigung des Alltags führen praktisch immer zum Verlust von Lebensqualität auf breiter Front. Das eigene Weltbild verändert sich sehr einseitig und zwingt mehr oder minder zu einer ständigen Abwehrhaltung gegenüber anderen Menschen.

Wie wir mit unseren Ängsten umgehen

Manchmal haben wir sogar Freude an der Angst, nämlich dann, wenn wir sie »im Griff« haben. Denken Sie nur an die Romantik eines Lagerfeuers, an dem Sie der Duft verbrannten Holzes umweht und Ihre Blicke sich in den Flammen verlieren. Dabei ist die Angst vor dem Feuer eine der Urängste des Menschen. Sie rührt an die Wurzeln unserer Vorgeschichte, und erst ihre Beherrschung verschaffte uns den entscheidenden Entwicklungsvorsprung gegenüber den

Tieren. Die Angst läßt sich aber nur manchmal durch das Bewußtsein kontrollieren oder gar in romantische Empfindungen umwandeln. Meist packt sie uns dann, wenn wir uns hilflos und alleine gelassen fühlen, und sie folgt uns wie ein Schatten in der Nacht.

Das Bemühen, mit unserer Angst fertig zu werden, hat verschiedene Vorgehensweisen zu ihrer Bewältigung entstehen lassen:

- Die wichtigste davon ist die *Vermeidungsstrategie*. Wer z. B. Angst vor dem Zahnarzt hat, wird ihn nur aufsuchen, wenn die Schmerzen größer sind als die Furcht vor dem Bohrer. Flucht, Insichgekehrtsein und Teilnahmslosigkeit kennzeichnen diejenigen, die der Angst aus dem Wege gehen, indem sie bedenkliche Situationen schlicht vermeiden.
- Eine andere Form der Abwehr von Ängsten ist die *Verdrängung* aus dem Bewußtsein. Wem z. B. bange ist vor der eigenen Sexualität, der wird aus vermeintlich moralischen Gründen alles, was damit zusammenhängt, verdammen und keinen Gedanken an eine geschlechtliche Begegnung zulassen.
- Der dritte Weg besteht in der *Übertragung* von Ängsten auf andere Personen. Aus Angst vor der eigenen Angst sucht man nach Ursachen und Schuld bei Menschen der nächsten Umgebung und bestraft diese dann dafür. Dieses Verhalten kennzeichnet leider sehr häufig Ehen und Partnerschaften. Insbesondere trifft dies zu, wenn einer der beiden schwer erkrankt ist und – getrieben von seiner (verständlichen) Angst – den anderen zwingt, mit ihm durch die Hölle des Leidens zu gehen. Dahinter steckt keine Böswilligkeit, der Grund für dieses Verhalten sind Not und Verzweiflung. Sie führen zu Vorwürfen und Schuldzuweisungen an den Gesunden, der erleben muß, daß auch sein Verfall scheinbar grausam gewollt ist.
- Schließlich können Ängste auch dadurch ausgeglichen werden, daß eine *übertriebene Geschäftigkeit* in anderen Bereichen, etwa

im Beruf, an den Tag gelegt wird. Die eigentlich notwendige direkte Angstreaktion wird durch ganz andere Tätigkeiten ersetzt. Typisch dafür ist das sogenannte Vätersyndrom: Aus Angst, den Umgang mit Frau und Kindern zu Hause nicht »schaffen« zu können, »gönnen« sich viele Männer zahlreiche, meist völlig unnötige Überstunden im Büro. Selbstverständlich betonen sie dabei immer wieder, daß alles nur zum Wohle der Familie geschieht.

Die Psychologie kennt noch eine Reihe weiterer Verhaltensweisen zur Bewältigung der Angst. Es würde zu weit führen, sie hier zu erörtern. Daher sei zusammenfassend nur festgehalten, daß die Spanne möglicher Angstreaktionen vom Verlust jeglichen Unternehmungsgeists bis hin zur übermäßigen Betriebsamkeit reicht, und daß Ängsten durch Abwehr- oder Umwandlungstrategien begegnet werden kann.

Der Geruch der Angst

Gehören Sie vielleicht auch zu den bedauernswerten Zeitgenossen, die, obwohl sie sich ganz friedlich verhalten, mit schöner Regelmäßigkeit alle jene bellenden und knurrenden vierbeinigen Kameraden auf sich aufmerksam machen, die von anderen Mitmenschen als Haustiere gehalten werden? Hunde haben bekanntlich eine gute Nase, und sämtliche Maßnahmen, die Sie ergreifen, bis hin zum slalomartigen Wechsel des Gehsteigs, versagen, weil Sie auch aus großer Entfernung als Angsthase erkannt werden und damit dankbares Opfer für den Kläffer sind.

Hunde können also ohne Zweifel die Angst am Geruch erkennen. Demnach muß es so etwas wie ein Angstpheromon geben, das in bedrohlichen Situationen an die Umwelt abgegeben wird. Im Tierreich gibt es Beispiele dafür. So sondern z. B. Fische bei Angst und

Gefahr Geruchsstoffe ab, die eine blitzartige Flucht des ganzen Schwarms einleiten.

Wie reagiert nun der menschliche Körper auf Angst? Eine eigene Umfrage unter ca. 200 Frauen und Männern unterschiedlichen Alters ergab folgende »Hitliste«:

Körperliche Reaktion	*Prozent der Befragten*
Schweißbildung	100
Harndrang	70
Gasbildung in Darm und Magen	50
Gefühl der Unsauberkeit	30
Stuhldrang	10

Bei Angst bereitet sich der Organismus auch auf eine eventuell notwendige Fluchtreaktion vor. Die vermehrte Ausschüttung der Streßhormone Adrenalin und Noradrenalin versetzt den Körper in höchste Alarmbereitschaft: Der Blutdruck steigt, Herzschlag und Atmung werden schneller, der Blutzucker nimmt zu – um nur einige Beispiele zu nennen. Adrenalin regt außerdem die apokrinen Drüsen an, und dadurch werden die riechenden Abkömmlinge des Testosterons, nämlich Androstenon und Androstenol, vermehrt abgegeben.

Sexuallockstoffe als Angstpheromone?

Die Vermutung liegt nahe, daß die riechenden Steroide nicht nur für Liebesangelegenheiten, sondern auch als Signalstoffe der Angst eine wichtige Rolle spielen. Anzunehmen ist allerdings, daß ihr Aroma nur unter bestimmten Voraussetzungen als »Geruch der Angst« erkannt werden kann. Angst, die immer mit einer plötzlichen Änderung der Geruchsaura verbunden ist, verrät sich wohl eher durch einen ganzen Cocktail von Düften als durch den Geruch einer einzelnen Substanz. Wenn jemand Angst hat, offenbart er dies anderen außerdem noch durch Veränderungen des Gesichtsausdrucks, der Körperhaltung, der Stimme und der Bewegungen. Der Geruch rückt immer dann in den Mittelpunkt des Interesses, wenn wir uns fragen, ob uns die Angst, trotz aller Bemühungen, sie zu unterdrücken, nicht doch wie ein verräterisches Parfüm anhaftet und ob ihr Geruch selbst nicht erneut Angst auslösen kann.

Nicht umsonst wird dazu geraten, nach schlechten Träumen die Bettwäsche zu wechseln und eine nicht bestandene Prüfung keinesfalls in derselben Kleidung ein zweites Mal in Angriff zu nehmen!

Welcher Sinn steckt dahinter, wenn andere riechen können, daß wir Angst haben? Tiere scheiden in Kampf- und Streßsituationen Geruchsstoffe aus, die dem Gegner die Unterwerfung signalisieren. Dadurch wird beim Sieger ein Hemmverhalten ausgelöst, er wird den unterlegenen Artgenossen nicht weiter angreifen oder gar töten. Bei uns ist das – zumindest vom Ansatz her – nicht viel anders. Wer Angst hat, meidet die Nähe anderer Menschen, weil er sie als Bedrohung empfindet. Die mit der Angst verbundene Änderung der Geruchsaura ihrerseits, die von dem, der sie wahrnimmt, als unangenehm empfunden wird, trägt mit Erfolg dazu bei, eine unerwünschte Annäherung zu verhindern. Schon lange, bevor man sich mit jemandem auseinandersetzt, werden mit dem Geruch die Grenzen abgesteckt. Er verhindert, daß einem zu sehr auf die Pelle gerückt wird.

Angst – auf Flaschen gezogen

In der gewerblichen Hundezucht spielen Riechstoffe zu Dressurzwecken eine große Rolle. Dabei dient ihr Einsatz nicht nur dazu, Hunden beizubringen, wie sie z. B. Rauschgift oder Explosivstoffe auffinden können. Vor kurzem brachte eine amerikanische Firma unter der Bezeichnung *»Distressed Body Scent«* eine kleine Sensation auf den Markt: den Geruch der Angst des Menschen, säuberlich in kleinen Ampullen abgepackt. Das Präparat, dessen Zusammensetzung natürlich streng geheim gehalten wird, dient dazu, Hunde abzurichten, die z. B. verschüttete Menschen in Todesangst zwischen den Trümmern eines eingestürzten Hauses entdecken sollen. Das Mittel riecht beißend nach Schweiß und verwesendem Eiweiß, vermischt mit einer deutlichen Steroidnote.

Um festzustellen, wie *»Distressed Body Scent«* auf Menschen wirkt, wurde ein kleiner, harmloser Versuch an drei aufeinanderfolgenden, sonnigen, aber kühlen Herbsttagen in einem ruhigen Park durchgeführt.

Versuch

Eine Bank, die in der Sonne stand, wurde mit dem Angstgeruch imprägniert, und zwar in so geringer Menge, daß er keinesfalls bewußt wahrgenommen werden konnte. Eine zweite, »unbehandelte« Bank stand ca. 10 m davon entfernt im Schatten.

An keinem der drei Tage wollte sich im Verlauf von jeweils einer Stunde (so lang war die Bank voll besonnt) irgendein Parkbesucher auf den Platz an der Sonne setzen, obwohl viele Spaziergänger unterwegs waren. Im Lauf der drei Tage nahmen jedoch insgesamt 20 Personen nacheinander auf der Schattenbank Platz, verließen sie aber, weil es dort recht kühl war, nach wenigen Minuten wieder, um weiterzugehen. Vorbeikommende Hunde (Leinenzwang im Park) wurden nervös, sobald sie sich der »heißen« Bank näherten, zerrten an ihren Leinen und begannen zu bellen. Es fiel auch auf, daß selbst Babys in Kinderwagen unruhig wurden und ihre Mütter darauf gereizter reagierten, als angemessen gewesen wäre.

Sowohl Menschen, die den Geruch ja nur unbewußt wahrnehmen konnten, als auch Hunde, deren Nase ihn vermutlicherweise tatsächlich erkannten, reagierten also deutlich auf den Angstgeruch.

A propos Hunde: Für alle, die mit den Hunden anderer Leute bisher nicht besonders gut klargekommen sind, gibt es jetzt eine recht gute Nachricht. Um den Vierbeinern ihr aufmüpfiges Verhalten zu vermiesen, haben französische Wissenschaftler ein Spray entwickelt. Es enthält hauptsächlich Citronelladuft und soll, dem Tier auf die Schnauze gesprüht, verhindern, daß es andere Gerüche überhaupt noch wahrnehmen kann. Erfolgsmeldungen stehen allerdings noch aus.

Feine Nase – zarte Seele?

Immer wieder stößt man auf das Phänomen, daß persönliche Duftvorlieben anscheinend mit bestimmten Charaktereigenschaften in Verbindung stehen. An der Harvard University in Cambridge (USA) hat man sich 1989 mit diesem Problem beschäftigt. Dabei wurde ein interessanter Zusammenhang zwischen der Geruchsempfindlichkeit und grundlegenden Wesenszügen aufgedeckt.

Als Maß für die Geruchsempfindlichkeit eines Menschen wird u. a. die Konzentration von Noradrenalin im limbischen System herangezogen. Sie ist bei schüchternen, ängstlichen Menschen deutlich höher als bei solchen, die ihrer Umgebung und deren Einflüssen offen gegenüberstehen. Die aufgeschlossenen Typen haben – wie Riechversuche zeigen konnten – viel weniger feine Nasen für Gerüche als ihre scheuen und zaghaften Artgenossen. Die in Harvard durchgeführten Untersuchungen ergaben, daß vor allem blauäugige, schlanke, schüchtern wirkende Männer (leptosome Typen nach der Einteilung von Kretschmer) besonders geruchsempfindlich sind. Braunäugige, untersetzte und offenherzige Menschen (pyknische Typen) erweisen sich dagegen als sehr viel dickfelliger in Sachen Geruchswahrnehmung.

Jedenfalls scheint dem Noradrenalin eine Schlüsselrolle zuzukommen: Es verringert die Melaninbildung im Organismus, eine helle

Augenfarbe läßt daher auf eine hohe Konzentration von Noradrenalin im Körper schließen. Auch eine Beteiligung dieses Hormons an der Ausbildung von Körpergröße und Gestalt wird erörtert. Schüchternheit ist wohl in einem gewissen Maß schon in die Wiege mitgegeben worden, auch wenn sie zum größeren Teil auf im Lauf des Lebens gemachten Erfahrungen beruhen dürfte.

Die Hormone Adrenalin und Noradrenalin schüttet der Körper bei Angst und Streß vermehrt aus, um sich auf eine drohende vermehrte Belastung einzustellen. Tatsächlich stehen schüchterne Menschen ständig unter innerem Druck, auch wenn sie nach außen eher ruhig und abgeklärt wirken. Schwache Reize aus ihrer Umwelt reichen aus, um sie sofort in Alarmbereitschaft zu versetzen.

Das Phänomen »Streß«

Streß entwickelt sich aus dem Gefühl, den Dingen nicht mehr gewachsen zu sein und kann zum Angstsyndrom führen. Dies gilt sowohl für Menschen als auch für Tiere. Im Erbgut von Schweinen sind z. B. spezielle Streßgene entdeckt worden, und es ist auch gelungen, diese wegzuzüchten. Dadurch haben unsere Kotelettlieferanten heute das große Vergnügen, ihrem Schlächter Auge in Auge gegenübertreten zu dürfen und nicht schon auf dem Weg zum Schlachthaus infolge von Streß das Zeitliche zu segnen.

Bis jetzt nimmt der Mensch Abstand von solchen Eingriffen in sein eigenes Erbgut, er muß sich also mit seinen Streßproblemen noch selbst herumschlagen. Langanhaltender psychischer Druck steht fast immer am Anfang einer Leidenskette, deren Glieder oder Phasen sich nach folgendem Muster aneinanderfügen:

- *Phase 1:* Schock (verringerte Widerstandskraft),
- *Phase 2:* Widerstand (Tätigkeitsdrang),
- *Phase 3:* Erschöpfung und Verzweiflung,
- *Phase 4:* Erkrankung (bis hin zum Verlust des Lebens).

Je nach Konstitution des Betroffenen folgen die einzelnen Phasen unterschiedlich schnell aufeinander, wenn die Ursachen für den Streß nicht zu beseitigen sind. Daß diese vielfältig und oft nicht greifbar sein können, zeigt ein beeindruckender Versuch, der mit zwei Affenmännchen durchgeführt wurde.

Versuch

Die beiden Tiere, ein ranghöheres und ein rangniedrigeres, wurden zusammen in einem Käfig gehalten. Der stärkere Affe beanspruchte sofort den meisten Platz für sich, während der andere fast den ganzen Tag teilnahmslos in einem Winkel hockte.

Man trennte die Tiere voneinander, und das unterlegene der beiden wurde bald wieder munter und unternehmungslustig. Als danach der Geruch des ranghöheren Affen in den Käfig des rangniedrigen geleitet wurde (die beiden konnten einander dabei nicht sehen), zog sich dieser wieder dumpf in eine Ecke zurück. Nach einiger Zeit – der Geruch des Rivalen hing immer noch in seinem Gefängnis – versackte das Tier in tiefe Schwermut, sein an sich gut entwickelter Geschlechtstrieb erlahmte, und schließlich wurde es krank. Der Versuch wurde daraufhin abgebrochen, da das Tier sonst gestorben wäre.

Der Geruch war für den unterlegenen Affen gewissermaßen der Statthalter für den eigentlichen Verursacher von Qual und Erniedrigung. Nachdem diese unheilvolle Botschaft erst einmal im Gedächtnis gespeichert war, konnte der Geruch jederzeit das Gefühl der Unterdrückung wieder hervorrufen (falls sie jetzt an einen Arbeitskollegen denken sollten, dessen Geruch alleine Sie schon krank macht, haben Sie also völlig recht!).

Duftmarken werden in der Regel nur von denjenigen Tieren abgesetzt, die im Rudel den Ton angeben. Alle anderen sind – zumindest im Hinblick auf den Geruch – die stumme Mehrheit. Als Anregung, darüber nachzudenken, ob es beim Menschen vielleicht auch geruchsabhängige Rangordnungen gibt, seien zwei Beobachtungen erwähnt:

- Besonders empfindsame, vor allem jüngere, Männer sind fast immer unfähig, in öffentlichen Toiletten Wasser zu lassen, auch wenn sie stärksten Harndrang verspüren. Sollte vielleicht die »Duftmarke« vermeintlich überlegener Geschlechtsgenossen der Grund für die Hemmung sein?
- Bestimmte Deodorants, in erster Linie solche der Richtung »orientalisch-blumig«, sind andererseits bestens dazu geeignet, um beim selben Männertyp einen plötzlichen Harndrang auszulösen. Kennzeichnet diese Reaktion möglicherweise das »schwache Männchen«, das unerwartet – in Form des Parfüms – einen Sexuallockstoff riecht und darauf eine durchaus natürliche Angstreaktion zeigt?

Was geschieht nun in unserem Körper bei Streß? Das Gehirn reagiert auf Reize (auch auf geruchliche), die im Hypothalamus in chemische Botenstoffe übersetzt werden. Über die eigentliche Schaltzentrale für den Hormonhaushalt, die Hypophyse, wird die Nebennierenrinde angeregt, ihrerseits Hormone auszuschütten. Die Antwort des Körpers auf Streß wird also über eine Hypothalamus-Hypophysen-Nebennierenrinden-Achse gesteuert. Das wichtigste Streßhormon ist das Cortisol, das von der Nebennierenrinde in den Blutkreislauf abgegeben wird. Es beeinflußt zahlreiche Stoffwechselvorgänge und stellt den Körper auf eine kurzfristige erhöhte Leistungsbereitschaft ein.

Bei anhaltendem Streß versagen die körpereigenen Kontrollmechanismen, und der Organismus wird mit Cortisol förmlich überschwemmt.

Ein dauerhaft erhöhter Cortisolspiegel im Blut kann verheerende Folgen für die Gesundheit haben:
• gesteigerte Anfälligkeit gegen Krankheiten durch Unterdrückung des Immunsystems, • beeinträchtigte Funktion der Sinnesorgane (Geschmacks-, Geruchs-, Sehstörungen, Hörschäden), • psychische Veränderungen (Schwermut, Wahnvorstellungen), • verschlechterte Gedächtnisleistung, • Schlafstörungen.
Beispiele für Gerüche, die Streß auslösen können, sind:
• Industrieabgase, • Kneipengeruch, • Autogestank, • Müll, • Zigarettenrauch.

Immer der Nase nach!

Haben Sie in Ihrem Auto auch so ein kleines Tannenbäumchen als Duftspender am Rückspiegel baumeln? Der Innenraum eines Autos saugt wie ein Löschpapier menschliche Angstgerüche auf, und in diese tauchen wir ein, sobald wir uns in unseren Wagen setzen. Autofahren ist eine ganz besondere Form menschlichen Verhaltens: Nicht allein, daß man sehenden Auges mögliche Todesgefahren auf sich nimmt, man steckt auch immer wieder, eingesperrt wie in einem Käfig, ohne Ausweichmöglichkeit im Verkehrsstau. Nur die stetig vorangetriebene Technik – bis hin zum Angst- und Streßkiller Nr. 1, der Hifi-Anlage bei höchster Lautstärke – erlaubt es dem Autofahrer, in solchen Lebenslagen überhaupt bestehen zu können.

Kein normaler Fußgänger würde ohne Grund bei dunkler Nacht in einem Wald plötzlich wie verrückt zu rennen beginnen. Menschen am Steuer eines Autos haben dagegen kein Gefühl für Geschwindigkeit, Sichtverhältnisse oder Bodenbeschaffenheit, ihre Sinneswahrnehmung funktioniert nicht normal. Sie rasen unverdrossen in dichte Nebelbänke hinein, und selbst die schrecklichen Unfallbilder, die jeder Autofahrer kennt, hindern sie nicht daran. Was sich dabei an Streß und Angst aufstaut, muß sich irgendwann entladen können. Meist geschieht das dann bei irgendwelchen Nichtigkeiten: Ein anderer Fahrer wechselt knapp und ohne Blinkzeichen die Fahrspur, und daraufhin entlädt sich eine Schimpfkanonade, die meist nicht druckreif wäre!

Das duftende Tannenbäumchen im Auto ist in der Tat ein Versuch, den eigenen Angstgeruch zu überdecken und zu vertreiben – eine Maßnahme, die in diesem Zusammenhang, bei aller Liebe zur Dufttherapie, doch sehr fragwürdig sein dürfte. Die Ausschaltung des körpereigenen Warnsignals hat in der Regel eine Enthemmung des Fahrers im Umgang mit seinem Gefährt zur Folge, und es kann geschehen, daß auch noch die mitunter lebensrettende letzte Möglichkeit, das eigene Verhalten zu steuern, wegfällt.

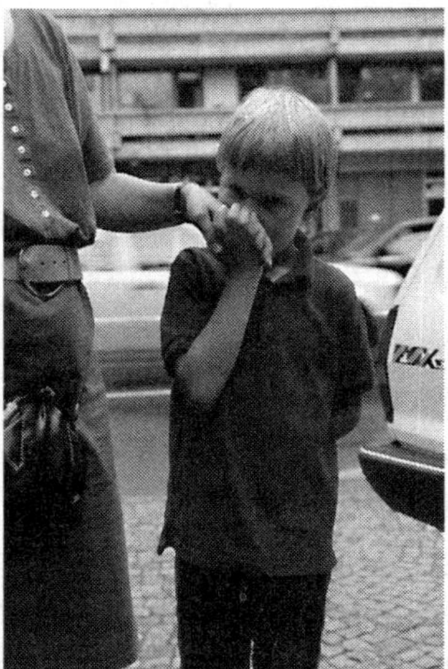

Eine angeborene, naturgemäße Streßreaktion ist das Beriechen der eigenen Haut. Schauen Sie mal aus dem Fenster, wenn Sie wieder einmal im Stau stecken, und werfen Sie einige Blicke in die Fahrzeuge rechts und links von Ihnen. Sie werden erstaunt sein, wie viele Fahrer (genau wie Sie selbst?) ihren Handrücken oder ihre Fingerspitzen beschnuppern oder sogar daran nuckeln! Kinder bohren in Streßsituationen gern in der Nase, um sich zu beruhigen. Sie holen auch,

wenn sie Schwierigkeiten haben oder sich für etwas entscheiden sollen, den eigenen oder den Handrücken einer Bezugsperson zu Mund und Nase. Noch toller treiben es Fußballer, Tennisspieler und andere Leistungssportler. Sie beriechen in Streßsituationen sogar ihre eigene Achsel, während sie sich scheinbar den Schweiß von der Stirn wischen. Achten Sie doch einmal darauf, wenn Sie sich das nächste Mal in der Sportschau ein Tennismatch anschauen!

Das Riechen an sich selbst hat nicht nur beruhigende Wirkungen. Der eigene Streßgeruch regt auch an und »befeuert« zu neuen Leistungen. Und wo kann man sich am besten eine Nase voll davon tanken? Natürlich an den apokrinen Drüsen der Achsel!

Unser eigener Geruch ist also unser erstes und wirksamstes Aromatherapeutikum. Diese Tatsache eröffnet ein weites Feld für den gezielten Einsatz von Riechstoffen zu Heilzwecken. Die arteigene »Aromatherapie« kann durch ähnlich riechende Stoffe aus der Natur ergänzt werden – sei es, daß dabei Körpergerüche betont oder aber – wie z. B. durch Lavendelduft – überdeckt werden sollen.

Einmal kommt jeder beim Lavendel an

Kaum ein Duft schlägt die Menschen so in seinen Bann wie der des ätherischen Öls aus Blüten oder auch Blättern des Lavendelstrauches. Er ist im gesamten Mittelmeergebiet heimisch und wird vor allem in Südfrankreich, England, Spanien und Italien in großem Stil angebaut. Das ist Grund genug, unsere Nasen etwas tiefer in das blaublütige Sträuchlein zu stecken, vor allem, weil sein Duft die Geister zu scheiden vermag wie kein anderer. Seinen vielen begeisterten Anhängern steht eine offensichtlich zu allem entschlossene Gruppe erklärter Lavendelhasser gegenüber.

Schon im 16. Jahrhundert war der Lavendel zwar bekannt und verbreitet, die Stellung als Spender des allgegenwärtigen Haus- und Leibduftes hielt aber eine ganz andere Pflanze. In Säckchen verpackt zwischen die Wäsche gelegt oder als Hauptbestandteil aromatischer Duftwässer spielte damals die stark riechende Baldrianwurzel die wichtigste Rolle. Auf den ersten Blick mag das überraschen, da wir heute den Geruch des Baldrians eher als durchdringend und deutlich schweißig empfinden. Für die rührige Hausfrau vergangener Jahrhunderte war er schlicht der Duft, der ihrem eigenen Körpergeruch am nächsten kam. Ohne Frage haben die Menschen früher anders gerochen als heute, stärker und viel mehr nach sich selbst, als wir das in der Gegenwart für uns zulassen wollen. Wir haben uns schließlich unter der Flagge der Desodorierung auf die Suche nach der großen Frische-Freiheit unseres Körpers gemacht! Selbstverständlich schätzen wir heute noch den Baldrian als bewährtes pflanzliches Beruhigungsmittel. Daß daran der Duft maßgeblich beteiligt ist, wird auch von niemandem bestritten. Aber den Geruch ständig um sich zu haben, ist wohl nur etwas für stärkere Naturen. Aus Sicht der Aromatherapie ist die beruhigende Wirkung des Baldrian jedenfalls überzeugend damit zu erklären, daß er mit seinem Geruch einfach eine Überdosis »Mensch« verkörpert.

Das Wort »Lavendel« leitet sich aus dem Lateinischen ab, und zwar ist umstritten, ob von *»lavare* = waschen« oder von *»lividus* = bläulich«. Entspricht der frische, krautig-blumige Duft der blaublühenden Pflanze nicht genau der Idealvorstellung vom Geruch unseres sauber gewaschenen, restlos desodorierten Körpers? Das Aroma des Lavendels wirkt deshalb so beruhigend auf uns, weil es die angenehme menschliche Nähe auf eine Art vermittelt, wie wir sie haben wollen: rein und sauber und keinesfalls an körperliche Ausdünstungen erinnernd. Außerdem ist der Duft bestens dazu geeignet, die Gerüche unserer Angst- und Streßpheromone zu überdecken und auf diese Weise eine uneinnehmbare olfaktorische Festung zu errichten, hinter der wir uns erfolgreich verschanzen können.

Der Lavendel liebt karge Standorte, ist äußerst widerstandsfähig und erträgt langanhaltende Hitze und Trockenheit ohne Schwierigkeiten. Mit der einzelnen Pflanze muß man sich länger beschäftigen, um ihre Anmut und Ausstrahlung zu empfinden. Ein ganzes Lavendelfeld bietet jedoch einen überwältigenden Eindruck: ein tief violettblaues Meer aus Blüten. Die Farbenpsychologie erklärt die Blaustrahlung als Farbe des inneren Erlebens und der Sehnsucht nach Übersinnlichem. Denken Sie an die Abenddämmerung, wenn das Rot der untergehenden Sonne sich mit dem dunklen Blau des Himmels vermischt. Gerade zu dieser Stunde läßt man das geschäftige Treiben des Tages hinter sich, denkt über Geschehnisse und Begegnungen nach und versucht, ihren tieferen Sinn zu begreifen. An solchen Urerfahrungen richtet sich unser Begreifen von Farben aus. Violette Töne geben uns dabei das Gefühl von Ausgleich und Vermittlung, da sie den Gegensatz zwischen Rot und Blau aufzuheben vermögen. In früheren Zeiten verstand man es besser, solche Zeichen der Natur zu deuten und auf den Menschen zu übertragen, etwa um die Heilwirkung einer Pflanze zu begründen. Wir sind dazu meist nicht mehr fähig. Viele von uns beklagen daher zu Recht, daß sie das Empfinden, in die natürlichen Vorgänge des Lebens einbezogen zu sein, verloren haben.

Wie sieht nun die klassische »Lavendelpersönlichkeit« aus, die sich ein Leben ohne diesen Duft nicht vorstellen kann und deren charakterliche Merkmale sich mit der Pflanze verbinden lassen? Bei einer Frau, die sich mit einer Wolke von Lavendelwasser oder Eau de Cologne umgibt, handelt es sich keinesfalls um eine sinnliche, aufreizende, erotische oder gar verruchte Person, die ihre Vorzüge offen zur Schau stellen würde. Sie wird dennoch bewundert und verehrt, weil sie über den Dingen steht. Ihre bestimmenden Wesenszüge sind eine stetige klare Linie, Zuverlässigkeit sowie eine auch unter schwierigen Bedingungen vorhandene Anpassungsfähigkeit. Dadurch wird sie zum Vorbild für ihre Mitmenschen. Sie versteht sich als entschiedener Anwalt der Moral und sucht daher unverdrossen nach der Wahrheit. Ihre Ausstrahlung von Ruhe und Abgeklärtheit kann für andere überaus anziehend sein.

Sie ist aber auch die Frau, die auf dem Gebiet der Erotik im Leben zu kurz gekommen sein kann. Vielleicht hat sich die Lavendeldame deswegen eine gewisse Strenge und Kompromißlosigkeit, vor allem in Fragen der Moral, zugelegt und erwartet üblicherweise Gehorsam und keinen Widerspruch. Ihr entwaffnender Charme läßt sie allerdings höchst selten in die Verlegenheit kommen, sich mit überflüssigen Einwänden auseinandersetzen zu müssen. Das Paradebeispiel für diesen Frauentypus ist Agatha Christies berühmte Film- und Romanfigur »Miss Marple«. Sie wäre ohne ihren Lavendelduft – mit Verlaub gesagt – geradezu nackt. Denken Sie nur an ihren ergebenen »Mr. Stringer«, der beispielhaft vorführt, welch erfülltes Leben man im Dunstkreis einer Lavendeldame führen darf! Natürlich ist all dies ganz und gar nicht despektierlich gemeint. Im Gegenteil: Lavendelfrauen erweisen sich immer wieder als besonders verläßliche Menschen. Man kann sie gar nicht genug für ihre Vorzüge preisen, auch wenn sie in Belangen körperlicher Leidenschaften nur dem wirklich ernsthaften Bewerber ihre geheimsten Vorzüge offenlegen – und wer möchte sie dafür tadeln?

Die Herren sind unter den Lavendeltypen weitaus seltener vertreten. Wahrscheinlich müßte man erforschen, ob vielleicht eine ausgeprägte Mutterbindung ihrer Duftleidenschaft vorangeht. Im übrigen bevorzugen Männer mit einem der Lavendeldame vergleichbaren Charakterbild eher den Bergamotteduft. Sie sind in der Regel überaus korrekt, haben viel Familiensinn, leben in fester Bindung und zeichnen sich durch stets freundlich-kontrollierte Umgangsformen aus. Von Zeit zu Zeit können sie an oft recht stark ausgeprägten Phasen von träger Selbstgefälligkeit und mangelndem Unternehmungsgeist leiden. Wahrscheinlich bevorzugen sie deshalb auch eher den »Aufwecker« Bergamotte.

Um zu verstehen, was den Lavendelduft für viele von uns so anziehend macht, hier noch ein paar Worte zur

Chemie des Lavendelöls

Die chemische Analyse des ätherischen Öls ergibt 30 bis 50 % Linalylacetat, der Rest setzt sich zusammen aus Linalool, Borneol, Isoborneol, Cineol, Kampfer und Cumarin.

Das Öl enthält nicht einen Bestandteil, der auch nur entfernt an den Geruch des menschlichen Körpers und seiner Ausscheidungen erinnern würde. Die Wirkung des leicht-blumig-weichen Duftes wird in der Sprache der Parfümeure als »narkotisch« (vor allem durch die enthaltenen Alkohole) und »erfrischend« (aufgrund der Esterverbindung Linalylacetat) beschrieben. Wenn wir das auf eine mathematische Gleichung übertragen, bei der auf der einen Seite »frisch, rein und klar durch Lavendelduft« und auf der anderen »Abwesenheit von Menschengeruch« steht, so geht sie glatt auf.

Düfte öffnen das Tor zu tieferen Ebenen der Erfahrung

Die Meditation (lateinisch: *meditatio* = Nachdenken, Vorbereitung) entstammt eigentlich fernöstlichen religiösen und philosophischen Traditionen. Sie hat sich aber auch dem Bewohner der westlichen Welt als wunderbares Hilfsmittel zur Bewältigung von Streß, zur Verbesserung der Selbstkontrolle und sogar zur Behandlung seelischer und körperlicher Erkrankungen (z. B. Bluthochdruck) erschlossen. Neuere Erkenntnisse über den Zusammenhang zwischen Seelenlage und Funktion der körpereigenen Immunabwehr rücken außerdem ein regelrechtes »Training« unseres Immunsystems in den Bereich des Möglichen, für das Düfte eine wichtige Rolle spielen können.

Natürlich gibt es unterschiedliche Formen der Meditation, allen ist jedoch gemeinsam, daß sie versuchen, den Einfluß der äußeren Wahrnehmung zurückzudrängen und einen Zustand zu erreichen, in dem das innere Erleben den Bewußtseinszustand bestimmt. Ihr Kernpunkt ist die vollständige Konzentration auf eine bestimmte Sache, also ein besonderes Wort (hinduistisch: Mantra) oder ein mehr oder weniger kompliziertes Reizbild (hinduistisch: Mandala), um sich damit gegen äußere Einflüsse abzuschirmen. Die Meditationstiefe läßt sich bis zur Trance (französisch: *trance* = Entrückung, Dämmerzustand) steigern. In dieser Verfassung ist der Mensch zu außergewöhnlichen Wahrnehmungen seines Innenlebens befähigt. So kann beispielsweise ein Atemzug bis hin zu bestimmten Körperstellen genau mitverfolgt oder sogar erlebt werden, daß der »psychische Leib« den Körper verläßt und ihn regelrecht von außen beobachtet. Dabei kommt es nicht selten auch zu echten Halluzinationen (lateinisch: *alucinatio* = Trugwahrnehmung, Verwirrung) oder Sinnestäuschungen. Höhepunkt jeder Meditation ist das Erleben des Zustandes oder Bewußtseins des »absoluten Nichts«, der eine überwältigende und kaum zu beschreibende Befriedigung vermittelt.

Uns kam der Gedanke, daß dieser Moment tiefster innerer Besinnung mit Hilfe von Duftstoffen schneller erreicht und länger erhalten werden könnte. Außerdem sollte es doch möglich sein, das erlebte Gefühl größtmöglicher Entspannung, verbunden mit einem bestimmten Duft, dem Gedächtnis »einzuprogrammieren«. Dies würde erlauben, durch dieses Aroma den erwünschten Bewußtseinszustand, zumindest in abgeschwächter Form, jederzeit abrufen zu können. Ist die Verbindung aus Duft und erholsamer Entspannung erst einmal im Gedächtnis gespeichert, so könnte eine entsprechende Riechflasche in bestimmten Streßsituationen (etwa vor einer Rede, vor Prüfungen oder bei allgemeiner seelischer »Schlagseite«) ein nicht zu unterschätzendes Mittel zur besseren Bewältigung schwieriger Aufgaben sein. Nicht zu vergessen ist dabei die für die meisten Düfte typische, schlagartig einsetzende Wirkung.

Inzwischen haben wir auf zahlreichen Seminaren unsere laufend verbesserte Duftmeditation präsentiert. Sie wurde von vielen Teilnehmern als echter Kunstgenuß empfunden, weil die erwünschte Konzentration durch das gemeinsame Erleben von Farben, Bildern (Dias), Musik, Lyrik und Düften auf den Weg gebracht wird. Es geht dabei vor allem darum, als gut und wohltuend empfundene, miteinander verknüpfte Eindrücke zusammen mit den Düften in die Erfahrungsspeicher des Gehirns einzuschleusen. Nicht selten kommt es dabei zu einem echten Ineinander-Vermischen der verschiedenen Sinneswahrnehmungen, zur Synästhesie (griechisch: *syn* = zusammen, zugleich – *aisthesis* = Empfindung).

Die Dauer der Meditation sollte nicht mehr als etwa 30 Minuten betragen, da sie anstrengend sein kann und die Aufmerksamkeit erfahrungsgemäß dann nachläßt. Sinnvoll ist dagegen, die Sitzungen öfter abzuhalten, zumal sich der persönliche Erlebniswert von Mal zu Mal steigern kann. Musik und Bilder sind so auszuwählen und anzuordnen, daß die Fülle des Angebotenen sich schrittweise verringert, so daß man sich zuletzt auf einzelne Eindrücke konzentrieren kann. Für die Musik bedeutet dies den allmählichen Übergang vom großen Orchester zum Soloinstrument. Entsprechend sollten sich auch die Bilder verändern, also z. B. von einer großzügigen Landschaft über die Geschlossenheit eines Kreuzganges bis zum Sonnenuntergang hinter nur noch verschwommen erkennbaren Bergen.

Zu einem wirklichen Kunsterlebnis wird die Meditation, wenn zusätzlich ein Gedicht vorgetragen oder aus einem passenden Buch vorgelesen wird. Wirkungsvoll sind auch Lichteffekte, die während der gesamten Veranstaltung immer wiederkehrende Farben aufleuchten lassen.

Was die Duftauswahl anbelangt, so sollte auch hier dem Grundsatz der steten Vertiefung und Verinnerlichung gefolgt werden. Man beginnt mit frischen Aromen wie Eisenkraut, Lemongras oder Litsea, denen man mit einem Tropfen Rosenduft die störende Spitze nehmen kann. Dann kommen die narkotisierenden und blumigen Essenzen, z. B. Ylang-Ylang oder Muskatellersalbei (»blaue« Düfte). Der Höhepunkt der Meditation wird schließlich mit balsamischen Noten wie Iris, Castoreum, Weihrauch, Rosenholz oder Labdanum gestaltet. Dabei werden mehrere Düfte zusammen in der Regel als angenehmer empfunden als nur ein Aroma allein. Mehr als drei verschiedene Duftstoffmischungen sollten nicht angeboten werden, um die Veranstaltung nicht zu überladen. Den richtigen Zeitpunkt für den »Duftwechsel« hat man schnell herausgefunden, wenn man die Gruppe gut beobachtet. Besonders die balsamischen Gerüche haben sich als echte »Rutschbahnen« für den Fortgang der Meditation erwiesen. Sie sind es auch, die nach der Sitzung bevorzugt als aromatische Riechfläschchen mit nach Hause genommen werden, um sie später in schwierigen Situationen zur Hand zu haben. Natürlich ist auch jeder andere im Verlauf der Meditation erlernte Duft geeignet, später beste Dienste zu leisten.

Da es etwas beschwerlich ist, kleine Fläschchen im Kreis herumgehen zu lassen, empfiehlt sich eine andere, sehr einfache Methode, um die Düfte im Raum zu verteilen. Dazu werden größere Baumwolltücher (z. B. Babywindeln) gut mit Wasser angefeuchtet und einige Tage lang, getränkt mit dem Duftstoffgemisch, in gut verschließbaren Gefäßen aufbewahrt. Dort kann der Duft noch reifen und »zusammenwachsen«. Die Tücher müssen unbedingt feucht (aber nicht tropfend naß) sein, weil trockene Essenzen immer etwas »staubig« riechen und die Atemwege reizen können. Während der Sitzung werden die Tücher dann aus den Behältern genommen und vorsichtig vor den Nasen der Meditierenden hin- und hergeschwenkt.

Duftkugeln: Stimmungsbarometer und wirksames Anti-Streßmittel

Duftkugeln waren früher sehr beliebt, da man sie im Zimmer aufhängen, zwischen die Wäsche legen oder auch ständig bei sich in der Tasche tragen konnte. Ihr Wohlgeruch hatte eine wunderbar ausgleichende Wirkung auf das Gemüt, besonders in Zeiten erhöhter Anspannung. Bevor wir uns aber eingehende Gedanken über die Wirkungsweise machen, soll zunächst der praktische Teil folgen. Das Herstellen von Duftkugeln erfordert zwar etwas Geduld und auch hausfrauliches Geschick, das Ergebnis entschädigt jedoch mehr als hinreichend für alle Mühen. Sie können sich gern auch an die im Anhang genannte Bezugsquelle wenden.

Von den Mengenangaben kann – je nach persönlichen Vorlieben – mehr oder weniger abgewichen werden. Der entscheidende Kniff besteht darin, aus der Pulvermischung einen Teig herzustellen, der sich zu verschieden großen Kugeln (Tischtennisball-Größe oder kleiner) formen läßt. Als »Klebstoff«, der nach dem Verdunsten des Wassers den Teig zusammenhält, dient der Rosenhonig, zusammen mit

Das Immunsystem vergißt nichts

Unser körpereigenes Abwehrsystem ist lernfähig. Daß es Streßsituationen auch an den sie begleitenden äußeren Umständen wiedererkennen kann, zeigt folgender Versuch:

Versuch

Adrenalin, ein Streßhormon, das die körpereigene Abwehr kurzfristig anregen kann, wurde einer freiwilligen Testperson in geringer Menge per Spritze verabreicht. Gleichzeitig erhielt sie eine Tablette mit einem speziell aromatisierten Brausepulver auf die Zunge gelegt. Wie erwartet, konnte eine Anregung des Immunsystems gemessen werden. Fünf Tage später wurde der Versuchsperson, ohne daß man es ihr gesagt hatte, nur noch Kochsalzlösung gespritzt, sie bekam aber wieder die Brausetablette. Auch dieses Mal kam es zu einer Reaktion des Immunsystems, obwohl kein Adrenalin verabreicht worden war.

Die körpereigene Abwehr läßt sich also auch mit Aromastoffen anregen. Da auch seelische Entspannung das Immunsystem günstig beeinflußt, kann man davon ausgehen, daß das gleichzeitige Riechen von Düften die Wirkung noch zu steigern vermag. Die Voraussetzung dafür ist in der Verbindung von gemeinsamen Erlernen immunanregender Düfte und Meditation gegeben. Hier eröffnet sich ein weites Feld für die moderne Aromatherapie, wenn das Ganze so neu auch wiederum nicht ist: Als wirksamste Mittel zur Stärkung der körpereigenen Abwehr nennt die einschlägige Literatur vor allem Lavendel, Bergamotte, Zitrone, Neroli, Mandarine und ähnliche Frischdüfte. Damit wäre unser allseits bekanntes Kölnisch Wasser tatsächlich als echtes Allheilmittel anzupreisen!

dem Gummi arabicum/Traganth-Schleim (zur Not tut's auch Backpulver mit Wasser vermischt). Am besten wird der Teig mit den Händen geknetet, dann stellt sich bald das Gefühl für die richtige Menge des Bindemittels ein, das nach und nach zugesetzt werden muß. Die Kugeln werden anschließend einige Tage an der Luft getrocknet. Solange der Teig noch nicht ganz fest geworden ist, können leicht mehrere Kugeln mit Nadel und Faden zu einer Kette aufgereiht werden.

Rezept: Duftkugeln	
– 50 g Iriswurzelpulver	– 2 g Labdanumöl
– 50 g Rosenblütenpulver	– 1 g Myrrhepulver
– 3 g Benzoetinktur	– 5 g Vanilletinktur
– 1 g Weihrauch (Pulver)	– 5 g Rosenholzöl
– 3 g Perubalsam	– 10 g Rosenhonig
– 1 g Tolubalsam	
Gummi arabicum/Traganth, 5%ig in Wasser gelöst, so viel wie benötigt	

Die Kugelketten können sehr gut z. B. an einer Zimmerlampe aufgehängt werden. Da ihr Duft nur sehr langsam schwächer wird, sorgen sie mitunter jahrelang für eine überaus angenehme Luft in den Wohnräumen. Ihre Wirkung als Antistreßmittel läßt sich leicht erklären: Rosenduft verbindet sich mit natürlichen Riechstoffen, die unaufdringlich an menschlichen Haut- und Pheromongeruch erinnern, zu einem harmonischen Duftakkord. Die Vorstellung menschlicher Nähe, als Botschaft des Duftes, entspannt und vermittelt das sichere Gefühl der Geborgenheit.

Duftkugeln sind aber auch ein sehr empfindliches Meßinstrument für das persönliche Wohlbefinden. Ihr Geruch wird an manchen

Tagen verändert oder sogar überhaupt nicht wahrgenommen. Zu erklären ist dies mit hormonellen Schwankungen, die durch Streß ausgelöst werden. Dabei spielen vor allem das Noradrenalin und das Adrenalin eine Rolle, da sie entscheidend am Riechvermögen beteiligt sind. Das konnten Sie sicher bei Ihrem letzten Schnupfen beobachten, falls Sie zur Linderung Ihrer Beschwerden Nasensprays verwendet haben. In ihnen sind nämlich Stoffe enthalten, die dem Noradrenalin chemisch verwandt sind und auf der Nasenschleimhaut auch ähnliche Wirkungen zeigen wie das körpereigene Hormon. Schon wenige Sekunden nach dem Einsprühen geht die Schwellung der Nasenschleimhäute zurück, und die Atmung wird wieder frei. Auch die Riechempfindlichkeit nimmt zu, weil der Weg zur »Regio olfactoria« für die Duftmoleküle jetzt freigelegt ist. Wenn die Nase auf diese Weise oft hintereinander behandelt wird, kehrt sich die Wirkung um: Die Nasenschleimhaut trocknet aus, schwillt immer stärker an und entzündet sich. Gerüche werden kaum mehr wahrgenommen, weil kaum mehr Sekret vorhanden ist, in dem sich die Duftmoleküle lösen könnten, so daß sie schließlich wieder abgeatmet werden.

Wie auf das Nasenspray reagieren wir auch auf die Ausschüttung unserer eigenen Streßhormone. Bei kurz anhaltendem Streß verbessert sich das Riechvermögen, stehen wir längere Zeit unter seelischem Druck, nimmt die Empfindlichkeit unserer Nase ab. Mit Hilfe der Duftkugeln können wir recht genau feststellen, in welcher Verfassung wir sind. Wenn wir ihr Aroma als Wohlgeruch wahrnehmen, signalisiert unser Körper, daß er bereit ist, sich erhöhten Belastungen anzupassen. Riechen wir dagegen gar nichts, oder empfinden wir den Geruch sogar als unangenehm, gibt unser Organismus zu erkennen, daß er überlastet und das Gleichgewicht von Körper und Seele erheblich ins Schwanken geraten ist. Die Kugeln verraten also viel über unsere Stimmungslage, und sie eignen sich auch sehr gut dazu, in der naturheilkundlichen Praxis erste Aufschlüsse über das Befinden eines Patienten zu erhalten.

Um bei der Naturheilkunde zu bleiben: Olaf Rippe hat in einem Praxisgespräch erläutert, welche Maßnahmen er bei Angstzuständen seiner Patienten einsetzt. Er geht von sieben Zonen der Angst am menschlichen Körper aus, durch deren Behandlung mit ätherischen Ölen Streß und seelischer Druck erleichtert oder sogar aufgehoben werden können.

Praxisgespräch: Die Angst am Leib

Was hat man sich unter »Angst am Leib« vorzustellen?

Angst ist immer sehr persönlich und intim: Jeder Mensch reagiert anders, je nach dem, wie er veranlagt ist. Eine Behandlung muß sich daher immer am Einzelfall ausrichten, die Vorgeschichte und das persönliche Umfeld sind zu berücksichtigen. Es wäre unverantwortlich, mit einem Allheilmittel dagegen angehen zu wollen. Für die Praxis habe ich ein Modell entwickelt, das sich an der Chakrenlehre und Akupunktur ausrichtet und gleichzeitig eine sinnvolle Aromatherapie für die verschiedenen Formen der Angst ermöglicht. Die einzelnen Zonen stehen in Verbindung, man darf sie also nicht voneinander getrennt sehen. Daß man Angst körperlich fühlen kann, gehört im übrigen zu den Alltagserfahrungen.

Wo kann man die Angst denn spüren?

Zunächst unterscheidet man Angstzonen am Rücken von solchen an der Vorderseite des Körpers. Ängste, die man am Rücken spürt, stammen aus der Vergangenheit eines Menschen, sie sind daher chronischer Natur. Dagegen hat die Angst, die man vorne fühlt, mehr mit Gegenwart und Zukunft zu tun, sie ist also akut. Je näher zum Kopf die Angst empfunden wird, desto größeren Bezug hat sie zu tatsächlichen Ereignissen.

Welche Angstzonen finden sich z. B. am Rücken, und welche Beschwerden stehen damit in Zusammenhang?
Die erste von ihnen, die Projektionszone der sogenannten Vitalkraft und des Sexualtriebs reicht etwa vom Beginn der Gesäßfalte bis zum unteren Rippenbogen. Über Meridiane ist diese Zone besonders mit dem Fuß und vor allem auch der Niere verbunden. Furcht, die man hier spürt, wird deshalb auch als »irrationale Nierenangst« (lateinisch: *irrationalis* = unvernünftig, vom Verstand nicht faßbar) bezeichnet. Sie steht niemals im Zusammenhang mit einem bestimmten Ereignis, sondern ist sehr allgemein auf die gesamte Lebenseinstellung ausgerichtet. Genauere Kennzeichen sind ein kalter Rükken, das Gefühl, das Leben nicht mehr ertragen zu können, Gefühlskälte, sexuelles Versagen, allgemeine Kraftlosigkeit, nervöse Blasenstörungen, Harndrang und Ischiasbeschwerden. Fast immer wird über kalte Füße geklagt. Häufig finden sich die Patienten unattraktiv oder haben Probleme mit dem Älterwerden.

Die Therapie besteht darin, den Rücken mit ätherischen Ölen einzureiben und gleichzeitig die Füße mitzubehandeln. Das geschieht entweder in Form von Fußbädern oder einer Reflexzonenmassage der Fußsohle, bei der ebenfalls ätherische Öle eingesetzt werden. Verwendet werden zum einen nierenwirksame Öle, wie z. B. Wacholder, Zypresse oder Bay, zum anderen aber auch Essenzen, welche die Liebesfähigkeit beeinflussen, also Rose, Sandelholz, Geranium, Benzoe, Zeder, Labdanum, Jasmin, Kalmus oder Patschuli. Nicht zu Unrecht sagen die Hindus, daß der Geist nur dann erleuchtet werden kann, wenn die Sexualität stimmt.

Der zweite Bereich auf der Körperrückseite ist die Nackenzone, in der man, wie der Volksmund ganz richtig sagt, die Angst spürt, die einem im Nacken sitzt. Man spricht auch vom »Todeschakra«, da man dort Panikgefühle oder auch die Todesangst erleben kann. Charakteristisch ist meist ein ausgeprägtes Halswirbelsäulensyndrom, vor allem, wenn die Ängste schon längere Zeit bestehen. Dazu gehören Muskelverspannungen im Nackenbereich, bei denen sich der Schmerz bis in den Hinterkopf zieht. Man kann sich die Zone sehr gut als die Gegend vorstellen, in der man das Kreuz spürt, das man zu tragen hat. Zur Behandlung haben sich bisher verdünnt eingeriebenes Salbeiöl und entspannende Rosendüfte bewährt. Salbei wurde früher übrigens auch »Henkerskraut« genannt, weil der Henker die Pflanze bekam, um sein blutiges Handwerk besser ausführen zu können. Wahrscheinlich hat Salbei ihm geholfen, mit seiner eigenen Angst fertig zu werden!

Und wo spürt man die Angst auf der Vorderseite des Körpers?
Vorne am Hals befindet sich die dritte Zone. Dort schnürt einem die Angst im wahrsten Sinne des Wortes die Kehle zu. Hier spürt man die Angst vor der Umwelt. Vor allem bei Problemen im Umgang mit anderen Menschen reagiert diese Angstzone besonders empfindlich. Betroffen sind vor allem willensschwache Menschen und Personen, die öffentlich auftreten müssen, wie Redner und Vortragende. Das »Wegbleiben« der Stimme, der »Kloß im Hals«, Heiserkeit, ständiges Räuspern und vor Aufregung rote Flecken am Hals sind die typischen Merkmale. Die Betroffenen meinen eben, sie könnten den Anforderungen nicht gerecht werden. Frauen, die in dieser Hinsicht Schwierigkeiten haben, tragen übrigens gerne Perlenketten (»jede Perle eine Träne«), was den Behandelnden oft schnell auf die richtige Spur führt. Zur Anwendung kommen vor allem die »heilen« Öle, also Myrte, Eukalyptus, Niaouli, Cajeput, Pfefferminze und besonders Lavendel. Sie können auch (gemischt) im Riechfläschchen getragen werden.

Die vierte Zone umschreibt den Herzbereich oder die »Ich-Angst«. Das Herz ist ohne Unterlaß in Bewegung und muß sich laufend an ständig wechselnde Umstände anpassen. Das spürt man normalerweise nicht. Erst wenn bestimmte seelische Eindrücke sich einem »aufs Herz schlagen«, merkt man, daß es hinter den Rippen klopft, und man empfindet das dann immer als sehr bedrohlichen Zustand.

Welche Ängste gehen denn ans Herz?
Hier liegt die Zone der persönlichen oder Ich-Verletzung. In diesen Bereich gehören Kummer und Trauer nach Trennungen oder Todesfällen, die Angst vor der Zukunft oder vor dem Alleinsein sowie die Enttäuschung, wenn man um seine Gefühle betrogen worden ist. All dies spürt man am Herzen, sei es als Herzklopfen und -schmerzen oder nervöse Herzstörungen. Das Herz reagiert auch bei den Menschen, die voller Mitgefühl sind und allzu stark das Leid anderer mitempfinden. Beruhigt wird das Herz vor allem durch narkotische Riechstoffe wie Ylang-Ylang, Rosenholz, Palmarosa, Rose und Lavendel oder auch durch eine Mischung von Lavendel und Rosmarin. Die Essenzen werden kreisförmig über dem Herzen und auf der Innenseite des Armes von der Achsel bis zum kleinen Finger in die Haut einmassiert.

Gelegentlich hat man auch »Schmetterlinge im Magen«
Genau in dieser Gegend liegt die fünfte Angstzone, die Region der »Erwartungsangst«. Menschen mit sehr ausgeprägter Neigung zur Selbstbeobachtung empfinden ihre Beschwerden in der Gegend der unteren Rippen. Die Ängste beziehen sich auf ein drohendes Ereignis. Die Betroffenen wissen immer recht genau, um was es geht und haben das ausgeprägte Bedürfnis, über sich und ihre Probleme zu sprechen. Angstgefühle in der Magengrube sind als Lampenfieber für Schauspieler typisch oder auch für Personen, die eine Prüfung ablegen müssen, also für diejenigen, die unter großem Erwartungsdruck stehen und befürchten, den Anforderungen nicht gerecht

werden zu können. Dazu gehört die Angst zu versagen, das Gesicht zu verlieren oder nicht mehr im Mittelpunkt zu stehen. Kennzeichnend sind Magenkrämpfe und Durchfälle. Viele Patienten suchen geradezu danach, irgendwelche Krankheitszeichen bei sich zu entdecken, geraten leicht aus dem seelischen Gleichgewicht und scheinen nur wenig Belastung auszuhalten. Die Magenzone wird sehr gut durch Pfefferminzöl beeinflußt, das nicht nur ein wirksames krampflösendes Mittel ist, sondern auch wertvolle Dienste zur Behandlung der Psyche leistet. Zur Ergänzung eignen sich Pfefferöl, Zitrone, Bergamotte, Limette und Thymian.

Diese Essenzen reizen doch vor allem den Trigeminusnerv!
Das ist richtig. Die Öle helfen, klare Verhältnisse zu schaffen. Sie bereinigen die äußere Unordnung, in deren Folge sich das innere Durcheinander entwickelt hat. Menschen mit »Zone-5-Problemen« bevorzugen auch von sich aus solche Frischedüfte, haben oft einen Putzfimmel und wollen immer alles in Ordnung gebracht wissen. Unklare Zustände können sie nicht verkraften, ihr ganzer Körper lehnt sich dagegen auf, insbesondere der Magen.

Wo liegt denn die sechste Zone?
Zone 6 könnte man kurz als die »nervöse Blase« bezeichnen. Hier besteht eine enge Verbindung zur ersten Zone und zur Nierenangst. Im Gegensatz zu dieser geht es bei der »Blasenangst« aber vor allem um greifbare Dinge. Ein Beispiel dafür ist der Mann, der gerne mit einer Frau ins Bett gehen möchte, aber daran gehindert wird, weil er ständig auf die Toilette muß. Auch die bekannte »Jungfernblase« gehört dazu. An ihr leiden Frauen, die Angst vor der Sexualität haben und außerdem häufig von starken Beschwerden bei der Monatsregel geplagt sind, weil sie von dem, was die körperliche Liebe von ihnen verlangen könnte, schlicht überfordert sind. Zum Einsatz

kommen im wesentlichen die gleichen Essenzen, die bei Zone 1 beschrieben wurden. Es geht vor allem darum, Hemmungen und Sperren im Umgang mit der eigenen Sexualität zu beseitigen, da in diesen der Schlüssel für viele andere damit verknüpfte Probleme zu sehen ist.

Für die siebte Zone bleibt aber jetzt nicht mehr viel Platz übrig!

Sie umfaßt den Kopfbereich mit Stirn und Scheitel. Dort sitzt die »Angst vor den Göttern« und die Furcht, daß einem gewissermaßen »das Dach« auf den Kopf fallen könnte. Wer darunter leidet, macht sich laufend Sorgen über alle möglichen Dinge und ist ständig von Daseinsängsten verfolgt. Dahinter steckt letztlich oft die Angst vor dem Unbekannten und damit auch vor dem Tod. Menschen, die davon betroffen sind, leben und empfinden deshalb sehr diesseitsbezogen, ihr Verstand muß den Körper völlig beherrschen, damit die Seele nicht in Bedrängnis kommen kann. Starke und häufige Kopfschmerzen sind ebenso charakteristisch wie eine übertriebene »Kleinkrämerei« und Pingeligkeit. Gut helfen Lorbeer, Basilikum, Petitgrain, Ysop, Patschuli und auch Ambra. Am Scheitel wird ein Massageöl mit Kardamom oder Weihrauch angewandt. Darüber hinaus ist es unerläßlich, die Akupunkturpunkte am Ohrläppchen in die Behandlung einzubeziehen, wenn die Geistesverfassung mitbeeinflußt werden soll.

Könnten Sie noch etwas zum praktischen Umgang mit den Ölen sagen?

Ich verwende die ätherischen Öle, wenn sie großflächig aufgetragen werden, nur verdünnt, d. h. in 10%iger Lösung in fetten Ölen oder Alkohol. Auf einem Akupunkturpunkt können sie auch einmal pur angewandt werden, aber das muß man von Fall zu Fall entscheiden.

Gute Erfolge lassen sich mit Fußbädern erzielen, denen tropfenweise ätherische Öle zugesetzt werden. Es ist auch möglich, zuerst die Fußsohlen mit ein bis zwei Tropfen einer Essenz einzureiben und danach in die Fußbadewanne zu steigen. Die Patienten mögen die sogenannten ansteigenden Fußbäder besonders gern, bei denen die Temperatur innerhalb von 20 Minuten von 35 auf 45 °C gesteigert wird. Danach werden die Füße mit einer homöopathischen roten Kupfersalbe eingerieben, die vor allem die Nierenenergie stärkt und die Wärme im Fuß hält. Die Wärmezufuhr erfolgt immer an den Füßen und im untersten Bereich der Beine, also dort, wo die Körpertemperatur auch verlorengeht.

Vollbäder eignen sich weniger zur Behandlung ganz bestimmter Probleme, als vielmehr zur Veränderung der Stimmung und zur Steigerung des allgemeinen Wohlbefindens. Erkältungs-, Schlaf- und Morgenbäder sind gute Beispiele dafür.

Wenn die Welt nur noch grau in grau erscheint

Als »Depression« (lateinisch: *depressus* = niedergedrückt) bezeichnet die medizinische Fachsprache ein Syndrom aus Störungen des Gemüts und der Seele. Dieser Zustand ist meist vorübergehend, neigt jedoch dazu, immer wieder aufzuflammen, und kann – je nach Schweregrad und Häufigkeit seines Auftretens – eine grundlegende Persönlichkeitsveränderung zur Folge haben.

Depression – eine Volkskrankheit?

Man geht heute davon aus, daß jeder sechste bis zehnte Patient, der einen Arzt wegen körperlicher Beschwerden aufsucht, in Wirklichkeit an einer depressiven Erkrankung leidet. Die Depression kann also durchaus als Volkskrankheit bezeichnet werden. Eine depressive Patientin/ein depressiver Patient würde in einer Arztpraxis sein Leiden etwa folgendermaßen schildern:

Patientenbericht: Ich kann nicht weinen

Ich weiß nicht, was mit mir los ist. Obwohl ich eigentlich ein geselliger Mensch bin, mag ich zur Zeit nicht einmal mehr meine Freunde sehen. Was mir fehlt, kann ich nicht genau sagen. Das, was mir zu schaffen macht, wandert im ganzen Körper herum: Mal ist es Ohrensausen, mal das seltsame Gefühl, auf Watte zu gehen. Tagsüber bin ich todmüde, und nachts bekomme ich kein Auge zu. Herzbeschwerden habe ich auch. Wenn mir nicht gerade der Bauch weh tut, schmerzt bestimmt meine Wirbelsäule. Außerdem kann ich nicht richtig durchatmen, und ich habe ein dauerndes Ziehen im Arm. Das macht mich noch verrückt! Ich habe schon verschiedene Schmerzmittel ausprobiert, aber die helfen nicht. Im Bett läuft auch so gut wie gar nichts mehr. Außerdem schnappe ich wegen jeder Kleinigkeit gleich ein. Appetit habe ich auch keinen. Mir ist zum Heulen zumute, aber ich kann nicht einmal mehr weinen. Seltsam ist, daß ich meine, mich ständig waschen zu müssen, weil ich das Gefühl habe, daß meine Haut so komisch riecht. Ich bilde mir auch ein, daß mir andere Menschen deshalb oft aus dem Wege gehen. Wie soll das nur weitergehen?

Mindestens so schwierig wie die Behandlung einer depressiven Erkrankung ist es, sie richtig zu diagnostizieren, weil sie viele Gesichter haben kann. Sie muß auch von einer normalen Gemütsverstimmung, die jeder von uns von Zeit zu Zeit hat, abgegrenzt werden. Selbstverständlich ist es nicht schwer, eine Depression festzustellen, wenn der Lebensmut des Patienten durch erschütternde Ereignisse ins Wanken gebracht worden ist. Tod eines Angehörigen, Krankheit, totale Erschöpfung durch Überarbeitung, hohes Lebensalter oder Trennung vom Lebenspartner sind Beispiele dafür.

Anders ist es, wenn die Ursache für eine solche »reaktive« Depression weit zurück in der Kindheit zu suchen ist. Häufig liegen z. B. nicht verarbeitete Erlebnisse aus den Kindertagen depressiven Problemen zugrunde, und es gelingt meist nur durch eine fachmännisch durchgeführte Psychotherapie, längst zugeschlagene Türen wieder einen Spalt weit zu öffnen. Schließlich gibt es auch viele Medikamente, deren Nebenwirkungen zu depressiven Verstimmungen führen können. Dazu gehören eine Reihe von Schmerz-, Rheuma-, Schlaf- und Verdauungsmitteln, Blutdrucksenkern, Appetitzüglern sowie Cortisonpräparaten. Sogar die langfristige Einnahme von Vitamin A kann Ursache einer seelischen Störung sein. Ganz plötzlich und ohne faßbaren Grund, sozusagen »von innen heraus« können die sogenannten endogenen Depressionen (griechisch: *endon* = innen) einen Menschen überfallen und sein ganzes Leben verändern. In früheren Zeiten hat man solche überaus quälenden Erkrankungen als »Melancholie« (lateinisch: *melancholicus* = schwermütig) bezeichnet.

Depressive Störungen können sich auf sehr verschiedene Art und Weise äußern. Im wesentlichen werden drei Ausprägungen der Depression unterschieden:

- *Gehemmte Formen.* Sie sind oft mit Angstzuständen verbunden. Die Patienten wirken antriebs- und mutlos. Der weiter oben beschriebene »Eigengeruchswahn« belastet sie ebenso wie eine allgemeine Überempfindlichkeit gegen fast jeden Geruch. Starke Parfüms an anderen Personen werden ebensowenig vertragen wie die Gerüche von Essen oder Autoabgasen. Vor allem Frauen, die betroffen sind, neigen dazu, sich zu stark und für andere Nasen störend zu parfümieren, wobei sie fast immer Frischenoten bevorzugen. Dies steht natürlich in direktem Zusammenhang mit der Ablehnung des eigenen Geruchs. Es ist aber auch zu bedenken, daß ein depressiver Mensch das starke Bedürfnis hat, sich und seine angeschlagene Persönlichkeit vor anderen zu verbergen. In diesem Zusammenhang muß erwähnt werden, daß bei Verlust des Geruchssinns (Anosmie) praktisch immer auch eine depressive Grundstimmung und starke Antriebshemmung vorliegen. Für die Betroffenen hat nicht nur das Essen keinen Geschmack mehr, sie erleben die Welt tatsächlich so, als hätte sie all ihre Farben verloren.

- *Agitierte Formen.* Menschen, die an einer »agitierten« Depression (lateinisch: *agitore* = antreiben, aufregen) oder »manisch-depressiven« Erkrankung (griechisch: *mania* = Wahnsinn, Raserei) leiden, unterliegen meist ungeheuer starken Schwankungen ihrer Stimmung, die von »himmelhoch jauchzend« plötzlich in »zu Tode betrübt« umschlagen kann. In der agitierten Phase kann sich der Patient in einen Zustand hineinsteigern, in dem er jede Kontrolle über sich selbst verliert. Interessanterweise tritt gleichzeitig fast immer eine vorübergehende totale Anosmie auf.
- *Larvierte Formen.* Die »larvierten« Depressionen (lateinisch: *larva* = Maske, Hülle) verstecken sich – wie oben im »Patientenbericht« beschrieben – hinter einem ganzen Wall psychosomatischer Beschwerden. Meist ist die Grunderkrankung nur sehr schwer zu erkennen.

Bei aller Verschiedenheit der Symptome weisen fast alle Depressiven typische Persönlichkeitsmerkmale auf. Sie wirken mutlos, sowohl im Hinblick auf ihr äußeres Erscheinungsbild (schleppender Gang, maskenhafter Gesichtsausdruck) als auch auf eine vernünftige und vorausschauende Lebensplanung. Statt aktiv am Tagesgeschehen teilzunehmen, hängen sie lieber jeder Menge Traumvorstellungen nach, ohne sie jedoch in die Tat umzusetzen. Selbst den »lachenden« Depressiven, der scheinbar unbeschwert und zielstrebig auftritt, kann man an der Art seiner Munterkeit gut erkennen: In dem ständigen Bemühen »komisch« zu wirken, schaltet er seine Fröhlichkeit wie auf Knopfdruck ein und aus, und seine tiefe Verzweiflung ist ihm am Gesicht anzusehen, wenn er sich einen Augenblick lang unbeobachtet glaubt.

Dauerstreß für den Organismus

Nach wie vor ist nicht völlig geklärt, welche körperlichen Vorgänge für Depressionen ausschlaggebend sind. Man geht von einer Störung des Hirnstoffwechsels aus, da bei depressiven Störungen die Empfindlichkeit der Rezeptoren des Nervensystems für körpereigene Botenstoffe oder Neurotransmitter (griechisch: *neuron* = Nerv, lateinisch: *transmittere* = übertragen), wie Katecholamine und Serotonin, deutlich herabgesetzt ist. Mit Medikamenten wird versucht, an den entsprechenden Schaltstellen im Organismus den Gehalt dieser Substanzen zu erhöhen.

Depressive Verstimmungen regen außerdem – vor allem über das Streßhormon Cortisol – die Streß-Hormon-Achse des Körpers an. Die gesteigerte Ausschüttung von Cortisol dürfte auch dafür verantwortlich sein, daß Depressive besonders anfällig für Infektionskrankheiten sind, da dieses Hormon die Immunantwort des Körpers auf Krankheitserreger unterdrücken kann. Man weiß mittlerweile, wie Psyche und körpereigene Abwehr aneinander gekoppelt sind. Der amerikanische Neurobiologe David Felten, einer der Begründer der »Psycho-Neuro-Immunologie«, entdeckte als erster, daß die Zellen des Immunsystems mit Rezeptorstellen für Hormone und Botenstoffe des Nervensystems ausgestattet sind. Über die winzige Strecke von sechs Millionstel eines Millimeters zwischen Nervenfaser und Immunzelle sind Leib und Seele miteinander verbunden. Anscheinend sind menschliche Gefühle also doch meßbar! Zu hoffen ist, daß die Schulmedizin sich – im Sinne ganzheitlicher Behandlungsformen – der Einheit von Körper, Geist und Seele nicht verschließen wird.

Überblick und Ausblick auf neue Verfahren

Wenn nachfolgend der Einfluß von Ernährung und aromatherapeutischen Maßnahmen auf depressive Erkrankungen erörtert wird, so muß zunächst ausdrücklich betont werden, daß schwere Depressionen unbedingt von einem erfahrenen Arzt oder Therapeuten behandelt werden müssen. Man darf auch nicht vergessen, daß für die Patienten zu jeder Zeit eine erhöhte Selbstmordgefahr besteht. Einen Überblick über mögliche therapeutische Ansätze vermittelt das folgende Bild:

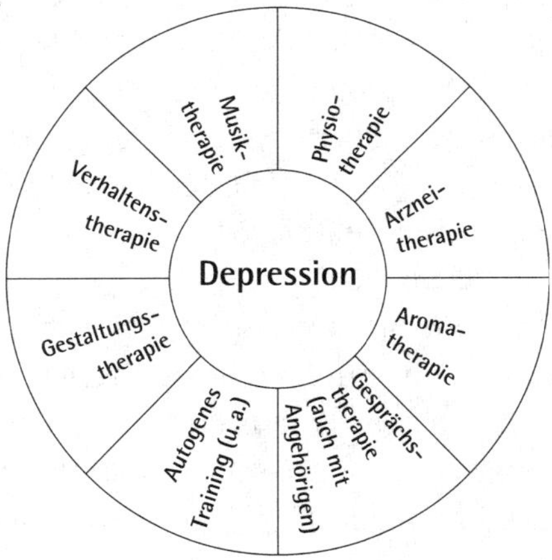

Nur die gleichzeitige Anwendung mehrerer Behandlungsverfahren bietet Aussicht auf Erfolg.

Heute werden in der Therapie vor allem Medikamente eingesetzt, deren Wirksamkeit weder genau bekannt noch unumstritten ist. Sie werden von den Patienten häufig abgelehnt, sofern ihr Krankheitsbild dazu noch die Kraft läßt. Eigentlich sollte mit diesen Präparaten ohnehin besonders zurückhaltend umgegangen werden, da einige davon zu Abhängigkeit führen können und oft zusammen mit anderen starken Medikamenten (z. B. Schlafmittel oder solche gegen Nebenwirkungen antidepressiver Behandlung) verabreicht werden müssen. Dazu kommt, daß chemische Substanzen letztlich keine Probleme lösen können, aber erheblich in die Persönlichkeit des Patienten eingreifen.

Depression und Ernährung

Wir haben uns angewöhnt, den Wert eines Lebensmittels vor allem nach seinem Kaloriengehalt und seinen lebenswichtigen Bestandteilen wie Eiweiß, Fett, Kohlehydrate, Vitamine, Mineralien, Spurenelemente usw. zu beurteilen. Lediglich der Volksmund weist uns mit »sauer macht lustig« und ähnlichen Weisheiten noch darauf hin, daß das, was wir essen, durchaus unser seelisches Empfinden beeinflussen kann.

Die Quittung für unseren Umgang mit Nahrungsmitteln haben wir schon bekommen. Nirgendwo gibt es so viele Erkrankungen infolge falscher Ernährung wie in den sogenannten zivilisierten Ländern. Übergewicht, Stoffwechselleiden, Herzinfarkt, Freß- und Magersucht sind das Ergebnis, wenn man jahrelang nur Kalorien, Joule, Nährwerte, Maßeinheiten und dergleichen statt wertvoller Lebensmittel zu sich genommen hat.

Die Chinesen sind schon immer einen ganz anderen Weg gegangen. Sie wählen ihre Lebensmittel vor allem danach aus, welche Wirkungen sie auf die Psyche des Menschen entfalten können:

Essen in China: Nahrung für die Seele

Die Chinesen beschreiben fünf Bereiche des menschlichen Körpers, die jeweils einem Organ zugeordnet sind, sich aber nach westlichem Verständnis nicht mit dessen körperlicher Funktion decken. Vielmehr beruht die Einteilung ausschließlich auf der diesen Körperteilen aufgrund jahrtausendelanger Beobachtungen chinesischer Heilkundiger zugeschriebenen Bedeutung für das gesamte Lebensgeschehen:

Lunge	geistiger und stofflicher Austausch mit der Umwelt,
Milz	Organ der Mitte; hier werden alle äußeren Einflüsse verarbeitet,
Niere	Steuerung aller im Körper ablaufenden Vorgänge,
Herz	Abstimmung der menschlichen Aktivitäten,
Leber	Energiespender für Phantasie und Unternehmungsgeist.

Durch Weitergabe und Verfeinerung erkannter Gesetzmäßigkeiten von Generation zu Generation entstanden gezielte Behandlungs- und Anwendungsformen. Sie gehen davon aus, daß der Mensch ständig von inneren und äußeren Kräften beeinflußt wird und sich (z. B. abhängig von der Jahreszeit) entsprechend verändert. Aus dieser Sicht ist es beispielsweise selbstverständlich, sich im Winter anders zu ernähren als im Frühling. Nachfolgend einige praktische Beispiele:

- Die Kokosnuß mit ihrer kühlenden Süße, aber auch der Sellerie mit seiner milden Schärfe können die im Frühjahr überschießende Lebenskraft in die richtigen Bahnen leiten.
- Die Ananas kräftigt die »Mitte«, bringt den Fluß der Körpersäfte in Bewegung und hilft demnach bei Hemmungen des Antriebs.
- Frische Keime, die »süß und kühl« sind, wirken beruhigend, schlaffördernd und antidepressiv.
- Spinat, der »feuchte«, »süße« und »kühle« Eigenschaften hat, beseitigt die (bildhaft gesehene) Trockenheit des Gemüts.

Neuere Erkenntnisse der Lebensmittelforschung scheinen diesen Ansatz zu bestätigen. Man hat mittlerweile erkannt, daß bestimmte Lebensmittel die Konzentration des Neurotransmitters Serotonin im Organismus so stark beeinflussen können, daß therapeutische Effekte durchaus möglich sind. Vor allem kohlehydratreiche Kost (Gemüse, Brot, Zucker) führt zu einem Anstieg des Serotoninspiegels, eiweißhaltige Nahrung (Fleisch) läßt ihn dagegen absinken. Bisher sind folgende Serotoninwirkungen bekannt:

- Steuerung des Appetits,
- Beruhigung,
- Beteiligung an der Schmerzverarbeitung,
- Schlafförderung,
- Blutdrucksenkung,
- Stimmungsaufhellung, antidepressive Effekte,
- Verbesserung der Wahrnehmungs- und Erkenntnisfähigkeit,
- Beeinflussung der Sexualität.

Entsprechende chemisch hergestellte Medikamente, mit denen die Serotoninkonzentration direkt erhöht werden konnte, sind wegen erheblicher Nebenwirkungen wieder vom Markt genommen worden. Sie hatten Tryptophan enthalten, die biosynthetische Vorstufe des Serotonins, aus der dieses auch im Organismus gebildet wird. Wir dürfen uns wohl von der Einstellung verabschieden, daß unser Körper repariert werden kann wie ein Kraftfahrzeugmotor. Was in uns steckt, ist eben doch mehr als nur ein Chemielabor!

Rezept: Melancholiebad

Je 10 Tropfen:

- Basilikumöl
- Bergamotteöl
- Kampferöl
- Geraniumöl
- Jasminöl
- Lavendelöl
- Patschuliöl

Die Essenzen werden zu insgesamt 10% mit 90% Badegrundlage (siehe »Frauenbad«, S. 116) vermischt.
Das Melancholiebad ist vor allem am Abend, als Einschlafhilfe, zu verwenden.

Rezept: Riechsalz	
– 20 g Glaubersalz – 5 Tr Angelicaöl – 10 Tr Pfefferminzöl	– 10 Tr Lavendelöl – 5 Tr Lemongrasöl – 5 bis 10 Tr Salmiakgeist (10%ig)
Die Zutaten werden in einer Flasche mit 50 ml Inhalt und weitem Hals gefüllt. Die Rezeptur kann, vor allem was den Salmiakgeist anbelangt, verändert werden, bis die »richtige« Geruchsstärke erreicht ist.	

Der Mensch ist, was er ißt

Es ist kein Zufall, daß hier im Zusammenhang mit Gerüchen und Düften auch die Ernährung erörtert wird. Wenn man davon ausgeht, daß das, was wir essen, unser seelisches Empfinden beeinflussen kann, so kann man auch annehmen, daß der Organismus selbst über einen biologischen Regelkreis imstande ist, kundzutun, welche Nahrungsmittel ihn belasten oder ihm fehlen. Es steht außer Frage, daß unsere Nase für alle Speisen, die wir zu uns nehmen, ein äußerst wichtiges Kontrollorgan ist. Unsere Fähigkeit, Gerüche rasch in angenehm/unangenehm oder schädlich/wertvoll unterscheiden zu können, sollte uns dazu ermutigen, bei der Auswahl unseres Essens weniger das Auge und den Verstand walten zu lassen als vielmehr unseren ureigensten Instinkt.

Der aromatherapeutische Ansatz

Ebenso vielschichtig wie das Krankheitsbild der Depression sind die Anwendungsmöglichkeiten für ätherische Öle. Sie werden sowohl zur Anregung in der depressiven als auch zur Linderung in der agitierten Phase eingesetzt. Natürlich sind sie nicht die Allheilmittel schlechthin, sondern vielmehr der Seelenbalsam und hilfreiche Beistand, wenn unser Lebensschiff auf unruhigen Wassern segelt. Die

Essenzen bewähren sich aber auch zur Vorbeugung und Behandlung von Folgeerkrankungen, wenn man sich die immunstimulierenden Wirkungen ihrer Düfte zunutze macht. Darüber hinaus sind sie in der naturheilkundlichen Praxis ein gutes Hilfsmittel zur Stellung der Diagnose.

Zum »Einstieg« in die Möglichkeiten, die der Aromatherapie bei depressiven Störungen zur Verfügung stehen, stelle ich Ihnen zwei »Klassiker« vor. Sie helfen, praktisch jede »schräge« Lebenslage wieder ins rechte Lot zu bringen. Es handelt sich hierbei um ein spezielles Bad gegen Melancholie (Rezept S. 209), zum anderen um das Ihnen sicher bekannte Riechsalz (Rezept S. 210).

Praxisgespräch

In der naturheilkundlichen Praxis werden ätherische Öle zur Behandlung depressiver Störungen breitgefächert eingesetzt. Seine Erfahrungen auf diesem Gebiet hat Olaf Rippe in einem Praxisgespräch dargestellt.

Kann jeder depressive Patient erfolgreich mit ätherischen Ölen behandelt werden?

Leider nicht. Zahlreiche Patienten, bei denen eine depressive Grunderkrankung vorliegt, lassen sich mit Düften nicht erreichen. Es gibt richtige »Geruchsallergiker«, die alle ätherischen Öle zunächst einmal ablehnen und – nur wenn sie ihren guten Tag haben – einräumen, daß die Essenzen, falls sie äußerst verdünnt sind, nicht mehr stinken. Häufig handelt es sich dabei um Menschen, die sich sinnlichen Erfahrungen radikal verschließen. Nach außen hin sind sie in der Regel sogenannte Erfolgstypen. Für die Aromatherapie scheiden sie normalerweise aus, weil sie schnell kuriert sein wollen und einen handfesten Beipackzettel für ihre Medizin sowie die Bestätigung der klinischen Prüfung verlangen. Sie sind nicht gerade unsere Dauerpatienten, da die Naturheilkunde mitunter sehr viel Geduld abverlangt, bis sie Erfolg hat.

Wo liegen denn die Möglichkeiten einer Dufttherapie?
Patienten mit endogener Depression müssen »aufgeweckt« werden. Solange sie an akuter Antriebsschwäche leiden, werden sie dem Therapeuten immer wieder Steine in den Weg legen. Sie »mauern«, wollen angeblich in Ruhe gelassen werden und möchten eigentlich nicht, daß ihnen geholfen wird. Mit einem Riechöl aus Zitronendüften und Gewürzölen kann man sie oft überraschend schnell so weit zugänglich machen, daß sie zumindest die Bereitschaft zeigen, sich an der Therapie zu beteiligen. Am besten geschieht das unterschwellig, etwa mit einer Duftlampe, mit der man die Praxisluft dezent parfümiert. Die Patienten sind zunächst erfreut, wenn es gut riecht, und merken gar nicht, daß die Behandlung schon begonnen hat.

Und wie verhält sich der manische Patient?
Im manischen Zustand werden kräftige Gerüche bevorzugt, vor allem der Baldrian. Ganz allgemein ist es ja so, daß schwache Reize anregen und starke Reize hemmen. Patienten in der manischen Phase haben von sich aus ein besonderes Verlangen nach den intensiven Gerüchen. Vielleicht spielt dabei ein angeborenes Hemmverhalten bei der Wahrnehmung deutlich ausgeprägter fremder Duftmarken – so könnte man den Baldrian ja auch einschätzen – eine Rolle. Jedenfalls kann man in der Praxis gut beobachten, daß die Aufgeregtheit unter Dufteinfluß verhältnismäßig schnell wieder abklingt.

Gibt es noch andere Duftvorlieben depressiver Patienten?
Ich führe in der Praxis gerne einen einfachen Geruchstest mit drei verschiedenen Duftqualitäten durch, der recht gute Einblicke in die

Probleme des Depressiven ermöglicht. Dabei bitte ich den Patienten nacheinander um die Beurteilung eines Gewürzöls, eines sexuell stimulierenden Duftes (z. B. Ambra) und eines neutralen Riechstoffs (Zitrone oder Eukalyptus).

Wer den Sexduft nicht mag, leidet meist an einer allgemeinen energetischen Schwäche, er lehnt die Sexualität ab, weil er sie aus verschiedenen Gründen nicht haben kann. Fast immer steckt eine versteckte und unerfüllte Sehnsucht nach Liebe, Zuwendung und Partnerschaft dahinter. Typisch ist, daß Menschen nach langwieriger, vergeblicher Partnersuche den (duftenden) Draht zum anderen Geschlecht verleugnen und mit Sexgerüchen ganz betont nichts mehr zu tun haben wollen. Auch Magersüchtige lehnen erotisierende Düfte vollkommen ab; sie bevorzugen Gewürzöle. Sie haben der Sinnlichkeit und auch der Liebe zu sich selbst den Kampf angesagt und ihre Rolle als Frau verdammt. Dagegen wollen diejenigen, die neutrale Düfte bevorzugen, möglichst rasch wiederhergestellt werden. In ihren Augen ist Therapie nur für Krankheiten da, und sie hat in erster Linie zu funktionieren.

Wie werden die Öle denn praktisch eingesetzt?

Jeder einzelne Patient sucht sie – seiner Persönlichkeit entsprechend – zusammen mit dem Therapeuten aus. Daher können hier nur allgemeine Aussagen gemacht werden. Die Öle setze ich zum einen als Sofortmaßnahme im akuten Depressionsschub ein, zum anderen sind sie ständige Begleiter der Therapie. Voraussetzung für die Verbesserung seines Zustands ist, daß sich der Patient zu Hause mit seinem Problem aktiv auseinandersetzt.

Als Bäder, Massageöle oder in der Duftlampe angewandt, sind die Öle gewissermaßen der rote Faden der Therapie. Sie helfen dem Patienten, immer »dran zu bleiben« und sich nicht seinem Leidensdruck zu ergeben. Für eine Riechflasche werden drei, fünf oder sieben ätherische Öle miteinander vermischt. Dabei ist darauf zu achten, daß auch immer eine kleine Menge des Duftes zugesetzt wird, der in den Vorversuchen abgelehnt wurde. Gerade mit diesem, der sein Problem ja in irgendeiner Weise verkörpert, soll sich der Patient auseinandersetzen. Wir machen damit das Problem zum ständigen Thema der Therapie, ohne daß wir dauernd gemeinsam darüber weinen!

Kann man das an einem Beispiel erklären?
Nehmen wir an, daß ein Mann mittleren Alters zeit seines Lebens nicht von seiner sehr bestimmenden Mutter losgekommen ist. Seine Befragung ergibt, daß die Gute ein besonders auffälliges Lavendelparfüm verwendet hat. Jedesmal, wenn der Patient Lavendel riecht, möchte er eigentlich am liebsten davonlaufen, kuscht aber wie ein Hündchen und wird depressiv. Das wäre ein einfaches Beispiel, das so oder in ähnlicher Form in der Praxis recht häufig vorkommt. Gut ist, wenn der Patient selbst schon weiß, woran es bei ihm hapert. Das erleichtert die Therapie, da er in jedem Fall mitarbeiten wird. Wir könnten zusammen also ein Riechfläschchen präparieren aus Bohnenkraut, Bergamotte, Lemongras und ein bißchen Angelica, dem wir ein bis zwei Tropfen Lavendelöl zusetzen, das natürlich nicht aus der Mischung herausriechen darf. Er müßte dann in jeder »Lavendelsituation« daran riechen und auch ein paar Tropfen aufs Kopfkissen geben. Gleichzeitig sollte er homöopathisch behandelt werden, und eine ausführliche Gesprächstherapie würde helfen, das Ganze aufzuarbeiten.

Die wichtigsten ätherischen Öle mit antidepressiver Wirkung

Angelica *(Angelica urchongelica)*

Wertvolles Mittel sowohl bei manischen Phasen, als auch zur Behandlung von Erschöpfungsdepressionen. Der Duft hat Pheromonqualität und ist deshalb in hoher Dosierung vor allem zur Ruhigstellung geeignet. Bei steigender Verdünnung verfügt er auch über stark anregende Effekte.

Baldrian *(Valeriana officinalis)*

Erklärter Lieblingsduft manisch-depressiver Patienten in der agitierten Phase. Der durchdringende schweiß- und pheromonähnliche Geruch verhindert erfolgreich, daß die Betroffenen jeden Boden unter den Füßen verlieren. Der wichtigste im Baldrian enthaltene Riechstoff ist die Isovaleriansäure (Bestandteil des Hautgeruchs).

Basilikum *(Ocimum basilicum)*

Sehr anregender, etwas an Pfefferminze erinnernder Duft. Basilikumöl eignet sich gut dazu, den Patienten »aufzuwecken«, da es einen starken Frischeeffekt hat.

Bergamotte *(Citrus aurantium ssp. bergamia)*

Klassisches Antidepressivum, wichtigster Bestandteil des Eau de Cologne. Vor allem Männer, die über nervöse Erschöpfung mit depressiver Symptomatik klagen, schätzen den Duft. Ein typischer Bergamotte-Anhänger ist »Mamas Liebling«, der überaus erfolgreich im Beruf, treu wie ein Musketier und ein idealer Schwiegersohn ist. Scheinbar ist für ihn alles herrlich »in Butter«, er kann sich nur nicht eingestehen, wie unerträglich ihm bisweilen alles stinkt und auf die Nerven geht.

Bohnenkraut *(Satureja hortensis)*
Nicht nur ein vorzügliches Küchengewürz, sondern auch ein bemerkenswertes Anregungsmittel. Aufgrund seiner ausgeprägten Pheromonqualität ist Bohnenkraut oft die letzte Rettung bei Depression aus sexuellen Hintergründen. Die ebenfalls verbreitete Bezeichnung »Satyrkraut« für die Pflanze bezieht sich auf die griechische Sagenwelt: Satyrn sind lüsterne, mehr oder weniger menschenähnliche Gestalten, die einen Großteil ihrer Zeit damit verbringen, dem Weine zuzusprechen und weiblichen Naturgeistern, den Nymphen, nachzustellen.

Costusöl
In starker Konzentration recht heftiger Bocksgeruch, der sich bei steigender Verdünnung verändert und balsamische Noten annimmt. Hochdosiert wirkt Costusöl in der manischen Phase und bei nervöser Depression, verdünnt ist es ein gutes, anregendes Mittel bei Erschöpfungsdepression. Mitunter sind mit der Essenz durchschlagende Erfolge bei sexuell begründeter Depression und nachlassender Geschlechtslust zu erzielen.

Eau de Cologne
Das klassische Antidepressivum schlechthin! Es besteht aus einer Mischung verschiedener Zitrusöle, meist zusammen mit Lavendelöl. Die Essenzen werden nur in starker Verdünnung mit Alkohol verwendet, ihr Anteil liegt dabei um 3%. Eau de Cologne »reinigt« die persönliche Ausstrahlung sowie das Umfeld und hilft vorzüglich in allen Lebenslagen, denen man sich nicht gewachsen fühlt.

Jasmin *(Jasminum officinale)*
Kräftiges Anregungsmittel, das in erster Linie bei Depressionen aus sexuellen Gründen geeignet ist, Hemmungen zu lockern und den

Patienten der Therapie zuzuführen. Der Duft erhöht die Gesprächsbereitschaft und fördert das Mitteilungsbedürfnis.

Johanniskraut *(Hypericum perforatum)*
Es ist das wirksamste pflanzliche Antidepressivum überhaupt und dient vor allem zur Behandlung depressiver Zustände, die mit nervöser Unruhe verbunden sind. Neuere Untersuchungen deuten darauf hin, daß sowohl die nichtflüchtigen Bestandteile des Extraktes (Hypericin) als auch das ätherische Öl des Johanniskrauts die Monoaminoxidase (eine körpereigene Substanz, die für den biochemischen Abbau der Neurotransmitter verantwortlich ist) hemmen. Pflanzenauszüge stehen z. B. als Johanniskrautöl (Rotöl) zur Verfügung, das ein vorzügliches Massageöl ist, dem weitere Essenzen zugesetzt werden können. Die roten Hypericine können die Lichtempfindlichkeit der Haut steigern und zu Reizungen führen. Nach äußerer Anwendung oder innerer Einnahme des Öls sollte daher starke Sonnenbestrahlung gemieden werden.

Lavendel *(Lavandula officinalis)*
Aromatherapeutisches Allzweckmittel. Vorausgesetzt, sein Duft wird vom Patienten nicht abgelehnt, hilft Lavendel bei jeder Form der Depression, da mit ihm sowohl erfrischende als auch beruhigende Wirkungen zu erzielen sind.

Lemongras
Ein reines Erfrischungsmittel mit einem Duft wie ein glasklarer heller Glockenton! Seine Wirkung ist stärker als die von Zitronenöl und macht es zu einem empfehlenswerten Ersatz für dieses bei Patienten mit »Putzfimmel-Syndrom«. Zitronenduft pur (bzw. sein bestimmender Inhaltsstoff Citral) ist imstande, einen plötzlichen Putzanfall auszulösen, da der/die am Putzfimmel Leidende durch das all-

gegenwärtige Zitronenparfüm der Haushaltsreiniger auf Zitrusfrische »abgerichtet« ist. Konzentrierte Lemongrasessenz greift Haut und Schleimhäute an, kann sogar Kunststoffe ohne Schwierigkeiten an- oder auflösen und darf daher nur in starker Verdünnung verwendet werden.

Rose, Rosenholz, Geranium, Palmarosa
Narkotisierende Düfte. Auf alle Rosengerüche sprechen vor allem Patienten mit agitierten Depressionen an, und zwar nicht nur für Frauen! Bevorzugt werden sie von »lachenden« Depressiven mit Neigung zu Überreaktionen.

Schlehdornfrüchte *(Prunus spinosa)*
Schlehdornelixier wird innerlich verabreicht. Es dient nicht nur als »Vitaminstoß«, sondern ist wegen seines Bittermandelduftes (Hautgeruch) auch ein hervorragend linderndes Mittel bei Erschöpfungsdepressionen und ausgeprägtem Gefühl sozialer Isoliertheit und allgemeiner Sinnlosigkeit. An der Ausbildung des Aromas sind unter anderem Nitrilglucosid, Amygdalin und Benzaldehyd beteiligt. Schlehdorn ist ideal für schwierig zu erziehende Kinder. Sie zeigen beim ständigen Überschreiten ihrer Grenzen häufig die klassischen Symptome einer Erschöpfungsdepression: Überdrehtheit, Einschlafstörungen sowie eine rücksichtslose und angriffsbereite Einstellung gegenüber Mitmenschen und Gegenständen.

Ylang-Ylang
In der Wirkung ähnlich wie die Rosendüfte, gilt aber als echter »Herzenströster«. Ylang-Ylang ist vor allem bei reaktiven Depressionen, die durch Trennungsschmerz oder Partnerprobleme ausgelöst wurden, das Mittel der Wahl. Es hilft oft, larvierte Depressionen zu entdecken, da vermeintlich organische Leiden (besonders nervöse

Herzbeschwerden) überraschend schnell verschwinden können, wenn der Patient den Duft einige Zeit bei sich trägt. Die Essenz sollte nur verdünnt eingesetzt werden, weil ihr starker Geruch in der Spitze die interessanten Töne meist verdeckt.

Neurosen, Schizophrenie und Psychosen

Die Aromatherapie ist nicht das geeignete Heilverfahren bei Neurosen, Schizophrenie (Bewußtseinsspaltung) oder Psychosen (Geistes- oder Nervenkrankheiten). Diese schwerwiegenden Verirrungen und Erkrankungen der menschlichen Psyche bedürfen der Behandlung durch einen erfahrenen Arzt oder Psychotherapeuten. Dennoch gibt es im Rahmen der Vielfalt psychischer Leiden einige Besonderheiten, bei denen der Geruchssinn eine wichtige Rolle spielt.

Dazu gehört der weiter oben erwähnte Eigengeruchswahn depressiver Patienten, die sich selbst als Verursacher vermeintlich unangenehmer Gerüche erleben. Bisher ungeklärt ist, ob sich das Wahrnehmungsvermögen Depressiver soweit verändert, daß sie bestimmte Gerüche besonders stark empfinden, oder ob sie etwas riechen, was tatsächlich gar nicht vorhanden ist, also Geruchshalluzinationen unterliegen.

Patienten, die an Psychosen, Schizophrenie und Wahnvorstellungen leiden, fühlen sich von meist unangenehmen Gerüchen geradezu verfolgt. So riechen sie z. B. Gas oder Gift, wo in Wirklichkeit keines von beiden ist, und nehmen dies als spürbaren Beweis dafür, daß sie von bösgesinnten Personen oder Mächten ins Unglück gestürzt werden sollen. Da als Ursache der Schizophrenie unter anderem eine Störung des Transmitterstoffwechsels im limbischen System erkannt worden ist, sind solche Wahnvorstellungen aufgrund von Fehlschaltungen bei der Übertragung von Nervenreizen durchaus denkbar.

Psychiatrisch tätige Ärzte berichten interessanterweise auch immer wieder von einer ganz besonderen Geruchsausstrahlung schizophrener Patienten. Sie hat nichts mit nachlässiger Körperpflege zu tun, vielmehr ist davon auszugehen, daß Schizophrene bestimmte Stoffwechselprodukte vermehrt über die Haut ausscheiden. Hunde, die an normalen Menschengeruch gewöhnt sind, reagieren auf diese Krankheitsausdünstung: Schon aus großer Entfernung stürmen sie häufig los wie entfesselt und stellen den bedauernswerten Menschen auf offener Straße durch wütendes Gekläffe bloß.

Abschließend soll nicht versäumt werden, darauf hinzuweisen, daß auch die Art, in der wir »Gesunden« mit unseren eigenen Körpergerüchen umgehen, durchaus neurotische Züge aufweist. Das offenkundige Nicht-Annehmen der biologischen Seite unseres Wesens und die aus diesem Grund entwickelten Verdrängungsmethoden erscheinen uns nur deshalb nicht als behandlungsbedürftig, weil sie den gesellschaftlichen Regeln entsprechen und von einer Mehrheit der Bevölkerung gebilligt werden. Die Aufbereitung und »Veredelung« menschlicher Gerüche, z. B. in der Parfümerie, beweist jedoch, daß wir uns ein Dasein ohne den Geruch nach Leben nicht vorstellen können und wollen.

Blauer Dunst aus grünen Blättern

Abhängigkeit und Sucht sind mit einigen bemerkenswerten olfaktorischen Phänomenen verknüpft. So kann ein Parfümduft, der mit angenehmen Erinnerungen an eine gewisse Person oder ein besonderes Erlebnis verbunden ist, »süchtig«, wenn auch normalerweise nicht körperlich abhängig machen. Hier soll jedoch vor allem von der dunklen Seite der Sucht die Rede sein, bei der das krankhafte Verlangen nach bestimmten Gerüchen die Macht ergreift. Denken Sie an die Schnüffler von Lösungsmitteln oder an die Zahl der Narkoseärzte, die noch vor wenigen Jahrzehnten ihren Beruf aufgeben mußten, weil sie dem Äthergeruch verfallen waren.

Auch indirekt spielen Gerüche eine Rolle: Der Morphium- oder Heroinsüchtige ist über kurz oder lang körperlich so verwahrlost, daß er sich durch seinen Gestank verrät. Die »Fahne«, die den Alkoholiker umweht, läßt jeden Nüchternen angewidert das Weite suchen. Um sich nicht allzusehr der Verachtung anderer auszusetzen, bemühen sich viele Trinker, ihre Ausdünstungen hinter einer »Tarnkappe« aus starken, vor allem nach Frische duftenden Parfüms zu verbergen. Auch ihr häufig zu beobachtender Hang zu weißer Kleidung und weißen Gegenständen jeder Art ist ein Versuch, ihren Problemen die Stirn zu bieten.

Wenn die Zigarette qualmt …

Raucher sind ein besonders gutes Beispiel dafür, daß Gerüche abhängig machen können. Für die Anhänger des blauen Dunstes gibt es verschiedene Entwöhnungsmethoden mit nikotinhaltigen Pflastern und Kaugummis, die alle teuer sowie zumeist wertlos und daher zu Recht umstritten sind. Der Patient kann tatsächlich auf seine Zigaretten verzichten, solange er Nikotin anderweitig zugeführt bekommt. Die Rückfallquote nach Beendigung der Therapie dürfte jedoch bei über 90 % liegen. Das ist bei einer echten Sucht – und als solche wird das Rauchen von der Weltgesundheitsorganisation eingestuft – auch nicht erstaunlich. Süchtig sein bedeutet, daß eine psychische und körperliche Abhängigkeit vorliegt: Wird der Suchtstoff abgesetzt, kommt es zu Entzugserscheinungen, die von Nervosität bis zu akutem Kreislaufversagen reichen können. Wohler fühlt sich der Süchtige erst dann, wenn er sein »Gift« wieder zu sich genommen hat.

Früher war das Rauchen reine Männersache. Heute hat sich das Bild durch das veränderte Rollenverständnis von Frau und Mann in der Gesellschaft völlig gewandelt. Die moderne Weiblichkeit braucht, um ihren Platz in der Männerwelt zu behaupten, eben auch ihren Glimmstengel – und ihren Herzinfarkt! Warum sich so viele Menschen zum Tabak hingezogen fühlen, wird besser verständlich, wenn man das Rauchen unter olfaktorischen Gesichtspunkten genauer betrachtet. In diesem Zusammenhang lassen sich drei verschiedene Geruchskategorien unterscheiden:

- Tabakaromastoffe,
- Nikotin,
- Teerstoffe.

Zahlreiche Aromastoffe des Tabaks (vor allem des Orienttabaks) sind die gleichen, die auch in den »Liebesdüften« vorkommen. Beispiele für pheromonähnliche Riechstoffe im Tabak sind:

Chemische Bezeichnung	*Duftnote*	*Natürliches Vorkommen*
Exaltolid	moschusartig	Angelicawurzel
Bicyclohomofarnesal	ambraartig	Muskatellersalbei
Labdanoide Acetale	ambraartig	Labdanum (Zistrose)
Stickstoffbasen aus Castoreum (Tetramethyltetra-hydroisochinolinon)	nikotinartig	Castoreum (Bibergeil)

Nikotin in kleinen Mengen regt die Schaltstellen des Nervensystems an, in höheren Dosen blockiert es sie. Schon 50 bis 100 mg des Stoffes führen beim Menschen zum Tod durch Atemlähmung. Eine andere Eigenschaft des Nikotins, die sehr interessant ist, stellt sein charakteristischer, durchdringender Geruch dar. Erinnern Sie sich daran, daß das Nikotin schon weiter oben beim »Geruch der Steroide« erwähnt wurde? Seine erstaunliche Ähnlichkeit mit dem Aroma unserer natürlichen Pheromone Androstenon und Androstenol rückt diesen Bestandteil des Tabakrauchs in die Ecke der Sexuallockstoffe.

Die Teerstoffe runden das Bild ab, sie duften nach Haut. Auf einen Nenner gebracht, bedeutet das: Tabakrauch riecht so, wie es der paarungsbereite Mensch tun würde, wenn er es zuließe. Es könnte ja sein, daß dem Rauchkult nicht zuletzt deshalb gehuldigt wird, weil uns im Lauf der Zeit die Fähigkeit, unsere Körpergerüche als sexuelle Lockmittel einzusetzen, verlorengegangen ist. Was wäre uns anderes übriggeblieben, als uns einen gleichwertigen Ersatz aus der Pflanzenwelt zu besorgen?

Düfte als Waffen gegen die Sucht

Rauchen ist aber nicht nur lustvoll und anregend, es ist, wie allgemein bekannt, auch gefährlich, weil es zu Sucht, Krankheit und körperlichem Verfall führen kann. Die Beschwerden können so stark sein, daß nur noch der Arzt helfen kann. Also sollte man sich rechtzeitig selbst am Schopf packen und aus dem Sumpf von Nikotin und Teer ziehen. Die Chancen dafür sind gut, wenn man die richtige Unterstützung hat.

Und wo anders sollte der Hebel angesetzt werden als da, wo das Zigarettenqualmen die Triebe anspricht, also an der Pheromonqualität des Tabakrauchs? Über diese verfügen, wie wir wissen, auch zahlreiche andere Naturstoffe, die nicht wie Nikotin das starke Verlangen nach einer Zigarette (und noch einer und noch einer ...) auslösen. Das Riechen der entsprechenden Düfte kann Triebe ebenso befriedigen wie die Zigarette. Wer ernsthaft vorhat, seine Sucht loszuwerden, sollte diesen Weg versuchen. Mittel, die in der Naturheilkunde zur Entwöhnung eingesetzt werden, wurden von Olaf Rippe in einem weiteren Praxisgespräch vorgestellt.

Praxisgespräch: Aromatherapie gegen das Rauchen

Wie kann die Aromatherapie helfen, wenn sich jemand das Rauchen abgewöhnen will?

Zunächst einmal sollten während eines Rauchentzugs Äpfel in großer Menge gegessen werden. Ihr Aroma neutralisiert den Tabak- und Nikotingeschmack, der jeden Raucher in der Zeit der Entwöhnung besonders belästigt. Ätherische Öle werden in erster Linie als psychotherapeutische »Krücke« oder Balsam in der Not des Entzugs gegeben.

Worauf baut die Behandlung im einzelnen auf?

Gute Aussichten auf Erfolg hat die Kombination von Aromatherapie und Homöopathie. Die Behandlung muß dabei immer auf den einzelnen Patienten ausgerichtet sein. Rauchen bedeutet, ein doppeltes Verlangen zu haben: Man »braucht« einen bestimmten Geruch, und man will sich etwas einverleiben. Ätherische Öle zusammen mit homöopathischen Präparaten zum Einnehmen werden diesen Bedürfnissen gerecht. Der Patient wird innen und außen, also geistig und körperlich, behandelt. Nur so besteht Aussicht auf Erfolg.

In welcher Form werden die ätherischen Öle angewandt?

Man bereitet eine Mischung zu, die der Patient in einem Riechfläschchen stets bei sich trägt, um immer dann, wenn die Situation kritisch wird, daran riechen zu können. Die Rezeptur muß drei Schwerpunkte haben: Sexgerüche, »geistige« Gerüche (geraucht wird ja auch zur geistigen Anregung und Förderung der Konzentration) und Frischegerüche, um die wirksamen Bestandteile ein bißchen dahinter zu verstecken.

Die Stärke der Dufttherapie liegt in erster Linie in der moralischen Aufrüstung des Patienten, der sich aufgemacht hat, den mühsamen und mit vielen Stolperschwellen versehenen Weg der Suchtentwöhnung zu gehen. Für diejenigen unter Ihnen, die jetzt genügend Schwung haben, um ihre Zigaretten wegzuwerfen, folgt ein nach aromatherapeutischen Gesichtspunkten zusammengestelltes Rezept für das Riechfläschchen:

Der wirklich hinreißende Duft wird nicht als Parfüm getragen, sondern immer dann, wenn das Verlangen nach einer Zigarette zu stark zu werden droht, zur Nase geführt. Auf diese Art können die gefährlichen Spitzen der psychischen Entzugserscheinungen abgeschwächt werden.

Rezept: Nie wieder blauer Dunst	
– 1,0 g Castoreumtinktur	– 0,5 g Weihrauchöl
– 0,5 g Perubalsam	– 0,5 g Zedernholzöl
– 10 ml Iristinktur	– 5 Tr Nelkenöl
– 1,0 g Muskatöl	– 1,0 g Bergamotteöl
– 0,5 g Angelicaöl	– 0,5 g Muskatellersalbeiöl
Die Essenzen werden in 90%igem Alkohol gelöst und auf insgesamt 20 bis 30 ml verdünnt.	

Rauchgeruch in der Wohnung – eine parfümistische Herausforderung

Nicht nur für seine Angehörigen oder Besucher, sondern auch für den Raucher selbst ist der Geruch nach kaltem Rauch, der sich in den Wohnräumen festgefressen hat, eine echte Belästigung. Viele durchaus wirksame Handelspräparate, in denen ätherische Öle verarbeitet sind, beschränken sich darauf, den Rauchgeruch mit Zitrusdüften zu vertreiben bzw. zu überdecken.

Wie wäre es, wenn Sie als Hobbyparfümeur die Tabaknote in einen angenehmen Duftakkord einbauen würden? Einen seiner Bestandteile, nämlich den Rauchgeruch, liefert Ihre Wohnung gratis dazu.

Rezept: Balsam für die Räucherkammer	
– Rauchgeruch im Wohnraum, soviel wie vorhanden	– 1 g Muskatellersalbeiöl
– 5 g Rosenholzöl	– 1 g Mandarinenöl
– 1 g Zedernholzöl	– 1 g Geraniumöl
	– 1 g Bergamotteöl
Die ätherischen Öle werden vermischt und mit einer Duftlampe in die verräucherte Luft eingeschleust.	

Schon nach kurzer Zeit entfalten sich süßlich-balsamische Düfte, die den ganzen Raum erfüllen. Jeder, der sich darin aufhält, wird vergessen, daß er Tabakrauch nicht mag, und nur noch Wärme und Wohligkeit empfinden.

Im Land der Träume

Wenn wir träumen, befinden wir uns in einem Zustand, in dem wir wie in keinem anderen uns selbst sehen und beobachten können. Im Traum erleben wir unsere Wünsche, Erinnerungen, Hoffnungen und Ängste – auch solche, die uns, wenn wir wach sind, gar nicht bewußt sind. Diese Signale aus unserer Seele weiß unser Verstand häufig nicht zu entschlüsseln. »Träume sind Schäume« heißt es, wenn wir nicht verstehen, was unser Innerstes uns mitteilen wollte. In früheren Jahrhunderten spielte die Deutung von Träumen eine viel größere Rolle. Lassen Sie sich daher mit einer Geschichte aus dem 16. Jahrhundert, die sich – vielleicht – so zugetragen hat, auf die Reise in die Welt der Träume einstimmen.

Katharinas Traum

Der unglückliche König Heinrich II. von Frankreich wurde im Jahre 1559 bei einem Wettkampf mit einem Hauptmann seiner Leibgarde von einer verirrten Speerspitze so schwer verwundet, daß er kurz darauf verstarb. Seine Witwe, Katharina von Medici, bewohnte mit ihren drei Söhnen, den Prinzen Franz, Karl und Heinrich, Schloß Chaumont im Tal der Loire.

Wie kein anderes Jahrhundert hatte sich das sechzehnte der Magie und den geheimen Wissenschaften verschrieben. Vor großen Entscheidungen wurden die Sterne befragt oder mit Hilfe geheimnisvoll zusammengebrauter Elixiere versucht, Einblick in das Schicksal zu erlangen. In einem der mächtigen Türme des Schlosses hatte Katharina daher den Alchimisten und Astrologen Cosme Ruggieri untergebracht, den sie als Berater aus ihrer italienischen Heimat mitgebracht hatte. Sie selbst stand in dem Ruf, eine außergewöhnlich begabte Erfinderin besonderer Mittelchen zu sein, mit denen sie, meist unter verheerenden Folgen für die Betroffenen, vor allem familiäre Schwierigkeiten bereinigte. Allerdings war sie nicht nur als Giftmischerin gefürchtet, sondern sie verstand es auch, mit Ruggieris Hilfe zahllose Schönheitsmittel und Lebenselixiere zur Erhaltung der Jugend anzufertigen.

Nach dem tragischen Tod des Königs wurde Ruggieri von Katharina beauftragt, über die Zukunft der drei Prinzen und auch über die Reihenfolge der zukünftigen französischen Könige weiszusagen. Er bediente sich dazu eines geheimnisvollen Spiegelzaubers. Als die Königin sich abends zur Ruhe begeben hatte und tief eingeschlafen war, trat Ruggieri mit einer Räucherpfanne an ihr Bett und tauchte sie in eine Wolke aus schweren, balsamischen Düften. Deren genaue Zusammensetzung ist nicht überliefert. Anhand anderer Zeugnisse aus dieser Zeit ist aber bekannt, daß bei ähnlichen Anlässen Essenzen von Zeder, Iriswurzel, Aloe, Moschus, Rose und Ambra verwendet wurden. Wie in Trance öffnete Katharina die Augen und erblickte in einem Wandspiegel nacheinander ihre drei Söhne, jeder von ihnen gekrönt. Da das bedeuten mußte, daß sie zwei ihrer Kinder früh verlieren würde, fiel die Königin in eine tiefe Ohnmacht, aus der sie erst nach Tagen wieder erwachte. Kurz darauf soll sie Schloß Chaumont überstürzt verlassen haben, um es nie wieder zu betreten.

Tatsächlich wurde ihr ältester Sohn Franz zuerst zum König gekrönt, regierte aber nur eineinhalb Jahre. Nach seinem Tod folgte ihm im Alter von 14 Jahren sein Bruder Karl, für den Katharina die Regentschaft führte. Schon zehn Jahre später starb er, und Heinrich erbte den Thron.

Wir Menschen von heute sind nicht mehr überzeugt davon, daß Sterne und Planeten unsere Träume bestimmen, sondern holen uns Rat bei modernen Wissenschaften wie der Psychologie und der Psychoanalyse. Faszinierend ist aber, daß Düfte unsere Schlafstätte in einen Abenteuerspielplatz voll ungeahnter Ereignisse und Entdekkungen verwandeln können, wenn auch hellseherische Zukunftsblicke im Traum vermutlicherweise die Ausnahme bleiben werden.

Was ist Schlaf?

Jedenfalls sind wir, wenn wir schlafen, keineswegs betäubt wie bei einer Narkose. Wir schalten mit dem Schlaf nur auf einen anderen Daseinszustand um, aus dem uns äußere und innere Reize jederzeit wieder herausholen können. Lebenswichtige Vorgänge, wie Atmung, Husten, Lidschluß oder Schmerzempfindung funktionieren auch, wenn wir schlafen.

Der Wechsel von Wachen und Schlafen wird über stammesgeschichtlich ältere Teile des Gehirns, die dem limbischen System zugeordnet sind, gesteuert. Von dort wird die Großhirnrinde, der Sitz des Bewußtseins, entweder angeregt oder gehemmt. Im Schlaf legt unser Organismus den Spargang ein: Atmung, Herzschlag, Drüsentätigkeit, Durchblutung und Muskelspannung stellen sich auf geringere Beanspruchung ein.

Die Tiefe des Schlafs läßt sich mit dem Elektroenzephalogramm

(EEG; griechisch: *enkepholos* = Gehirn) anhand der elektrischen Ströme der Nervenzellen in der Hirnrinde messen. Nachdem wir uns ins Bett gelegt, das Licht aus- und endlich die Augen zugemacht haben, wechselt unsere Schlaftiefe mehrmals, bis wir wieder aufwachen: Anschließend an die Einschlafphase lösen leichter, mittlerer und tiefer Schlaf sowie der sogenannte REM-Schlaf (englisch: *rapid eye movements)* einander mehrmals ab. Die REM-Phasen betragen insgesamt etwa 20 % der Schlafzeit und sind durch rasche, ruckartige Augenbewegungen bei geschlossenen Lidern gekennzeichnet. Dabei ähnelt das EEG dem des Wachzustandes. Wenn man eine Versuchsperson am Ende einer REM-Phase aufweckt, wird sie in der Regel berichten, gerade besonders heftig geträumt zu haben. Der Organismus kann sich im Schlaf nur dann erholen, wenn die verschiedenen Stadien des Schlafs ungestört und mehrfach aufeinander folgen können.

Anhaltender Schlafentzug, insbesondere eine Behinderung des REM-Schlafes macht den Menschen geistig sowie körperlich krank und kann schlimmstenfalls sogar zum Tod führen. In den Folterkammern menschenverachtender Staaten ist der gewaltsame Schlafentzug für die Gefangenen eine der grausamsten Qualen, die man sich vorstellen kann.

Chemische Schlafmittel (Barbiturate, Benzodiazepine, Antihistaminika u. a.) stören das Wechselspiel der einzelnen Schlafphasen und verkürzen insbesondere den REM-Schlaf. Nach künstlich herbeigeführtem Schlaf – auch wenn er lang genug gedauert hat – ist man nicht richtig erholt und ausgeruht.

Schlafstörungen

Streß, Angst, Depressionen und auch zunehmendes Lebensalter können verhindern, daß die dafür zuständigen Abschnitte des Gehirns die nächtliche Herrschaft übernehmen – unabhängig davon, wie müde und erschöpft wir auch immer sein mögen. Es ist unmöglich, Schlaf zu finden, wenn eine übermäßige Erregung der Großhirnrinde während der Wachperiode das Abschalten zur Nachtruhe erschwert oder gar unmöglich macht. Häufig sind Ein- und Durchschlafstörungen ständige Begleiter des modernen Menschen unserer Breiten. Die Medizin hat außer der großzügigen Verteilung von Schlaf- und Beruhigungsmitteln nur wenig anzubieten, um das Schlafgeschehen ins Gleichgewicht zu bringen.

Ein bißchen Traumdeuterei

Etwa ein Drittel seines Lebens verschläft der Mensch. Das ist sehr viel mehr Zeit, als er tatsächlich benötigt, um seinen Körper zu regenerieren. Es wäre allerdings ein Fehler, daraus zu folgern, daß der Schlaf überwiegend Zeitvergeudung sei. Im Gegenteil: Wenn wir ruhen, vollbringt unser Organismus eine großartige Leistung, indem er uns ins Reich der Träume führt. Dort offenbart sich unser Innerstes, dort können wir ohne Hemmungen unser Herz auf Händen vor uns hertragen, dort halten wir die Schlüssel zum Unbewußten in der Hand.

Träume beschäftigten die Menschen aller Zeiten und Kulturen. Ob sie als göttlicher Wegweiser, Ausdruck seelischer Verirrung oder als Spiegelbild des wahren Wesens einer Person verstanden wurden und werden – dem Zauber der Bilder, die man mit geschlossenen Augen sieht, hat sich noch niemand entziehen können. Die Auslegung von Träumen war früher Priestern oder Astrologen vorbehalten, heute haben Psychologie und Psychoanalyse diese Aufgabe übernommen. Die moderne Traumforschung wäre nicht denkbar ohne die Vorarbeit zweier großer Persönlichkeiten: Sigmund Freud (1856–1939), den Begründer der Psychoanalyse, und Carl Gustav Jung (1875–1961), der auf der Grundlage der Erkenntnisse Freuds die analytische Psychologie entwickelte.

Nach Freud entstehen seelische Störungen oder Fehlleistungen aufgrund einer Verdrängung angeborener Verhaltensweisen, insbesondere des Sexualtriebs. Ungestörter Lustgewinn ist nur im Traum möglich, in dem der Mensch seine ihm unbewußten Wünsche und Phantasien ausleben kann. Das Bewußtsein kontrolliert dabei das Traumgeschehen, indem es nur verschlüsselte Bilder und Symbole zuläßt. So bleiben moralische Grenzen auch dann gewahrt, wenn die triebhafte Seele auflebt. Aufgabe der Psychoanalyse ist es, die Traumbilder zu erkennen und auf ihre nicht bewußt gewordenen Ursachen zurückzuführen.

Jung sah im Unterbewußtsein vor allem eine eigenständige Kraftquelle des Menschen. Er prägte daher den Begriff »Autonomie des Unbewußten«. Träume sind unlogisch, natürliche Zeitfolgen werden aufgehoben, Handlungen laufen scheinbar sinnlos und in sich widersprüchlich ab. Das alles geschieht in Bildern, als sollte dem Bewußtsein des erwachenden Menschen eine Brücke für die Botschaft seines inneren Ichs geschlagen werden. Nach Jungs Ansicht sind Träume nicht immer so eindeutig, wie Freud sie gesehen hat, sondern von vielschichtiger Aussagekraft und nur im Zusammenhang mit der eigenen Erlebniswelt des Träumenden zu begreifen.

Sowohl persönliche als auch allgemeine Merkmale des menschlichen Unterbewußtseins (sogenannte Urbilder oder Archetypen) dienen dazu, einen Traum zu erfassen. Erforscht werden dabei nicht vom Triebleben ausgehende Ursachen, sondern die selbständige Darstellung des Unbewußten wird herangezogen, um psychische Probleme zu erkennen und zu heilen. Was damit gemeint ist, läßt sich ganz gut an folgenden Beispielen erklären: Feuer kann als archetypisches Traumbild Leidenschaft, Liebe und Sinneslust ausdrücken. Für einen Träumer, der als Kind mit knapper Not aus einer brennenden Wohnung gerettet worden ist, sind Flammen der Ausdruck von Todesangst, Hilflosigkeit und dem Gefühl, verloren zu sein.

Träume haben auch eine durchaus praktische Funktion. Das Wahrnehmungsvermögen unserer Sinne ist im Schlaf zwar deutlich vermindert, aber keineswegs vollständig ausgeschaltet. Dieser Tatsache verdankt so mancher Schlafwandler, daß er seine nächtlichen Spaziergänge unbeschadet übersteht. Auch der Normalschläfer kann dankbar dafür sein, wenn er trotz heftigen Wälzens nicht dauernd aus dem Bett fällt, weil sein Gleichgewichtssinn die Bettkante als Grenze erkennt. Um zu verhindern, daß uns Geräusche, Gerüche, Berührungen oder Lichteffekte immer wieder aufwecken, werden solche Reize einfach ins Traumgeschehen mit eingebaut. So können wir z. B. einen tropfenden Wasserhahn im Badezimmer als mächtigen Wasserfall in unserer Traumlandschaft erleben. Träume behüten den Schlaf, indem sie über dem Schläfer gewissermaßen einen schützenden Schirm aufspannen.

Das Unbewußte kann recht gut unterscheiden zwischen Reizen, die ein Erwachen notwendig machen, und solchen, deren Wahrnehmung von geringerer Bedeutung für die Sicherheit des Schläfers ist. Sogar, wenn ein Traum uns angst macht und seine Bilderwelt unerträglich für uns wird, scheint uns das Unbewußte schützen zu wollen, indem es uns aufwachen läßt. Auch das ist ein Beweis für die Eigenständigkeit unseres Zustands als Schlafende und Träumende.

Träume sind das Bildarchiv unserer Seele. Sie ordnen die Sinneseindrücke des Tages und schirmen uns ab gegen eine Überflutung mit Reizen. Nur was wirklich wichtig ist und tief in das Innere der Seele gehört, darf die Schranke des Unbewußten überschreiten. In ihm sammeln sich im Laufe eines Lebens gute und schlechte Erfahrungen, gelöste und ungelöste Probleme, die den Kern unseres Wesens berühren. Das beginnt schon sehr früh: Die kindliche Traumwelt ist von großer Aussagekraft für den weiteren Lebensweg, da sie in einfachen Bildern bereits die Struktur der jungen Persönlichkeit offenlegt. Hier drücken sich Versagensängste, Beziehungserlebnisse mit Eltern, Geschwistern oder Freunden, aber auch Wünsche und Bedürfnisse unverschleiert aus.

Mit zunehmendem Alter lernen wir, unsere Erlebnisse weitgehend zu erklären und sie »vernünftig« zu sehen sowie unsere Wünsche und Begierden zu unterdrücken. Die Bildersprache unserer Träume wird dadurch immer verworrener und unverständlicher. Der Weg zu unserer Seele steht uns zwar nach wie vor offen, aber wir sind mit Arbeit, Familie und Freizeit so beschäftigt, daß die Kraft und der Wille, den Weg zu uns selbst zu finden, meist auf der Strecke bleiben. Unsere Traumerlebnisse, die wir praktisch jede Nacht haben, lösen sich mehr und mehr von unserem Alltags-Ich, und wir können uns am Morgen nur sehr selten an sie erinnern. Je länger und stärker uns das Tagesgeschehen packt, desto mehr verhallt die Stimme, die uns vielleicht sagen könnte, was wir wirklich wollen und sollen.

Es gibt wenigstens zwei Gründe, warum wir Träume beim Aufwachen so gerne vergessen. Einer davon kann sein, daß uns das Tagesgeschehen nicht losgelassen hat und unsere Traumbilder nur um dieses kreisen. Dann findet z. B. der aufgeschobene Besuch beim Zahnarzt unter eigenartigen Umständen nachts in unserem Bett statt, oder der Ärger am Arbeitsplatz wird noch einmal nachgespielt. Solche Träume unterscheiden sich kaum von dem, was uns tatsächlich widerfahren ist. Sie sind zwar nicht völlig ohne Bedeutung, weil sie zur Lösung von Problemen beitragen können, aber sie bewegen sich so nah an der Schwelle zum Bewußtsein, daß sie mit diesem verschmelzen. Bei der anderen Gruppe von Träumen, in denen man Unbegreifliches erlebt hat, überlegt man beim Aufwachen kurz, ob sie etwas mit der Wirklichkeit zu tun haben, findet dann, daß einem die Phantasie einen Streich gespielt hat, verdrängt sie und geht zum Tagesgeschehen über.

Sich an Träume zu erinnern, insbesondere an die wenigen, die wirklich von Bedeutung sind, ist immer auch eine Frage des Wollens und der inneren Bereitschaft. Was sie uns sagen können, ist oft nicht das, was wir eigentlich hören möchten. Es ist sicher angenehmer, sich im Kino oder Fernsehen Glück und Leid anderer vorführen zu lassen, als tagelang über einen Traum nachzugrübeln. Sich seinen Träumen zu stellen bedeutet, ehrlich gegen sich selbst sein zu können und keine Angst vor der Wahrheit zu haben. Nur wenn das zutrifft, kann man sich an das erinnern, was man geträumt hat.

Von traumhaften Düften und duftigen Träumen

Können uns die Düfte helfen, tiefer auf die andere Seite unseres Daseins vorzudringen? Träume und Gerüche haben einen gemeinsamen Gegenspieler: unser Bewußtsein. Seine raffinierten Verdrängungsmethoden wurden bereits am Beispiel des menschlichen Pheromonstoffes Androstenon gezeigt, der nicht gerochen wird, wenn das Bewußtsein es nicht erlaubt. Kultur, moralische Maßstäbe und Erziehung können bei vielen Menschen die Wahrnehmung von Sexuallockstoffen verhindern und dadurch mögliche Reaktionen als Verstoß gegen die Regeln des guten Benehmens von vornherein ausschließen. Die Anosmie hat den gleichen Ursprung wie die Unfähigkeit, sich an Träume zu erinnern: Der Wille blockiert den Instinkt.

Im Schlaf muß der Wille seine Vorherrschaft für einige Stunden aufgeben. Wann könnte unsere Seele besser in ein Spiel mit den Düften verwickelt werden, wenn nicht dann? Erinnerungen werden durch Gerüche wieder lebendig gemacht, die über den Riechnerv ins limbische System transportiert werden, wo auch unsere Träume entstehen. Bilder, die wir einmal gesehen haben, können durch Düfte wieder vor unser inneres Auge geholt werden.

Was bleibt, ist die Frage, ob wir im Schlaf Gerüche unterscheiden und sie in unsere Träume einbauen können. Mit diesem Problem haben sich Wissenschaftler des Physiologischen Instituts der Technischen Universität in München beschäftigt:

Versuch

Im Schlaflabor wurden den Versuchspersonen zu Beginn des REM-Schlafs verdünnte Riechproben von Orangenduft, Skatol (Kotgeruch) und weiblichen Körpergerüchen aus Achselhöhle sowie Scheide zugeleitet. Es zeigte sich, daß die einzelnen Gerüche unterschiedliche körperliche Reaktionen auslösten.

Orangenduft, der als Beispiel für einen angenehmen Geruch ausgewählt worden war, beschleunigte Atmung und Herzschlag deutlich. Skatolgeruch, der von wachen Menschen nicht übermäßig geschätzt wird, beeinflußte im Gegensatz dazu die Atmung überhaupt nicht und erhöhte den Herzschlag nur geringfügig. Die weiblichen Körpergerüche steigerten zwar Atmungs- und Herztätigkeit, aber sehr viel weniger als der Orangenduft.

Die Versuchspersonen wurden auch nach ihren Träumen gefragt. Alle hatten, während sie Skatolgeruch einatmeten, schlecht, teilweise sogar alptraumartig, geträumt. Dagegen führten Orangenduft und die Körpergerüche zu Traumbildern, die als angenehm und schön empfunden wurden. Aus diesen Beobachtungen schlossen die Wissenschaftler, daß Gerüche auch beim Schlafenden bestimmte Erinnerungsfelder anregen und das Traumgeschehen beeinflussen können.

Tests, die Sie selbst durchführen können

Sie können sich selbst davon überzeugen, daß Schlafende auf Geruchsreize ansprechen. Halten Sie einem Schläfer ein kleines Taschentuch unter die Nase, das zunächst mit einer Rosenessenz und später mit etwas Essig getränkt worden ist. Beide Male wird die Atmung sofort heftiger werden, so als wollte unser »Versuchskaninchen« eine ausreichende Menge des Geruchs zur genaueren Analyse in sein »Laboratorium« inhalieren. Dem Rosenduft wird sich der

Schlafende zuwenden und ihn längere Zeit mit tiefen Atemzügen in seine Nase holen, allerdings nur, wenn der Duft stark verdünnt eingesetzt wird und darüber hinaus keine persönliche Abneigung gegen diesen Geruch besteht. Vom Essig wird er sehr schnell seinen Kopf wegdrehen und sich auf die andere Seite legen oder sogar aufwachen.

Was ist der Unterschied zwischen den beiden Geruchsqualitäten? Essig reizt den Gesichtsnerv (Trigeminusnerv). Rosenduft erregt praktisch nur die Sinneszellen der Regio olfactoria, also die eigentlichen Riechzellen. Die meisten anderen Gerüche wirken in unterschiedlich starkem Ausmaß auf beide Bereiche ein. Daraus läßt sich bereits eine Grundregel für die Beeinflussung des Schlafes durch Riechstoffe ableiten: Trigeminusreizstoffe erhöhen die Bereitschaft, aufzuwachen, Olfactoriusreizstoffe sind eher dazu geeignet, die Schlaftiefe zu fördern. Das bedeutet nicht, daß z. B. den Gesichtsnerv erregende Zitronen- oder Pfefferminzdüfte ungeeignet wären, das Schlafgeschehen zu beeinflussen. In der richtigen Mischung mit Olfactoriusreizstoffen können sie auf jeden Fall den natürlichen Wechsel zwischen den einzelnen Schlafphasen unterstützen.

Schlafen Sie sich gesund!

Im Schlaf entfaltet der Organismus seine Selbstheilungskräfte am besten. Die Medizin setzt zur Behandlung seelisch Erkrankter sogar die Methode des künstlich erzeugten Heilschlafs ein, um Erregungszuständen des Patienten wirksam zu begegnen. Ganz allgemein spielt das Schlafen für die Überwindung von Krankheiten eine wichtige Rolle. Wenn Kinder freiwillig zu ungewohnt früher Stunde ins Bett gehen wollen, stellen sich die Eltern darauf ein, daß ihre Sprößlinge dabei sind, eine Krankheit »auszubrüten«. Später ist dann die erste durchschlafene Nacht das Zeichen, daß das Schlimmste vorbei ist.

Die Nase ist wachsam, auch wenn wir schlafen. Sie kontrolliert unsere Atemluft rund um die Uhr. Nimmt sie einen Geruch wahr, der ihr zusagt, gibt sie die entsprechende Mitteilung an die zuständigen Gehirnbereiche weiter, damit von dort grünes Licht zum Weiterschlafen gegeben wird.

Die erste Regel für die Anwendung ätherischer Öle zur Förderung des Schlafs ist die äußerst sparsame Verwendung. Geeignet ist praktisch jeder Duft, den der Schläfer, auch wenn er wach ist, als angenehm empfindet. Am nachhaltigsten geleitet uns übrigens unser eigener Geruch in einen sicheren und ruhigen Schlaf. Wer viel auf Reisen ist und oft in fremden Betten übernachten muß, sollte daher am besten seinen gebrauchten Kopfkissenbezug von zu Hause mitnehmen. Er wird dann auch auf einer ungewohnten Liegestatt sehr viel besser schlafen.

Guter Rat für Schnarcher und ihre Bettgenossen

Etwa neun Millionen Schnarcher gibt es in Deutschland und eine kaum kleinere Zahl schnarchgeschädigter Bettnachbarn. Einen Schnarcher neben sich liegen zu haben ist ungefähr so erfreulich, wie in ein mit Volldampf arbeitendes Sägewerk eingesperrt zu sein. Selbst verzweifelte Schläge in Richtung der Lärmquelle bringen nicht mehr, als daß nach einer kurzen Unterbrechung die Sägerei erst recht weitergeht. Das Schnarchgeräusch entsteht, wenn das im Schlaf erschlaffte Gaumensegel, die hintere Fortsetzung des harten Gaumens, durch die Atemluft zum Flattern gebracht wird.

Um dem Schnarchen abzuhelfen, sind im Lauf der Zeit die absonderlichsten Methoden entwickelt worden. Angefangen bei der klassischen Schnarchbinde über Spangen, die im Mund für die richtige Zungen- und Kieferstellung sorgen sollten, bis hin zu allerlei psychologischen Tricks lassen sie alle an das Zubehör einer mittelalterlichen Folterkammer denken. Die Biologie hat indes längst eine sinnvolle Erklärung für die nervtötende nächtliche Ruhestörung gefunden: Der Leitaffe kann auf diese Weise jedem möglichen Angreifer seine Wachbereitschaft in die Ohren schnarchen und so seine Horde auch im Schlaf zuverlässig beschützen. Für die menschlichen Schnarchopfer unserer Tage dürfte das ziemlich belanglos sein, da anzunehmen ist, daß sie gerne bereit sind, auf solchen Schutz zu verzichten.

Nicht übersehen darf man, daß dem Schnarchen auch schwerwiegende Erkrankungen zugrundeliegen können, die ärztlich behandelt werden müssen. Dazu gehören Asthma, Fettleibigkeit, Bluthochdruck, verengte Nasengänge, Wucherungen in der Nase und übermäßiger Alkoholgenuß. Erst wenn solche Ursachen ausgeschlossen sind, ist an die ungefährliche, aber oft überraschend wirksame Behandlung mit Düften zu denken.

Sie haben bei wachen Menschen sicher schon beobachtet, daß Trigeminusreizstoffe wie Zitronenöl die Nasenatmung schnell und anhaltend anregen. Dasselbe gilt für Schläfer und Schnarcher. Das folgende Anti-Schnarch-Rezept kann Ihnen (natürlich nicht in jedem Fall) Hilfestellung leisten, wenn Sie Ihr häusliches Sägewerk nachts weitgehend stillegen wollen.

Rezept: Anti-Schnarch-Duft	
– 5 g Pfefferminzöl – 3 g Orangenöl – 2 g Zitronenöl	Etwa fünf Tropfen der Mischung werden auf ein Baumwolltaschentuch gegeben, das dem Schnarcher neben sein Kopfkissen gelegt wird. Falls nötig, wird im Lauf der Nacht noch einmal nachgeladen.

Diese Düfte wirken in mehreren Richtungen: Die Nasenatmung wird angeregt. Dadurch wird mit geschlossenem Mund geschlafen, und das Flattern des Gaumensegels unterbleibt, weil keine Druckunterschiede zwischen Nasenrachenraum und Mund entstehen. Außerdem wendet sich der Schläfer häufig der Quelle des angenehmen Duftes zu, legt sich dazu auf die Seite und vermeidet die für das Schnarchen so gefährliche Rückenlage. Schließlich nimmt auch die Atemtiefe zu. Damit wird einem Sauerstoffmangel (bis hin zum vorübergehenden Atemstillstand), von dem alle Schnarcher bedroht sind, weitgehend vorgebeugt.

Wenn die Nase verstopft ist

Selbstverständlich sollen auch Nicht-Schnarcher am Segen der Eigenschaften einiger ätherischer Öle teilhaben. Wann immer mit offenem Mund geschlafen wird, bringt der Reiz der Düfte die Nasenatmung in Schwung. Man kann mit den Riechstoffen dem Austrocknen der Mundschleimhaut und damit der Gefahr, daß sich Entzündungen in Mund und Rachen einnisten, entgegentreten.

Besonders bei verschnupften Kindern kommt es häufig zu quälendem nächtlichen Husten, weil durch den Mund trockene Luft eingeatmet wird. Wenn die Nasenatmung besser funktioniert, kann sich der Husten beruhigen, und stark wirkende Medikamente, wie z. B. Hustenblocker, können dann ganz oder teilweise weggelassen werden.

Säuglinge und Kleinkinder reagieren auf die stark reizenden Öle von Pfefferminze und Kampfer sehr empfindlich. Man darf sie bei ihnen daher nicht verwenden. Für ihre Schnupfennäschen haben sich mildere Essenzen bewährt.

Die ätherischen Öle helfen dem kleinen Patienten, besser durchzuschlafen und schneller gesund zu werden. Ihr Duft macht nicht nur die Atmung freier, er dringt auch in Stirn- und Nebenhöhlen sowie tief in die Lunge und bringt festsitzenden Schleim zum Abfließen.

Rezept: Frische Luft für den kleinen Liebling
– Cajeputöl (Eucalyptusöl) – Fichtennadelöl – Orangenöl
Zu gleichen Teilen drei bis vier Tropfen der Mischung auf das Kopfkissen oder das Schlafhemdchen geben. Keinesfalls dürfen die Öle direkt auf die Haut gebracht werden, weil das zu Reizungen führen könnte.

Auch ohne Wecker jede Nacht fünfmal wach

Vor allem ältere Menschen kennen das folgende nächtliche Problem manchmal zur Genüge. Auch wenn man recht gut eingeschlafen ist, wacht man anscheinend ohne Grund ein- oder mehrmals pro Nacht plötzlich auf und kann nur sehr schwer wieder ins Traumland zurückfinden. Der Grund dafür ist häufig die Bildung von zähem Schleim in der Lunge. Weil er nicht abfließen kann, behindert er die Atmung. Dadurch gelangt wiederum zu wenig Sauerstoff ins Blut, und ein körpereigener Schutzmechanismus gibt das Signal zum Aufwachen, um einen möglicherweise lebensbedrohenden Zustand zu verhindern.

Denjenigen, die nicht gleich zur Schlaftablette greifen wollen, sei ein Versuch mit einem Mittel aus Großmutters Hausapotheke ans Herz gelegt – den Anistropfen.

Natürliche Mittel wirken meist nicht sofort, deshalb sollten auch die Anistropfen über einen längeren Zeitraum angewendet werden. Griechenlandliebhaber kennen bestimmt den anishaltigen Verdauungsschnaps Ouzo. Er schützt nicht nur vor den Folgen eines allzu üppigen Essens, er kann darüber hinaus auch – selbstverständlich nur streng (duft-)therapeutisch gesehen – zu einem guten Schlaf verhelfen.

Rezept: Anistropfen für gesunden Schlaf
Anistropfen lösen den Schleim nicht so stark wie chemisch hergestellte Medikamente, sondern lockern ihn gerade so viel, daß Ein- und Ausatmen deutlich erleichtert werden. Anistinktur kann man sich in der Apotheke besorgen und 20 Tropfen davon auf einem kleinen Stück Brot etwa eine halbe Stunde vor dem Schlafengehen einnehmen.
Eine andere Möglichkeit ist, sich die Anistropfen selbst zuzubereiten: – 0,5 g Anisöl auf – 10,0 g Äthylalkohol (»Weingeist«) 70%ig Beide Bestandteile werden gemischt und 15 Tropfen davon auf Brot oder Zucker eine halbe Stunde vor dem Zubettgehen eingenommen.

Lernen im Schlaf – geht das mit Düften?

Die Idee, Lernstoff und schwierige Sachverhalte mit Hilfe von Düften im Schlaf zu verinnerlichen, geht auf den Arzt Arnold Krumm-Heller zurück. Er war zu Anfang unseres Jahrhunderts als Militärarzt in Mexiko und Südamerika tätig und hat seine Lebenserfahrungen in einem bemerkenswerten Buch veröffentlicht. Zweifellos gehörte er zu den schillerndsten Persönlichkeiten der Aromatherapie-Szene. Seine Gedanken sind nicht zuletzt aufgrund der Berührungsängste vieler wissenschaftsgläubiger Meinungsführer vor den so schwer zu bändigenden olfaktorischen Wahrnehmungen weitgehend in Vergessenheit geraten.

Krumm-Heller war als Universalgelehrter im besten Sinne des Wortes stets bemüht, über den Tellerrand einer bestimmten Fachrichtung hinauszuschauen. Es ist überraschend, wie fortschrittlich seine Überlegungen zu der von ihm vertretenen »osmologischen Heilkunde« sind: In seinen Schriften entdeckt der Duftliebhaber logisch begründete Hinweise zur Geruchspsychologie, eine Abhandlung über die Beziehung zwischen Düften und Tönen sowie die Zuordnung von Duftpflanzen zu Tierkreiszeichen und Planeten. Krumm-Heller war überzeugt, in den Duft- und Riechstoffen die Brücke zwischen Tagesbewußtsein und dem Unterbewußten im Schlaf gefunden zu haben.

Krumm-Heller beschrieb in seinem Buch einen Versuch, bei dem er einen Patienten tagsüber während eines therapeutischen Gesprächs bestimmte Sätze mehrmals wiederholen ließ und ihm gleichzeitig einen Duftstoff zu riechen gab. Nachts war er dann leise an das Bett des Kranken getreten, um ihm ein mit demselben Duft getränktes Tuch unter die Nase zu halten. Der Schlafende setzte daraufhin unverzüglich dazu an, die bewußten Sätze laut aufzusagen. Nach dem Aufwachen am nächsten Morgen berichtete der Patient, daß er besonders gut geschlafen und eingehend von dem Gespräch des Vortags geträumt habe.

In Verbindung mit dem, was wir bisher über die Zusammenhänge von Traum und bewußtem Erleben wissen, ergeben sich aus Krumm-Hellers Feststellungen Anwendungsmöglichkeiten für Duftstoffe, die einen Versuch wert wären. Faßt man den Begriff »therapeutisches Gespräch« weiter, so müßte man auch den tröstenden Zuspruch unter Freunden sowie erklärende und erzieherische Aussprachen mit Kindern aromatherapeutisch wirksam begleiten können. Das kann allerdings nur dann funktionieren, wenn der Duft uneingeschränkt als angenehm empfunden wird. Deshalb sollte besonders großer Wert auf die richtige Auswahl der Gerüche gelegt und das sinnliche Empfindungsvermögen der Beteiligten erforscht werden. Am geeignetsten sind einfache Düfte, also keine Mischungen. Ein paar Tropfen davon in einer Duftlampe können das Gespräch wie eine sanfte Hintergrundmusik untermalen. Wenn es zu Ende ist, müßte ein kleines Duftfläschchen oder ein parfümiertes Taschentuch übergeben werden, um nachts das Kopfkissen zu aromatisieren. Der sorgfältig ausgewählte Duft wird sicher seinen Weg in das Unterbewußtsein finden.

Keine Angst vor Schulaufgaben

Am Institut für Heil- und Sonderpädagogik der Universität Gießen wies Karl-Heinz Berg 1988 in einer interessanten Untersuchung den fördernden Einfluß bestimmter Duftstoffe auf die Lern- und Merkfähigkeit von Grundschulkindern nach. Während des Unterrichts wurde in das Klassenzimmer, ohne daß es den Kindern vorher gesagt worden wäre, ein bestimmter Duft in sehr starker Verdünnung eingeleitet, der bei der späteren Lernzielkontrolle wieder zum Einsatz kam. Gleichzeitig wurde eine zweite Schulklasse beobachtet, bei der nicht mit Düften gearbeitet worden war. Die getesteten Kinder hatten vorher spielerisch und ohne, daß sie den Zweck kannten, eine Auswahl unter verschiedenen Riechstoffen treffen können. Am besten hatten ihnen einfache und vertraute Düfte, wie Eukalyptus, Zitrone, Pfefferminze und Iriswurzel (Veilchenduft) gefallen, also drei Trigeminusreizstoffe und ein pheromonähnlicher Duft.

Die Versuchergebnisse waren aus mehreren Gesichtspunkten geradezu aufregend. Die »Duftkinder« beteiligten sich sehr viel reger am Unterricht als die Vergleichsgruppe. Sie erzielten auch deutlich bessere Ergebnisse bei den nachfolgenden Übungen. Dabei waren in Form von Merkaufgaben mit Bildern und Zahlen vor allem sprachliche und gedankliche Leistungen im Hinblick auf das Kurz- und Langzeitgedächtnis geprüft worden.

Lassen Sie uns den roten Faden aus diesem Schülertest weiterspinnen: Mit Hilfe der Düfte müßte sich ein Lernstoff auch während des dem Unterrichtstag folgenden Nachtschlafs in die mittel- und langfristigen Gedächtnisspeicher fortschreiben lassen! Da man sich recht schnell an einen Geruch gewöhnt und ihn dann nicht mehr wahrnimmt, darf der Duft nur während wirklich wichtiger Abschnitte der Lernphase für mehrere Minuten zur Verfügung stehen. Dafür bietet sich das An- und Abstellen einer Duftlampe an. Für die Nacht genügt ein kleines Fläschchen, aus dem zwei Tropfen auf das Kopfkissen gegeben werden. Natürlich sollte zu dem Zeitpunkt, an dem das Gelernte angewandt werden soll, der Duft wieder parat stehen. Eine geeignete »Lernmischung« könnte das nebenstehende Rezept darstellen.

Rezept: Sprungbrett für geistigen Höhenflug	
– 1 g Basilikumöl	– 1 g Pfefferminzöl
– 4 g Rosmarinöl	– 1 g Kampferöl
– 1 g Citronellaöl	– 1 g Litsea-Cubebaöl

Riechen steht nicht auf dem Lehrplan

Solange wir die Schulbank drücken, wird unser Seh-, Hör- und Denkvermögen gefördert, unser Geruchssinn dagegen vollständig vernachlässigt. Daß Schule auch etwas mit Riechen zu tun haben kann, merken wir allenfalls dann, wenn wir nach Jahren unser altes Schulhaus wieder einmal betreten und unsere Nase den altvertrauten Geruch wittert.

Was haben wir seinerzeit alles verpaßt, und was versäumen unsere Kinder auch heute noch! Riechstoffe könnten im Schulalltag ein äußerst praktisches Hilfsmittel sein, wenn es darum geht, ein Gedicht auswendig zu lernen oder im Fremdsprachenunterricht Wörter zu »pauken«. Die angestrebte »ganzheitliche« Erziehung muß ohne Einbeziehung des Geruchssinns Stückwerk bleiben. Eigentlich sollte es selbstverständlich sein, daß moderner, aufgeklärter Unterricht die Natur auch über ihre Gerüche begreiflich macht und sich nicht nur auf meßbare Zahlen und Vorgänge beschränkt.

Gerüche bringen noch mehr zustande, als uns bei den Hausaufgaben zu helfen oder einen ruhigen Schlaf zu verschaffen. Sie können uns auch, wenn sie gekonnt eingesetzt werden, in eine erotische Traumwelt versetzen. Wie das zu bewerkstelligen ist, werden Sie jetzt erfahren.

Die Glückskapsel

Viele Menschen, die in irgendeiner Weise natürliche Duftstoffe verwenden, bemerken, daß sie ihre Träume viel stärker erleben. Das trifft insbesondere dann zu, wenn die ätherischen Öle innerlich eingenommen werden. Falls Sie bereit sind, Ihr »Glück« zu schlucken, sollten Sie aber auf jeden Fall einige Regeln beachten:

- Verwenden Sie nur reine ätherische Öle, am besten durch Destillation gewonnene, und keine künstlichen oder naturidentischen Essenzen. Auch Absolues sind nicht geeignet.
- Nehmen Sie die Öle nicht unverdünnt ein, sondern immer auf einem Träger, z. B. Honig, Alkohol, Brot usw.
- Die Dosierung erfolgt tropfenweise; für die Einzelgabe reicht in der Regel ein Tropfen.

Auf elegante Art kann man die Öle in Steckkapseln aus Hartgelatine einnehmen, die mit einem pulverförmigen Träger (zum Beispiel Milchzucker oder Kieselsäure), der mit den Duftstoffen vermischt wurde, gefüllt worden sind. Die Kapseln kann man für wenig Geld in der Apotheke bekommen. Auf Wunsch wird dort in der Regel auch die Füllung zubereitet.

Die Pulver kann man frisch aus getrockneten Blüten herstellen. Mit einer Getreidemühle ist das kein Problem. Falls Sie keine besitzen, bitten Sie in der Apotheke um den kleinen Gefallen. Leider ist die Ambratinktur sehr teuer. Wünschen Sie sich diesen umwerfenden Duft doch einfach zum Geburtstag, wenn Ihr Herzblatt nicht weiß, womit Ihnen eine Freude zu machen wäre! Als preiswerter, aber natürlich nicht vollwertiger Ersatz eignet sich Castoreumtinktur.

Rezept: Die Glückskapsel
– 7,5 g Rosenblüten (mittelfeines Pulver) – 7,5 g Lavendelblüten (mittelfeines Pulver) – 1 Tr Lavendelöl – 10 Tr Homöopathische Urtinktur aus grauer Ambra
Die Mischung wird in 30 Gelatinekapseln zu 0,5 g (Größe 0) abgefüllt.

Nehmen Sie etwa eine halbe Stunde vor dem Schlafengehen eine Kapsel mit viel Flüssigkeit (kein Alkohol!) ein. Machen Sie sich darauf gefaßt, in eine sinnliche Traumwelt entführt zu werden. Die narkotisierenden, betörenden Düfte von Rosen und Lavendel sorgen dafür, daß kein äußerer Reiz in Ihre lustvollen Träume eindringen kann. Ambra, ein hinreißendes Aphrodisiakum mit dem balsamischen, warmen Duft der empfindlichsten Stellen des menschlichen Körpers, öffnet die Türen der geheimen Kammern Ihrer Seele, in denen Liebesgefühle und -erinnerungen gespeichert sind. Nur denjenigen/diejenige, den/die Sie in Ihrem Paradies dabei haben wollen, müssen Sie selbst noch in Ihre Traumwelt dirigieren.

Das Traumöl

In süße Träume wird Sie auch das Traumöl hüllen, wenn Sie zwei Tropfen davon auf Ihr Kopfkissen oder auf ein neben Ihre Nase gelegtes Baumwolltaschentuch geben und im Schlaf seinen Duft einatmen. Es setzt sich zusammen aus Lavendel, Palmarosa, Rosenholz, Patschuli, Zedernholz, Weihrauch, Geranium und Lemongras.

Das Traumöl
Anwendungsgebiete: Schlaflosigkeit, Traumlosigkeit, fehlender REM-Schlaf; Unterstützung analytischer Prozesse im Rahmen einer Psychoanalyse; unspezifische Anregung von Heilprozessen im Organismus durch Stabilisierung des Schlafes.
Gegenanzeigen: Nicht anwenden nach Alkoholgenuß, da in seltenen Fällen paradoxe Reaktionen beobachtet wurden. Bei bekannter Überempfindlichkeit gegen ätherische Öle kann das Traumöl nicht verwendet werden.
Besondere Hinweise: Der harmonische Duft des Traumöls ist vor allem geeignet, angenehme Träume auszulösen. Nach nicht vollständig auszuschließenden unerwünschten Alpträumen empfiehlt sich eine Pause in der Anwendung von mindestens einer Woche.

Von den im Traumöl enthaltenen Essenzen vertiefen Lavendel, Palmarosa und Rosenholz den Schlaf, da sie vor allem den Olfactoriusnerv ansprechen. Der balsamische, etwas erdige Duft von Zeder, Patschuli und Weihrauch stellt die Verbindung zum Menschengeruch her. Weihraucharoma vermittelt außerdem Hochstimmung und Wohlbefinden. Die blumig-frischen Noten von Lemongras und Geranium bilden die belebende »Hintergrundmusik« für die schwereren Düfte. Das Aroma des Traumöls wird von fast allen, die es zum ersten Mal riechen, als dezent und sehr angenehm empfunden. Nur Lavendelhasser haben ihre Schwierigkeiten damit.

In die psychoanalytische Praxis haben Duftstoffe noch kaum Eingang gefunden, wahrscheinlich, weil exakte wissenschaftliche Beweise ihrer Wirkungen nur schwer zu erbringen sind. Wundern Sie sich also nicht, wenn Sie in der einschlägigen Literatur den menschlichen Geruchssinn unter der Überschrift »Niedere Sinne« finden sollten. Warum gerade er, der uns am stärksten mit unserer inneren Welt verbindet, so gering geschätzt und mißachtet wird, ist nicht zu verstehen. Sich mit Gerüchen und ihrer Bedeutung für uns zu befassen ist sehr viel mehr, als irgendwo eine Duftlampe aufzustellen, um die Stimmung zu heben.

Magie, Vampire und Hexen

Wenn im folgenden unter anderem die Rede davon sein wird, wie man mit Magie (lateinisch: *magica* = Geheimkunst, Zauberei) Vampire vertreiben kann, so ist das nichts als blanker Unsinn. Wir modernen, aufgeklärten Zeitgenossen sind doch weit entfernt, in den gedanklichen Sumpf des dummen Aberglaubens vergangener Jahrhunderte zurückzufallen – oder etwa nicht? Weder die schwarze Katze von links noch der Schornsteinfeger von rechts können uns ernsthaft zusetzen.

Verdammt soll er sein, dieser Kerl, der auf das Wimperngeklimper dieses »blonden Gifts« hereingefallen ist! Also wird sein Foto mit ungezählten Nadelstichen traktiert, anschließend in tausend Stücke zerrissen und unter den wüstesten Verwünschungen ins Feuer geworfen. Schließlich rät jeder halbwegs ernstzunehmende Psychotherapeut dazu, eine seelische Zwangslage auch einmal durch körperliches Abreagieren zu bewältigen!

Zum Teufel mit dem verflixten siebten Jahr und den Freitagen, die auf den dreizehnten fallen. Ab in die Hölle auch mit dem verfluchten dritten Tag des Skiurlaubs, ab dem man, eingegipst bis zum Kinn, den Anblick des Alpenpanoramas mit der bescheidenen Aussicht auf den von der Decke des Krankenzimmers bröckelnden Putz vertauschen mußte. Man war an diesem Tag ohnehin mit dem linken Fuß aufgestanden, und das Horoskop war so miserabel, daß man wohl vom Teufel geritten war, als man am Morgen beschloß, überhaupt aus dem Bett zu steigen!

Man trägt einen Talisman (arabisch: *tilasm* = magisches Zeichen, Glücksbringer) bei sich, und am Kühlergrill des Autos ist ein Hufeisen befestigt. Außerdem hält man die Daumen, damit nichts schiefgehen kann, und vielleicht kreuzt man schon mal rasch die Finger, wenn es gilt, eine kleine Unaufrichtigkeit hinter dem Rücken heimlich ins Reich der Finsternis abzuleiten. Manchmal ist halt alles wie verhext, und das Pech klebt am Stiefel. Da geht man eben besser auf Nummer Sicher, wie alle anderen auch.

Nur Sie haben mit alledem – wie gesagt – nichts zu tun! Oder vielleicht doch? Es gibt heute zahlenmäßig tatsächlich weitaus mehr Frauen und Männer als im Mittelalter, die sich der Welt des Okkulten (lateinisch: *occultus* = verborgen, geheim) verbunden fühlen und sich selbst als Hexe oder Magier bezeichnen. Ist das alles nur Feierabend-Voodoo gelangweilter Büromenschen, oder sind sie tatsächlich unter uns, die Werwölfe, Vampire, Buhlgeister, Elfen und Kobolde, oder sind sie nur Phantasiegebilde des Aberglaubens? Verbergen gefallene Engel ihr dichtes Haarkleid unter modischen Kostümen, Anzügen oder Krawatten und halten den verräterischen Schwefeldampf mit teuren Parfüms im Schach? Welche Gerüche haften diesen sonderbaren Geschöpfen denn eigentlich an? Was hat es mit der Magie auf sich, und wie kann man böse Geister in die Wüste jagen? Lassen Sie uns einen Blick in die Zwischenwelt wagen!

Magie – die »ungewisse« Kunst

Schon Paracelsus hatte die Tücken der Magie erkannt und sie als »Ars incerta« (lateinisch: *ars* = Kunst, *incertus* = ungewiß, nicht faßbar) beschrieben. Ziel magischer Handlungen ist es, ein Ereignis herbeizuführen, dessen Zustandekommen sich mit den Mitteln der anerkannten Wissenschaften nicht erklären läßt. Gerade die Unberechenbarkeit magischer Effekte hat dazu geführt, daß im abendländischen Weltbild kein Platz ist für die Magie als ernsthafte Wissenschaft. Dabei steht die Magie auf festen Säulen, die tief im Bewußtsein des Menschen verwurzelt sind. So bilden Religiosität und Sexualität zusammen eine Grundlage, auf der magische Handlungen gedeihen können. Beide Bereiche bescheren uns eine Fülle von Erlebnissen, die wir mit dem Verstand allein nicht fassen können.

Viele Tiere sind mit ihren Sinnesorganen zu Höchstleistungen fähig, die weit über unserer Vorstellungskraft liegen. Denken Sie nur an die Zugvögel oder an die rätselhaften Wanderungen der Wale, deren Futterplätze Tausende Seemeilen von dem Ort entfernt sind, an dem sie ihre Jungen gebären. Dabei haben sie weder Radar noch Kompaß oder Seekarten, ohne die wir vergleichbare Reisen niemals zustandebringen würden. Tiere sehen, hören und riechen Dinge, für die wir in der Regel blind oder taub sind und die von unserer Nase nicht zur Kenntnis genommen werden.

Könnte es nicht sein, daß einige Menschen Fähigkeiten aus unserer Vorvergangenheit in die Gegenwart herübergerettet haben, die den meisten von uns verlorengegangen sind? Phänomene wie Hellsehen, Gedankenübertragung oder instinktiv richtiges Verhalten bei Krankheit und Gefahr sind im Tierreich wohlbekannt und untersucht. Wer möchte da ernsthaft bezweifeln, daß auch wir Menschen in den Tiefen unseres Wesens über vergleichbare Fähigkeiten verfügen?

Vergessen Sie nicht, daß auch die Kirche davon überzeugt ist, daß es nichtmenschliche Wesen gibt, die um Beistand angefleht werden können. Haben Sie selbst nicht auch schon gelegentlich das Gefühl gehabt, daß Ihr persönlicher Schutzengel rechtzeitig zur Stelle war, um Sie vor einer Gefahr zu schützen?

Wie kommen okkulte Phänomene zustande?

In seiner Münchner Praxis setzt Dr. rer. nat. Max Amann, Diplomchemiker und Heilpraktiker, Homöopathie, Akupunktur, Aroma-, Phyto- und Psychotherapie ebenso ein wie die heilmagischen Wir-

kungen von Pflanzen. Aus seiner praktischen Arbeit ergab sich zwangsläufig die Auseinandersetzung mit okkulten Phänomenen, die ihn auch immer wieder mit der Macht des Bösen konfrontiert. Aufgrund seiner Erfahrungen konnte er wichtige Fragen zu diesem Themenkreis beantworten.

Praxisgespräch

Düfte, Magie und Medizin – wie vertragen sie sich?

Die medizinische Anwendung ätherischer Öle geht in früheste Zeiten zurück. Im alten Ägypten und Babylonien stand der Einsatz duftender Zubereitungen für rituelle Salbungen, Einbalsamierungen oder Räucherungen immer unter religiösen Gesichtspunkten. Man verwendete auch riechende Baumaterialien: So waren der Tempel in Jerusalem und die Bundeslade mit dem aromatischen Holz der Libanonzeder ausgekleidet. Das Orakel von Delphi war mit dichten Rauchschwaden verhangen, wenn die griechische Seherin Pythia ihre Weissagungen machte. Vergessen Sie nicht, daß auch heute noch in den Kirchen Weihrauch verbrannt wird!

Wie lautet die Botschaft des Geruchs?

In alttestamentarischen Zeiten erfolgte die rituelle Anwendung von Riechstoffen, um etwas zu zitieren, was nicht menschlich war, oder um etwas zu vertreiben. Anscheinend eröffnet der Geruchssinn einen Zugang zu Wahrnehmungen, die unter normalen Umständen nicht auftreten. Die Ägypter schätzten vor allem den Schutzeffekt, der durch Räucherungen ausgelöst wurde.

Heilige riechen blumig, süß und fein, der Teufel stinkt nach Pech und Schwefel.

Der Teufel wird tief im Inneren der Erde vermutet. Aus einem Vulkan oder natürlichen Schwefelquellen entsteigen demnach die Abgase der Unterwelt. Wir haben hier ganz reale Geruchswahrnehmungen, deren Deutung uns unsere Vorfahren überliefert haben. Hier begegnet uns aber auch das alchimistische Sulfurprinzip (lateinisch: *sulphur* = Schwefel), Sinnbild des Brennenden und der Leidenschaft, beide überaus »teuflische« Eigenschaften.

Der süße Geruch der Heiligkeit dürfte sich vom Duft der Blüten und Früchte herleiten, der die Luft erfüllt und die Menschen in beste Stimmung versetzt. Er kommt vermeintlich »von oben«, dort, wo die Götter schon immer vermutet wurden. Ganz so einfach dürfte es aber nicht sein. Schließlich riecht auch ein anständiger Rettichsalat nach Schwefel und ist doch z. B. im frommen Bayern sehr beliebt – übrigens zu Recht, weil er ausgesprochen gesund ist.

Tanz der Vampire

Der Vampirismus hielt zu Ende des 15. und Anfang des 16. Jahrhunderts vor allem in slawischen Ländern die Menschen in Bann. Von dort verbreitete er sich nach Mittel- und Nordeuropa und fand selbst im fernen Schottland seine Opfer.

Das geschichtlich verbriefte Vorbild des Vampirs, Vlad IV. Tepes (= der Pfähler) Dracula, Fürst der Walachei, starb 1476 oder 1477 im Alter von 46 Jahren unter ungeklärten Umständen in der Nähe von Bukarest. Als transsilvanischer Nationalheld hatte er seine Heimat erfolgreich gegen die Türken verteidigt. Außerdem war er wegen seiner ungeheuren Grausamkeit gegenüber Feinden gefürchtet. Er soll nicht nur ihr Blut getrunken, sondern sie auch auf qualvollste

Weise vom Leben zum Tod befördert haben: Ein langer, zugespitzter Pfahl wurde dem Opfer durch After und Gedärme gerammt und dann so aufgestellt, daß er durch das Gewicht des Gepfählten immer tiefer in dessen Körper drang. Es konnte Tage dauern, bis der erlösende Tod eintrat. Fürst Dracula soll es genossen haben, sein Frühstück inmitten seiner auf diese Weise geschundenen Feinde einzunehmen.

Der irische Schriftsteller Bram Stoker schrieb 1897 seinen berühmten Roman »Dracula« auf der Grundlage der tatsächlichen Ereignisse. Dieses Buch ist jedem, der sich mit dem Phänomen des Vampirismus auseinandersetzen will oder muß, dringendst zu empfehlen.

Vampire gibt es nicht wirklich. Die menschliche Vorstellungskraft kann sie sich vorgaukeln, wenn Teile des Ichs so weitgehend eingeschränkt sind, daß eine Persönlichkeitsspaltung unvermeidlich wird. So kann eine gestörte sexuelle Ausgangslage der mögliche Anstoß für vampiristische Umtriebe sein. In Gestalt ihres »anderen Ichs« hält sich die von ihren Trieben gepeitschte, geschlechtlich zu kurz gekommene und enttäuschte Persönlichkeit bevorzugt an jüngeren Menschen dafür schadlos, daß ihr keine auch nur annähernd normale Befriedigung ihrer sexuellen Bedürfnisse gewährt wird. Fortgesetzte Zurückweisung und Entbehrung schlagen in Haß und Zerstörungswut um, und die Zeichen für schändliches Tun sind gesetzt. Gewalt kann viele Gesichter haben. Das Blutsaugen des Vampirs ist jedenfalls nur als Sinnbild zu begreifen.

Vampire – »untote« Schmarotzer der Lebenden

Ohne Einschränkung kommt der Vampir aus dem Reich des Bösen, denn er fügt aus purem Eigennutz unschuldigen Menschen Schaden an Leib und Seele zu. In den überlieferten Geschichten bezieht er seine magische Aura aus der Unverweslichkeit seines Leibes nach dem Tod. Besiegt werden kann er nur durch Pfählen, Enthaupten und Verbrennen. Das Opfer, in das er seine Zähne geschlagen hat, muß selbst eine Verwandlung zum blutrünstigen Ungeheuer durchmachen. Der Lebenssaft der Untoten ist frisches Blut, mit ihm halten sie ihre Verbindung zur Welt der Lebenden aufrecht. Das Verlangen dieses finsteren Wesens, einen Menschen zu besitzen, zu unterwerfen und »auszusaugen«, hat eindeutig sexuell-krankhafte Züge. Vampire vertragen kein Tageslicht und sind überaus empfindlich gegenüber bestimmten Gerüchen, wie z. B. Knoblauch.

Die Schulmedizin erklärt den Vampirismus – mit Ausnahme der Unverweslichkeit des Leibes – durchaus überzeugend mit dem Krankheitsbild der Porphyrie.

Eine Erklärung dafür, warum Vampire nicht sterben können, bleibt die Wissenschaft allerdings schuldig. Bis heute wird darüber gestritten, wann ein Mensch wirklich tot ist. Man kann sich also gut vorstellen, daß in früheren Zeiten z. B. ein Scheintoter sehr viel leichter für tatsächlich verstorben gehalten wurde als heute. Natürlich entstehen schaurige Geschichten, wenn der (endlich) verstorbene Großvater zwei Tage nach seiner Aufbahrung unrasiert und hungrig wieder in der Küche steht.

Interessant ist, daß auch viele Heilige der katholischen Kirche für unverweslich gehalten werden. Das bekannteste Beispiel dafür dürfte Frankreich liefern: Die heilige Bernadette von Lourdes verstarb (?) 1879 in Nevers, ist dort auch aufgebahrt und heute noch zu besichtigen. Die körperliche Unvergänglichkeit erscheint hier als Folge und Beweis eines durch die Verbindung zu Gott gewandelten Seelenzustands und rückt eine Wiederauferstehung in den Bereich des Vorstellbaren.

Psychologische Hintergründe

Auch alles, wovon man sich nicht befreien kann und was immer wieder den Alltag zur Plage werden läßt, ist »untot«. Der böse Geist

Krankheitsbild der Porphyrie

Wenn die Blutbildung nicht funktioniert …

Die Porphyrie (griechisch: *porphyra* = Purpur) ist eine angeborene oder erworbene Erkrankung des blutbildenden Systems und/oder der Leber. Sie ist durch folgende Merkmale gekennzeichnet:

- gesteigerte Lichtempfindlichkeit mit Auftreten von krankhaften Hautveränderungen in Form von Rötung, Blasenbildung und Vernarbung.
- stark rotgefärbter Urin,
- rotbraun verfärbte Zähne,
- Neigung zu Darmkrämpfen, Kreislaufstörungen bis zur Atemlähmung, Herzjagen, Nervenentzündungen und Depressionen.

Verantwortlich für diese Beschwerden ist eine Störung der Bildung des roten Blutfarbstoffes. Dabei entstehende Zwischenprodukte, die Porphyrine, werden vermehrt mit dem Harn ausgeschieden und verursachen dessen Rotfärbung. Im Lauf der Zeit steigert sich die Empfindlichkeit gegenüber bestimmten chemischen Reizen, die geeignet sind, einen akuten Krankheitsschub auszulösen. Dazu gehören zahlreiche Medikamente, z. B. schmerzstillende Präparate, Antibiotika, Hormone und Mittel gegen Zuckerkrankheit, vor allem aber schwefelhaltige Chemikalien.

Schwefel ist der Stoff, den Vampire nicht mögen: Im ätherischen Öl des Knoblauchs findet sich die schwefelhaltige Substanz Allicin. Damit läßt sich der den – eigentlich an Porphyrie erkrankten – Vampiren nachgesagte Widerwille gegen den Knoblauchgeruch recht einleuchtend darlegen.

kann durch ein persönliches Schuldbewußtsein, das einen an eine bestimmte Person kettet, oder einen Umstand, dem man sich hilflos ausgeliefert fühlt, verkörpert sein. Die gesamte Lebensenergie wird aufgebraucht, um in so einer bedrückenden Abhängigkeit auch nur halbwegs bestehen zu können und nicht unmittelbar mit Leib und Seele unterzugehen. Nur mit einem ungeheuren Kraftakt können solche Fesseln zerschlagen werden. Voraussetzung dafür ist die Überwindung der eigenen Angst, und so ist auch die Botschaft, die hinter dem Bild einer »Pfählung« oder ähnlicher Verrichtungen steht, zu verstehen.

Die Lichtscheu kann zweierlei bedeuten: Entweder liegen Probleme vor, die nicht »ans Tageslicht« kommen sollen, oder böse Kräfte sind tatsächlich »im Dunklen«, also hinter dem Rücken eines Menschen, am Werk. Sie zielen darauf ab, mit undurchsichtigen Machenschaften ihr Opfer auszubeuten, selbstverständlich unter dem Vorwand, daß alles nur zum Besten für die Beteiligten geschehe.

Eine ausgeprägte Vorliebe für materielle Belange bedeutet das Bild des frischen Blutes, das gesaugt wird. Den Anschauungsunterricht dafür bietet nahezu jedes private und soziale Umfeld. Denken Sie nur an das Schmunzeln bei gewissen Bänkern, die Ihnen gerade einen Kredit aufgeschwätzt haben, von dessen Kosten Sie sich – wenn überhaupt – so schnell nicht wieder erholen werden. Blutsaugerei sind auch die endlosen Grabenkämpfe in der Familie oder am Arbeitsplatz, bei denen jede Schwäche des anderen hemmungslos ausgenutzt wird, um ihn in die Knie zu zwingen.

Was ist zu tun, wenn man einen modernen Vampir am Hals sitzen hat? Woran erkennt man ihn, und wie kann man mit ihm zurechtkommen? Dr. Amann hat auch zu diesen Fragen die richtigen Antworten parat.

Praxisgespräch: Wie man Vampiren die Zähne zieht

Gibt es Vampire tatsächlich?

In meiner Praxis habe ich sie schon ziemlich oft erlebt. Der Vampir ist ein Mensch – überraschend häufig eine Frau – mit besonders schlechtem Energiehaushalt, blaß, schlank, zart und blutarm. Er ist ein eher unauffälliger Typ, den man leicht übersehen könnte.

Was treibt der Vampir, oder was treibt ihn um?

Dieser Menschentyp ist keineswegs selten, er saugt anderen die Energie weg. Als Patient laugt er seinen Therapeuten in kürzester Zeit aus. Vampire suchen Personen mit Energieüberschüssen auf und finden immer wieder neue Vorwände, um sich in ihrer Nähe aufzuhalten. Naturheilkundigen ist dieses Verhalten im allgemeinen sehr gut bekannt. Vor allem feinfühlige Menschen und solche mit Geistheilerfähigkeiten sind besonders leicht anzuzapfen.

Und wie geht das praktisch vor sich?

Ein Beispiel aus meiner Praxis: Ein Masseur arbeitete gemeinsam mit sechs anderen Kollegen, die Patienten wollten sich aber immer nur seinen Händen anvertrauen. Als er mich aufsuchte, stand er kurz vor einem Zusammenbruch. Ich klärte ihn darüber auf, daß er über Geistheilerfähigkeiten verfügt und bei jeder Massage unbewußt Energie auf den Patienten übertrug, bis er sich zuletzt völlig verausgabt hatte. Unter den Leuten, die sich gern massieren lassen und Körpertherapie betreiben, finden sich oft Vampire. Sie sind sich ihres Zustands nicht bewußt und tatsächlich als krank zu betrachten.

Manche Vampire sind imstande, bei einem Telefongespräch Energie über die Leitung abzuzapfen oder sogar auf gedanklichem Weg von räumlich entfernten Bekannten Energie zu ziehen. Ich hatte einen Patienten, der mich regelmäßig anrief, wenn er sich nicht wohl fühlte. Er begründete seine Anrufe damit, daß es ihm schlagartig bessergehen würde, sobald er meine Stimme hörte. Mehrere Fälle dieser Art haben mich nach schweren Verlusten von Energie in Lebensgefahr gebracht.

Es ist nicht so leicht, sich diesen Energiefluß vorzustellen.
Leute, die berühmt sind, stellen oft fest, daß viele ihrer Bewunderer sie berühren wollen. Was dahintersteckt, ist klar: Solche Menschen sind stark mit Energie aufgeladen und können angezapft werden. Die Wurzel für dieses Verhalten läßt sich bis in die alten Religionen zurückverfolgen. Sie verbieten, den Gottkönig zu berühren. Er darf auch keinesfalls barfuß laufen, am besten soll er immer getragen werden, um den Energieabfluß zu verhindern. Wozu das führen kann, zeigt das Beispiel eines thailändischen Königs, der verunglückt war. Niemand getraute sich, ihm zu helfen, weil er durch eine Berührung entladen worden wäre.

Wenn sich ein kleiner Sauger an einem festgebissen hat, was kann man da unternehmen?
Damit sind wir beim Knoblauch und anderen Schutzmitteln. Es gibt eine Reihe von Lebensmitteln und Gewürzen mit starkem Eigengeruch, die nicht jeder mag.

Die Nomadenstämme Persiens sind wie alle Menschen, die in einsamen Gegenden leben, überzeugt, daß die Gefahr, von Dämonen besessen zu werden, extrem hoch ist. Wie das Abendland den Knoblauch einsetzt, verwenden sie Asa Foetida, um die Störenfriede in die Wüste zu jagen. Der Geruch des Stinkasant, wie er auch heißt, ist durchdringend faulig und schweflig-lauchig und dem des Knoblauchs sehr ähnlich – wenn auch ungleich stärker.

Alle senfölhaltigen Pflanzen scheinen geeignet zu sein, die energetische Aufladung zu fördern und gleichzeitig die Gefahr, angezapft zu werden, zu verringern. Es handelt sich durchwegs um wertvolle Heilpflanzen, deren lebensverlängernde, antisklerotische und sogar antikrebswirksame Eigenschaften auch wissenschaftlich heute schon gut untersucht sind. Offensichtlich verbessern sie den Energiestatus in einem Ausmaß, daß ein Angriff erfolgreich abgewehrt werden kann.

So wird auch verständlich, daß man dem Dämon, der sein Opfer schwächt und krank macht, gerade die Kraft einer bekannten und wirksamen Heilpflanze entgegensetzt. Der Effekt wird verbessert, wenn die Pflanze mit einem starken Eigengeruch, als Statthalter ihrer Heilkraft, die Raumluft erfüllt. Dahinter stecken natürlich Vorstellungen vom Entstehen der Krankheiten, die sich vom derzeitigen Weltbild deutlich unterscheiden.

Den Vampiren werden unterschwellige sexuelle Beweggründe nachgesagt.

Das ist richtig, aber der Vampir will keine sexuelle Befriedigung, sondern er will aussaugen! Am einfachsten dafür ist natürlich der sexuelle Kontakt. Aber es geht in erster Linie um die Nähe und den intimen Kontakt zur Zapfstelle. Am Anfang steht oft nur die scheinbar zufällige Berührung. Manchmal kann der Schmarotzer allein schon durch diese kleine Manipulation alle Energie an sich reißen. Der Vampir ist keineswegs eine Sexbombe oder ein allzeit einsatzbereiter Liebhaber, sondern eher ein kleines, zartes, fahles Geschöpf.

Die Ursache für seine Energieleere ist aber in der Tat sehr häufig der unüberwindbare Gegensatz zwischen seinen übermächtigen persönlichen sexuellen Trieben und der ihn umgebenden Wirklichkeit, die ihm jede Möglichkeit der Umsetzung dafür verwehrt. Ohne Zweifel ist eine erfüllte Sexualität die größte Energiequelle, die wir haben! Versiegt diese Quelle, wird der Mensch krank. Homosexuelle sind übrigens beliebte Opfer weiblicher Vampire, die durchaus nicht ihre durchschlagende erotische Anziehungskraft durch die

Verführung eines schwulen Mannes beweisen wollen. Es geht ihnen schlicht und ergreifend um das Aussaugen eines relativ wehrlosen Opfers.

Der Knoblauch gilt ja in der Volksheilkunde als hochwirksames Aphrodisiakum. Sein Aroma paßt auch wunderbar in das Muster der Steroidgerüche, die eine unterschwellige Pheromonwirkung entfalten können.

Das wäre eine gute Erklärung dafür, warum Vampire gerade den Geruch des Knoblauchs verabscheuen. Der Pheromonduft streut Salz in die Wunden seiner Seele und deckt die krankhafte Veranlagung auf. Man denke dabei an die bekannten Pheromoneffekte bei Tieren: Der arteigene Sexuallockstoff führt dazu, daß ein angeborenes Verhalten wie ein Programm abläuft. Beim Menschen kann die sexuelle Störung zu Reaktionen führen, bei denen die Nase und der Geruchssinn eine besondere Rolle zu spielen beginnen. Ich erwähne als Beispiel nur das zwanghafte Beschnüffeln von fremder, getragener Unterwäsche. Und so ist es durchaus vorstellbar, daß die Steroidnote des Knoblaucharomas eine Art »Super-Pheromoneffekt« bei dem armen Vampir auslöst. Das stellt für ihn insofern eine Bedrohung dar, als daß er jede Kontrolle über sein Verhalten zu verlieren droht und seine eigentlichen Beweggründe offensichtlich werden.

Gibt es ein Rezept, mit dem man ganz allgemein eine schützende Aura gegen magische Angriffe aufbauen kann – vielleicht ohne Knoblauch?

Viele ätherische Öle aus sogenannten weißmagischen Kräutern sind geeignet, vor dem Bösen zu schützen und riechen dabei oft auch sehr angenehm. Guten Erfolg verspricht ein Sonne-Venus-Rezept, dessen Zusammensetzung ähnlich ist wie die von Mitteln gegen Energieleere. Man sollte gleichzeitig als Hilfsstein einen Rosenquarz tragen und innerlich Engelwurz- und Johanniskrauttinktur einnehmen.

Rezept: Schutz gegen Vampire und bösen Zauber	
– Cassiablütenöl – Geraniumöl – Litsea-Cubeba-Öl – Origanumöl	– Vertiveröl – Zimtöl – eventuell Rosenöl
Das Mischungsverhältnis sollte so gewählt werden, wie es dem einzelnen zusagt. Die Öle werden entweder in die Duftlampe gegeben oder verdünnt als Parfüm getragen.	

Mit Sicherheit duften diese Essenzen sehr viel angenehmer als Knoblauch. Sein typischer Senfölgeruch hat aber doch einen besonderen Stellenwert. Aus klinischen Beobachtungen weiß man, daß Patienten, deren Narkose mit dem Betäubungsmittel Thiopental eingeleitet wird, den Geschmack von Zwiebeln und Knoblauch im Mund spüren. Solange es keine bessere Erklärung dafür gibt, kann man annehmen, daß der Mensch besondere Rezeptoren für Senfölgerüche hat. Möglicherweise werden sie angeregt, wenn das Bewußtsein im Vorfeld der Narkose seinen Zugriff auf das Unbewußte lockert.

Ein kleiner Ausritt zum Blocksberg

Was wir uns unter dem Treiben mittelalterlicher Hexen vorstellen, entspricht mit Sicherheit nicht den tatsächlichen Lebensumständen all jener unglücklichen Frauen, die nach grausamer Folter auf dem Scheiterhaufen endeten. Bei den Zeugnissen, die aus dieser Zeit überliefert wurden, handelt es sich fast nur um Aufzeichnungen von Vernehmungen und Geständnissen, die den armen Geschöpfen unter Qualen abgerungen wurden, sowie um Urteilssprüche. Die »Schuldbekenntnisse« hatten immer den nahezu gleichen Wortlaut, das folgende Beispiel zeigt nur eines der ungezählten Schicksale:

»Anna Barbara Neudeckherin Ledigstandts in die 15 Jahre alt, ist auf unterschiedliche Bekanntnuß hexerey halber zuer verhafft genohmen und derentwegen den Kayserl Rechten gemeß. güet und Peinlich Examiniert worden. Die bekennt das Sie auf weist und formb Inhalt Ihrer orginal Aussag. nunmehro vor 2 Jahren zu diesem Elend und erschröcklichem Hexenlaster verführt worden, habe auch volgendte Uebenthaten wahrhaftig begangen. Erstlich hette Sie sich in einen Knaben verliebt gehabt, wehre hernacher die gestalt desselben Jünglings so auch in diesen Hexenlaster zu Ihr komme, mit Ihr gechertzet, Sie zur Unzucht und dahin beredt, daß Sie sich Ihme Sein zu sein versprochen, welches hernach der böese feindt gewest, dene Sie an seiner abscheulichen gestalt erkennt. Habe auch zum andtern off deß bösen Geistes betrohen unndt Zureden Gott den allmächtigen undt die heilige Jungfrau Maria unchristlicher weiß verlaugnet.«

Eine Hexe, die auch durch die Folter nicht zu einem Geständnis gezwungen werden konnte, wurde kurzerhand einem sogenannten Gottesurteil ausgesetzt. Dazu mußte sie eine Untersuchung auf »Hexenmale« über sich ergehen lassen. Solche Zeichen waren schnell entdeckt, z. B. in Form eines vergrößerten Muttermals, und reichten als Beweis aus. Viel Gewicht wurde auch auf die »Wasserprobe« gelegt, bei der man die gefesselte Angeklagte in fließendes Wasser warf. Versank sie in den Fluten, war sie unschuldig (und ertrank), gelang es ihr zu schwimmen, war ihre Schuld erwiesen, und sie wurde verbrannt. Das Urteil stand immer von vornherein fest. Unsicher war lediglich der Zeitpunkt, zu dem die »hochnotpeinliche Befragung« die Wahrheit ans Licht bringen würde.

Im Jahr 1489 erschien der berühmte »Hexenhammer« (Malleus maleficarum), ein unsägliches Buch der beiden Dominikaner Heinrich Institoris und Jakob Sprenger. Es fand mit Hilfe der gerade erfundenen Buchdruckerkunst rasche Verbreitung. Die darin beschriebene »wissenschaftliche« Lehre der Hexenverfolgung diente den Zeitgenossen als Anleitung zum Aufspüren und Beseitigen der bedauernswerten Frauen. Erst mit diesem Machwerk entstand das uns überlieferte Bild der sexbesessenen alten Vettel, welche die Buhlschaft mit dem Teufel eingeht, ihre Salben aus dem Fett ungetaufter Kinder zubereitet und jeden frommen Mann in der Festigkeit seines Glaubens zu erschüttern droht.

Die Hexenfigur ist zweifellos ein ideales Feindbild für die Vertreter einer vollkommen auf den Mann ausgerichteten Gesellschaftsform, für deren Fortbestand die rücksichtslose Unterdrückung der Frau absolut unverzichtbar ist. Nicht zu Unrecht wird die Theorie vertreten, der Hexenwahn sei Ausdruck eines mittelalterlichen Kraftaktes, die letzten Überbleibsel matriarchalischer Strukturen früherer Zeiten zu beseitigen. Darüber hinaus mögen einzelne, vom Zölibat gepeinigte Männer ihre unbefriedigten sexuellen Gelüste durch Foltern und Töten sinnlicher, für sie unerreichbarer Frauen abreagiert haben.

Das Hexenwesen selbst ist keine Erfindung des Mittelalters, seine Wurzeln lassen sich bis in die Antike und sogar in die Jungsteinzeit zurückverfolgen. Was wir als Hexenkult bezeichnen, ist nichts anderes als die Fortführung früher religiöser Traditionen und des magischen Wissens vergangener Zeiten. Wahrscheinlich hat die Amtskirche ihren größten Fehler begangen, als sie sich entschloß, diesen enormen Bestand an Menschen und Wissen nicht für sich selbst zu nutzen, sondern ihn in einem beispiellosen blutigen Feldzug auszurotten.

Mit der Einführung der »Heiligen Inquisition« (Verfolgung und Verurteilung Ungläubiger) in Toulouse hat im Jahr 1229 der Feldzug der katholischen Kirche gegen Ketzer und Abtrünnige begonnen. Zunächst war nur zur Jagd auf verschiedene nicht kirchentreue Gruppen geblasen worden, vor allem auf die Katharer, die den »reinen« Glauben vertraten und sich von Rom losgesagt hatten. Es gelang auch innerhalb von 200 Jahren, die Katharer zum »Ruhme des Herrn« planmäßig zu vernichten. Nachdem festgestellt worden war, wie erfolgreich die Macht des Heiligen Stuhles durch eine Schrekkensherrschaft gesichert werden konnte, führte die Suche nach neuen Opfern fast zwangsläufig zu den Personenkreisen, in denen alte heidnische Bräuche gepflegt wurden und die auch beachtlichen Zulauf aus der Bevölkerung hatten. In Zeiten von Mißernten und Seuchen war es wichtig, möglichst rasch einen Schuldigen benennen zu können, um zu verhindern, daß die breite Masse sich aus Verzweiflung vom rechten Glauben und der Kirchenlehre verabschiedete.

Im Jahr 1326 gelang es dann den Dominikanern, den an Verfolgungswahn leidenden Papst Johannes XXII. dazu zu bewegen, die planmäßige Verfolgung und Vernichtung der Hexen anzuordnen. Hexerei wurde zum eigenständigen Verbrechen erklärt, und vier Jahrhunderte lang wurden Hexen aufgespürt, gefoltert und dem Feuertod preisgegeben.

Sex, Drogen und wilde Tänze: Hexen haben mehr zu bieten!

Welche Gefühle die Menschen des Mittelalters bewegt haben, können wir heute nicht mehr nachvollziehen. Man kann jedoch davon ausgehen, daß es zu allen Zeiten ein menschliches Grundbedürfnis war, die Grenzen der eigenen Vorstellungskraft auszukundschaften und in Bereiche vorzudringen, die jenseits der mit dem Verstand erfaßbaren Welt angesiedelt sind.

Unsägliche Plackerei, Seuchen, Kriege, Krankheiten und früher Tod bestimmten in den blutigen Jahrhunderten der Hexenjagden das Leben. Ohne Frage war die Angst das bestimmende Lebensgefühl des Menschen jener Zeit. Aus der eigenen Not entsteht nur allzu leicht die Bereitschaft zur Gewalt gegen Randgruppen. Das war so und ist so geblieben. Denken Sie an die brennenden Wohnheime von Asylbewerbern in unseren Tagen! Auch die Wahl der Mittel hat sich nicht verändert. Für viele gilt immer noch: Ins Feuer mit allen, die uns nicht passen!

So war der Hexenkult des Mittelalters für die mittellose und ungebildete breite Masse der Bevölkerung ein Spielplatz der Phantasie, wenn man gespannt den Berichten fahrender Geschichtenerzähler über das verwerfliche Treiben der Hexen lauschte. Gleichzeitig bot das Hexenwesen auch eine Möglichkeit, Dampf abzulassen gegen Kirche und Adel, die gemeinsam beschlossen hatten, das Volk zur Ader zu lassen. Für die Frauen selbst, die als Hexen galten, war die Triebfeder der Ausbruch aus der strengen Beschränkung ihrer eigenen Verwirklichung durch die Vorschriften der Obrigkeit. Im Vordergrund stand dabei der Wille zur sexuellen Selbstbestimmung, und es wäre ein Irrtum, zu glauben, daß nur ungebildete, einfache Frauen aus dem Volk auf die Idee gekommen waren, als Hexe leben zu wollen. Oftmals waren es gerade hochgestellte Damen, die mit ihrer Zauberkunst an den Gittern ihres goldenen Käfigs zu rütteln versuchten.

In Wirklichkeit waren die Hexen wohl eher unabhängige und sexuell selbständige »weise Frauen«, die ein umfassendes Wissen auf den Gebieten der Kräuterheilkunde, der Zubereitung von Liebesmitteln, der Geburtshilfe und verschiedener Abtreibungstechniken auszeichnete. Ihre »alternativen« Heilmethoden bildeten den unerwünschten Gegenpol zur damaligen »Schulmedizin« der Klostergärten, in denen der aus der Antike überlieferte Schatz pflanzlicher Arzneimittel gepflegt wurde. Mit ihrem »freien« Leben und ihrem Willen zur Selbstbestimmung waren die Hexen ihren Geschlechtsgenossinnen um Jahrhunderte voraus. Nicht zuletzt deshalb empfinden auch heute noch viele Frauen eine echte und tiefe Seelenverwandtschaft mit ihnen.

Ein Blick in die Hexenküche

Was den Hexen vor allem nachgesagt wurde, war eine Vorliebe für bewußtseinsverändernde Rauschmittel, unter deren Einfluß sie die sagenumwobenen Ritte durch den Schornstein ihres Hauses hin zu den Hexentanzplätzen unternahmen. Vielleicht waren sie die einzigen, die den verantwortungsvollen Umgang mit derartigen Drogen je beherrscht haben. Alle Versuche moderner Intellektueller (z. B. Aldous Huxley: Pforten der Wahrnehmung) in dieser Richtung sind letztlich nicht nur gescheitert, sondern haben auch den geistigen Nährboden für unsere heutigen Rauschgiftprobleme vorbereitet.

Selbstverständlich wurde viel darüber gerätselt, ob die Hexensabbate (hebräisch: *shabbath* = Feiertag) tatsächlich stattgefunden haben oder sich unter Drogeneinfluß in der Phantasie der Teilnehmer abgespielt haben. Es ist anzunehmen, daß es Zusammenkünfte an geheimen Orten gab, bei denen die Versammelten vielleicht um einen als Ziegenbock verkleideten Mann getanzt sind. Möglicherweise hat er auch aus einer Schweinsblase Milch verspritzt, um den entfesselten und ausschweifenden Charakter der Veranstaltung darzustellen.

Der echte Sabbatritt, die Reise zu Satan, um sich ihm sexuell zu unterwerfen und die eigene Persönlichkeit aufzugeben, konnte natürlich nur unter dem Einfluß von Rauschgiften und anderen bewußtseinsverändernden Maßnahmen angetreten werden. Im Rausch hatten die Hexen das Gefühl, durch die Lüfte zu fliegen, an wilden sexuellen Ausschweifungen teilzunehmen und sich in Tiere, bevorzugt Eulen, zu verwandeln.

Neuere wissenschaftliche Versuche haben ergeben, daß solche Trugbilder sehr stark von der psychischen Verfassung und den Erwartungen der einzelnen Person abhängig sind. Bis heute sind wir aber nicht in der Lage, für die meisten Rauschgifte die genauen biochemischen Vorgänge zu beschreiben, die für die Wirkungen verantwortlich sind. Man kann sich gut vorstellen, daß der mittelalterliche Mensch einfach überzeugt davon war, die durch Drogen hervorgerufenen Trugbilder tatsächlich zu erleben, wenn auch in einer vermeintlich anderen Welt.

Auch für alle die Hexen betreffenden Fragen ist Dr. Amann eine »erste Adresse«. Seine Auffassung vom Hexenwesen hat er in einem weiteren Praxisgespräch erläutert.

Praxisgespräch: Hexen

Was muß man sich unter einer Hexe vorstellen?

Die Hexe ist eine hocherotische Person, die ihre sexuelle Energie übertragen will. Sie arbeitet mit ihr, indem sie ihre eigene Kraft zur Verfügung stellt. Deshalb muß es den Hexensabbat geben, an dem sie sich körperlich beteiligen kann. Ihre äußere Erscheinung, so wie sie uns bildhaft überliefert ist, verkörpert diese wilde Lebenslust: Sie ist die Frau mit langen roten Haaren und starkem körpereigenen Geruch – beide sind eindeutige sexuelle Signale, sozusagen »Schlüsselreize«.

Wie würde die moderne medizinische Psychologie solche Frauen einstufen?

Man würde ihr Verhalten als sexuelle Hysterie bezeichnen, also als ein weit über die normalen Vorstellungen hinausgehendes Bedürfnis, die eigene Geschlechtlichkeit auszuleben. Man darf allerdings nicht vergessen, daß die Sexualität der Frau in früheren Zeiten sehr viel stärker unterdrückt wurde als in unseren Tagen. Natürlich diente die Hexenkunst auch dazu, in Phantasie und Wirklichkeit den rücksichtslosen Beschränkungen des weiblichen Geschlechtslebens entgehen zu können.

Wie gelang den Hexen denn der Sabbatritt?
Dazu wurden vor allem berauschende Pflanzenextrakte in Form von frisch zubereiteten »Flugsalben« in die Haut einmassiert. Auf diese Weise war die in den Organismus gelangende Menge der hochgiftigen Drogen besser zu steuern als bei innerer Einnahme. Überlieferte Beschreibungen von Vergiftungsfällen entsprechen dem medizinischen Bild einer gleichzeitigen Vergiftung mit verschiedenen Substanzen. Die Wirkung der Hexensalben reichte vom Dämmerschlaf bis zur agitierten Psychose, verbunden mit Halluzinationen meist sexuellen Inhalts. Diesem Zustand folgte eine amnestische Störung (griechisch: *amnesia* = keine Erinnerung, Vergeßlichkeit) im Hinblick auf die Realität der Erlebnisse.

Welche Pflanzen wurden verwendet?
Die wirksamsten Bestandteile waren Tollkirsche, Bilsenkraut, Stechapfel und Alraune, die alle zur Familie der Nachtschattengewächse gehören. Andere giftige Pflanzen, die verwendet wurden, waren Schierling und Eisenhut. Die Salben enthielten daneben aber auch »harmlosere« Drogen wie Sellerie, Kalmus, Iriswurzel, Weihrauch, wilde Möhre und Pappelknospen. Dagegen wurden z. B. Rosen so gut wie nie in Hexensalben verarbeitet.

Wie haben die Hexensalben gerochen?
Alle alten Gerichtsakten berichten von einem strengen, herben, dumpfen und scharfen Geruch, der offenbar nichts mit dem Duft zu tun hatte, den man von Salben gewöhnt ist. Vor allem die Nachtschattengewächse riechen sehr seltsam, was man in der Natur jederzeit überprüfen kann.

Ein ähnliches Aroma hat übrigens auch das zu medizinischen Zwecken und als Fixativ verwendete Galbanum (Harz eines asiatischen Doldenblütlers), an dem ich in der Praxis gerne Patienten riechen lasse. Vor allem Verstandesmenschen sind davon mitunter recht angetan. Galbanum eignet sich in der Magie übrigens vorzüglich, um Dämonen herbeizurufen.

Wurde der Geruch der Nachtschattengewächse schon näher untersucht?
Die Alkaloide Atropin und Scopolamin, also die pharmakologisch wirksamen Bestandteile, sind praktisch geruchlos. Andere Begleitstoffe sind wenig erforscht. Man könnte sich zum Beispiel vorstellen, daß ein Zwischenprodukt in der Biosynthese der Alkaloide als Geruchsträger auftritt. Eine solche Zwischenstufe ist etwa das Putrescin, eine stark riechende Verbindung, die auch als eines der Leichengifte bei der Verwesung entsteht. Ein derartiger Duft ist natürlich bestens geeignet, den Weg zu einer anderen Ebene der Erfahrung zu bahnen. Es wäre sogar interessant, darüber nachzudenken, ob es die Natur so eingerichtet hat, hochgiftige Pflanzen mit solchen geruchlichen Informationsträgern auszustatten, um deren Auffinden zu erleichtern. Damit verläßt man natürlich den Boden der rein biologischen Betrachtungsweise. Schließlich waren die Hexen aber keine Universitätsprofessoren und entdeckten ihre Pflanzen ausschließlich durch Intuition und Erfahrung.

Welche Rolle spielten die duftenden Bestandteile in der Hexensalbe?
Man kann die Hexensalbe als Modell eines biologischen Systems begreifen. Wir haben auf der einen Seite Substanzen, die über den Blutstrom ins Gehirn gelangen und dort die objektive Wahrnehmung verändern und zu Halluzinationen führen. Andererseits entsteigt den Salben ein Duft, der an der Nasenschleimhaut einen elektrischen Impuls auslöst und im Gehirn eine bestimmte gefühlsmäßige Ausgangslage für das Rauscherlebnis vorbereitet.

Sellerie, Iris- und Kalmuswurzel enthalten doch eindeutig pheromonähnliche Riechstoffe?
Das ist der Kniff dabei. Man kann mit diesem Ansatz wunderbar erklären, warum die Inhalte der Rauschvisionen der Hexen immer einen sexuellen Charakter hatten. Unter dem Einfluß der Alkaloide befreit sich das Bewußtsein von den auferlegten und anerzogenen Beschränkungen seiner Vorstellungskraft. Die Pheromongerüche lenken die Visionen in die gewünschte Richtung. Das Ergebnis ist dann kein unkontrollierter Rausch, sondern das beabsichtigte sexuelle Abenteuer. Das ist reichlich raffiniert.

Soweit bekannt ist, hielten die Hexen vor jedem Sabbatritt einige Tage strenge und fleischlose Diät. Was wollten sie damit erreichen?
Dadurch haben sie die Wirksamkeit der Salbe gesteigert. Nach einer Diät nimmt der Körper die zugeführten Stoffe schneller auf. Auch die Riechempfindlichkeit kann erheblich zunehmen.

Steckt hinter der Hexerei also doch nicht mehr als das geschickte Anwenden pflanzlicher Eigenschaften zum eigenen Nutzen?
Man darf nicht den Fehler machen, alles rein stofflich erklären zu wollen. Vieles an der Hexenkunst ist echte Magie und mit naturwissenschaftlichen Methoden weder zu beschreiben noch zu begreifen.

Was wäre denn ein Beispiel für eine typische Hexenpflanze, deren Wirkung mit dem Verstand nicht zu erfassen ist?
Das Hexenkraut (Circaea lutetiana), das vom Aussehen her ganz unauffällig ist. Ich habe die Eigenschaften, die ihm zugeschrieben werden, lange Zeit für Unsinn gehalten, bin aber inzwischen von der Wirksamkeit der Pflanze überzeugt. Eine Frau, die Hexenkrauttinktur einnimmt, ist imstande, einen Mann sehr schnell um den Finger zu wickeln. Bei Frauen mit übersinnlichen Kräften genügt es bereits,

wenn sie ein paar Tropfen der Tinktur auf ihrer Stirn verreiben. Der Geruch des Hexenkrauts erinnert an den der Nachtschattengewächse. Die Wirkstoffe sind nicht untersucht, in der Heilkunde wird die Pflanze nicht verwendet, und sie ist auch nicht im Handel. Sie muß wohl die Sexualhormone der Frau ergänzen und so die weiblichen Eigenschaften fördern.

Gibt es Mittel, um Besessenheit festzustellen und zu behandeln?
Besessene kann man mit Hilfe einiger stark riechender Pflanzen entlarven, weil sie den Geruch nicht ertragen können. Beispiele sind Knoblauch, Engelwurz und Stinkasant (Asa foetida). Geruch und Geschmack des letzteren sind für Besessene noch in einer homöopathischen Verdünnung von D6 (1 : 1 000 000) unerträglich. Es ist deshalb schwierig, Besessene mit diesen Stoffen aus ihrem Zustand zu befreien. Es gibt aber noch andere Pflanzen, die seit uralten Zeiten zum Vertreiben von Hexen und zur Neutralisierung ihrer Flüche verwendet wurden. Das sind die sogenannten Verschrei- oder Berufkräuter. Schon die Namen einiger dieser Kräuter sprechen für sich: Allermannsharnisch, Scharfes Berufkraut, Engelwurz, Widerton oder Teufelsabbiß. Zur Behandlung muß ermittelt werden, welches Mittel im Einzelfall wirkt, und es muß ein Weg gefunden werden, es der Hexe oder dem Besessenen in rechtlich zulässiger Form zu verabreichen.

In die naturheilkundliche Praxis kommen auch immer wieder Patienten, die an einer Erkrankung des schizophrenen Formenkreises leiden und die z. B. glauben, verflucht zu sein oder daß ihre Energie abgesaugt wird usw. Ihre Krankheit hat mit den oben geschilderten Zuständen nichts zu tun. In solchen Fällen ist eine psychiatrische Behandlung durch Spezialisten erforderlich. Der Praktiker lernt sehr bald, Krankheiten dieser Art von Vorkommnissen mit übernatürlichem Hintergrund zu unterscheiden.

Mit welchen Pflanzen eine richtige Hexensalbe zubereitet wurde, wissen Sie jetzt. Was die wichtigsten – und giftigsten – davon auszeichnet, soll Ihnen die nachfolgende Liste zeigen, damit Sie sich ordentlich gruseln können. Nachdem Sie keine Giftmischer sind und auch keine mittelalterlichen Hexen, gilt für Sie aber ohne Ausnahme: **Finger weg von diesen Gewächsen!**

Ein Kraut um Mitternacht unter dem Galgen gepflückt – Hexenpflanzen

Nachtschattengewächse

Die wichtigsten Hexenpflanzen stammen – wie auch Kartoffel, Tomate und Tabak – aus der Familie der Nachtschattengewächse (Solanaceae). Sie wachsen häufig wild auf Schutthalden oder in der Nähe von Trümmerfeldern, aber auch an alten kultischen Stätten, »magischen Kraftorten«, und an Stellen, an denen es »nicht richtig« zugeht, wie ehemaligen Richtplätzen. Vielleicht sind sie früher an solchen Orten angepflanzt worden und haben sich dort bis heute erhalten.

Ihre chemisch wirksamen Inhaltsstoffe Atropin und das diesem verwandte Scopolamin greifen in die Regulierung des vom Willen nicht steuerbaren vegetativen Nervensystems ein. Vor allem scopolaminhaltige Drogen können vorübergehend zu Bewußtseinsspaltungen führen. Viele Hexenerlebnisse lassen sich mit den Merkmalen einer Atropinvergiftung erklären:

- erweiterte Pupillen, Sehen von Trugbildern, Lichtscheuheit,
- heisere, rauhe Stimme,
- hochrotes Gesicht,
- Mund, Rachen und Zunge trocken und gerötet,
- 120 bis 140 Pulsschläge pro Minute (normal: 62 bis 75),
- Herzjagen (verantwortlich für das Gefühl des Fliegens!),
- körperliche Unruhe, Tobsuchtsanfälle und Wahnvorstellungen,

- heiße, trockene Haut,
- örtliche Betäubung (die äußerliche Anwendung von Atropin, z. B. in Salben, verursacht ein pelziges Gefühl auf der Haut, das im Rausch zu dem Wahn führen kann, daß man ein Tier sei, dem Fell oder Federn wachsen).

Atropin wirkt bereits in geringer Menge anregend. Das leichter ins Gehirn gelangende Scopolamin löst zunächst eine Art Dämmerschlaf aus, der erst bei gesteigerter Zufuhr der Substanz in einen Erregungszustand übergeht.

Von den Hexen wurden bevorzugt die folgenden Nachtschattengewächse verwendet:

Alraune *(Mandragora officinalis)*
Bei uns ist die geheimnisumwitterte Alraune nur noch selten zu finden. Man erkennt sie an den gelblichen Beeren, die an langen Stielen aus der Blattrosette herausragen. Die breiten, fleischigen Blätter sind deutlich gerippt. In allen Pflanzenteilen findet sich Scopolamin.

Die schon im Altertum vielverwendete Mandragora spielte in der Hexenküche eine wichtige Rolle. Der begehrteste Teil der Pflanze war ihre Wurzel, die wie ein Mensch geformt ist. Wie man sie ausgraben mußte, war genau vorgeschrieben:

»... Man umgräbt sie rings so, daß nur noch ein kleiner Rest der Wurzel unsichtbar ist; dann bindet man einen Hund daran, und wenn dieser dem Anbinden schnell folgen will, so reißt er die Wurzel aus, stirbt aber auf der Stelle als ein stellvertretendes Opfer dessen, der die Pflanze begehrt.« (Flavius Josephus, jüdischer Geschichtsschreiber, 37 bis 100 n. Chr.)

Von ihrem Besitzer liebevoll gehegt und gepflegt, war die Alraunewurzel ein magischer Glücksbringer für alle Lebenslagen.

Bilsenkraut *(Hyoscyamus niger)*
Die Pflanze, die hauptsächlich Atropin enthält, wirkt schon durch ihre äußere Erscheinung düster und unheimlich. Ihre schmutziggelblichen und stark geäderten Blüten sind von einem violettschwarzen Saum umgeben, ihre Blätter behaart und klebrig. Der widerlich narkotische Geruch des Bilsenkrauts ist für normale Gemüter nur schwer zu ertragen. Von der ländlichen Bevölkerung auch als »Altsitzerkraut« bezeichnet, wurde die Pflanze früher u. a. dazu benutzt, die Erbfolge auf Bauernhöfen und anderen Anwesen zu beschleunigen.

Stechapfel *(Datura stramonium)*
Das einjährige, schnellwüchsige Kraut wird bis über 1 m hoch. Seine rasch verblühenden, trichterförmigen Blüten öffnen sich erst am Abend. Aus ihnen bilden sich pflaumengroße, stachelige Kugelfrüchte. Der Geruch der Blüten ist abstoßend narkotisch, und auch die Samen stinken beim Zerreiben. Alle Teile der Pflanze enthalten Scopolamin.

Tollkirsche *(Atropa belladonna)*
Alle Pflanzenteile enthalten in erster Linie Atropin, das früher auch als Schönheitsmittel verwendet wurde: Atropinhaltige Augentropfen erweitern die Pupillen (italienisch: *bella donna* = schöne Frau).

Andere Gewächse
Eisenhut *(Aconitum napellus, Familie: Hahnfußgewächse)*
Die Pflanze ist an ihrem ährenähnlichen Blütenstand mit tiefblauen, helmähnlichen Blüten zu erkennen. Alle Teile des Eisenhuts enthalten das tödliche Gift Aconitin (2 bis 5 mg davon führen beim Erwachsenen zu Atemlähmung und Herzstillstand).

Schierling *(Conium maculatum, Familie: Doldenblütler)*
Der bis zu 2 m hoch werdende Schierling wächst an Hecken und Wegrändern. Die Blüten sind weiß, die Früchte grünlichbraun mit wellig gekerbten Rippen. Alle Pflanzenteile enthalten den tödlich giftigen Stoff Coniin. Berühmtheit hat der »Schierlingsbecher« des Sokrates erlangt, mit dem der griechische Philosoph 399 v. Chr. seinem Leben ein Ende setzen mußte.

Märchen, die mit Düften erzählt werden

Die Kunst der »unterschwelligen Beeinflussung« ist die Fähigkeit, grundlegende Verhaltensweisen anderer Menschen auszunutzen, ohne daß diese sich des Eingriffs bewußt werden und daher glauben, aus Überzeugung und eigenem Antrieb zu handeln. Zweck einer solchen Manipulation ist, sich persönliche Vorteile dadurch zu verschaffen, daß andere, ohne es zu wissen oder zu wollen, zu einem bestimmten Verhalten veranlaßt werden. Mit den vielen Namen (Werbung, Reklame, Marketing, PR-Aktion, Forwarding, Consulting, Direct Mail usw.), die sich die Manipulation gegeben hat, kann man sie getrost als die Magie unseres ausklingenden Jahrhunderts bezeichnen.

Auch die okkulten Riten und Bräuche vergangener Zeiten dienten letztlich keinem anderen Ziel, als die Mitmenschen auf die ureigene Linie des Ausübenden einzuschwören, wenn auch damals nicht unbedingt die finanziellen Interessen einer Kaufhauskette hinter diesen Bestrebungen gestanden haben mögen. Lediglich die Neubestimmung der Götzen ist eine Leistung unserer heutigen Gesellschaft.

Unsere Manipulierbarkeit beruht darauf, daß wir, trotz aller verherrlichenden Selbsteinschätzung als »Krone der Schöpfung«, den größten Teil unserer Tage damit verbringen, bestimmte Notwendigkeiten zu erfüllen. Wie sich das, was wir brauchen oder meinen, haben zu müssen, aufeinander aufbaut, zeigt sehr gut eine Pyramide der Notwendigkeiten.

Unter dem Gesichtspunkt der Manipulation hat die Pyramide der Notwendigkeiten zwei entscheidende Vorgaben:

- Zur unterschwelligen Beeinflussung ist jede Ebene geeignet. Je höher sie angesetzt ist, desto schwieriger ist die Manipulation. Je niedriger sie liegt, desto tiefgreifender und umfassender sind auch die manipulatorischen Möglichkeiten.
- Erst die zumindest teilweise Befriedigung einer tieferen Ebene erlaubt den Zugriff zur nächsthöheren.

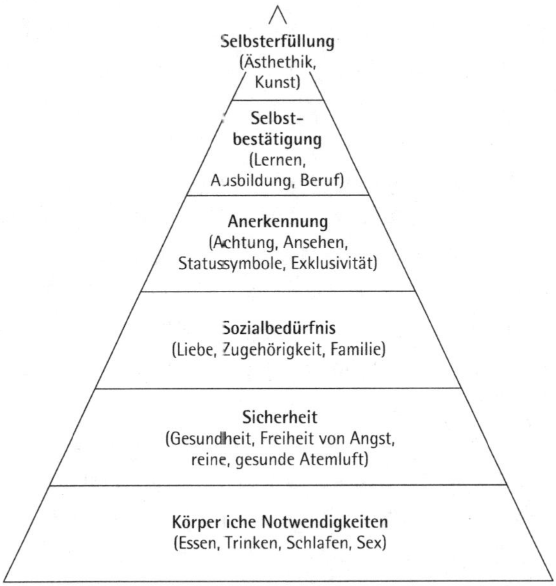

Den einzelnen Stufen der Pyramide können die Gerüche sehr eindeutig und überzeugend zugeordnet werden. Sie sprechen in erster Linie unsere körperlichen, Sicherheits- und sozialen Notwendigkeiten an, da sie vor allem das instinkthafte Verhalten und weniger den Geist und die Vernunft des Menschen beeinflussen. Gerüche sind immer dann mächtige Manipulatoren, wenn die von ihnen erweckten Gefühle stärker sind als der kritische Verstand, der unsere Empfindungen kontrollieren kann. Diese Feststellung ist für die Praxis sehr wichtig, da Düfte zum Zweck der unterschwelligen Beeinflussung in Konzentrationen eingesetzt werden müssen, die die Grenze zur bewußten Wahrnehmung nicht überschreiten. Nur so läßt sich verhindern, daß sich die Vernunft einschaltet und einer Manipulation widersetzt. Wenn es allerdings darum geht, daß man – etwa um lästige Raumgerüche zu überdecken – auf die Eigendynamik von Dufteffekten verzichten will oder muß, bietet sich der Griff zur »Duftkeule«, die bewußt gerochen werden soll, an. Der Unterschied zwischen den Möglichkeiten des Dufteinsatzes wird häufig nicht beachtet, was die Ursache für das Scheitern so manchen Versuches, mit Düften Einfluß zu nehmen, sein kann.

Natürlich müssen beide Seiten einer Manipulation mit Düften betrachtet werden. Kritik ist immer dann gefordert, wenn zu erkennen ist, daß Gerüche und Aromen in die Irre leiten, also etwas vortäuschen sollen, wo eigentlich gar nichts ist. Anders liegen die Dinge, wenn es gilt, einem Mitmenschen ein wenig auf die Sprünge zu helfen, ihn aus seiner Teilnahmslosigkeit zu reißen und herauszufordern. Niemand wird uns verübeln, wenn wir mit den Düften die berühmte rosarote Brille zücken und mit ein bißchen Magie für den Alltag die Bereitschaft, positiv zu denken, unterstützen.

Geballte Zitruskraft für porentiefe Reinheit

Vom Putzmittel über Badezusatz und Erfrischungstuch bis hin zum Waschpulver verfolgt uns der gleiche Duft, der sich im Lauf der Zeit zum Inbegriff für gnadenlose Sauberkeit und vermeintlich keimfreie Wohnatmosphäre gemausert hat. Wir sprechen vom Zitrusduft, der eigentlich der Geruch der Chemikalie Citral ist. Dieser Stoff wird sehr preiswert aus dem billigen Litsea- und Lemongrasöl oder gleich aus dem Labor gewonnen und uns als Duft der Zitrone verkauft. Das ätherische Zitronenöl selbst verfügt ebensowenig wie die Substanzen, die versuchen, seinen Duft nachzuahmen, über »waschaktive« Eigenschaften. Dennoch stellt man uns den Zitronenduft als unerschütterlichen Kronzeugen einer vollzogenen Putzattacke vor, die ihrerseits tatsächlich meist mit weniger werbewirksamen, weil sehr viel schärferen Mitteln durchgeführt wurde.

Zitrusfrische bedeutet also keineswegs makellose Sauberkeit, sondern einen Dufteffekt, der signalisiert, daß die Wohnräume von den Gerüchen der Menschen selbst und von solchen, die von Menschen verursacht wurden, befreit sind. Die vermeintliche »Entwesung« des persönlichen Bereichs dient als Beweis für Fortschrittlichkeit und Zugehörigkeit zur modernen Oberschicht. Als typischer Trigeminusreizstoff ist der Zitronenduft für diese Paraderolle wie geschaffen.

Künstliche Natur

Wie leicht wir uns an der Nase herumführen lassen, zeigt ein weiteres Beispiel der industriellen Produktparfümierung. Die meisten Badezusätze duften so schön nach Wald und Fichtennadeln. Wer sich jedoch die kleine Mühe macht, das Aroma eines echten ätherischen Öls aus Fichtennadeln mit dem Geruch eines gängigen Badeschaums zu vergleichen, wird feststellen, daß zwischen beiden – wenn überhaupt – nur eine sehr entfernte Verwandtschaft besteht. Der Waldduft in der Badewanne ist in der Regel der Geruch von synthetisch hergestelltem Isobornylacetat, das zwar auch im echten Nadelöl vorkommt, dort aber nur einen Teil des Bouquets ausmacht. Die Chemikalie ist ein Pfennigartikel und steht praktisch unbegrenzt in immer gleicher Qualität zur Verfügung. Gibt es noch bessere Voraussetzungen für die industrielle Herstellung und Vermarktung eines Pflegeprodukts? Was die Chemie nicht leisten kann, ersetzt die bilder- und beziehungsreiche Werbung. Der Verbraucher wird ohne jede Hemmung auf künstliche Aromastoffe »programmiert«, die mit ihren pflanzlichen Vorbildern nichts mehr gemeinsam haben. Damit nicht genug, wird auch noch versucht, ihm eine Verbindung zwischen Chemieprodukt und naturnaher Lebensweise nahezubringen!

Nachdenklich machen sollte die Tatsache, daß sich die Kunden so ohne weiteres einen Bären aufbinden lassen. Die Verkaufszahlen scheinen den Herstellern recht zu geben, die behaupten, daß sich die Vorstellung »Natur« auch durch künstliche Gerüche erfolgreich vermitteln läßt. Aus eigener, mehrjähriger Erfahrung mit dem Verkauf ätherischer Öle und auch einiger künstlicher Aromen weiß ich, daß eine ganz beträchtliche Zahl von Duftfreunden die synthetischen Duftstoffe mit ihrer klaren, einfachen Duftnote den natürlichen ätherischen Ölen vorzieht. Die sich verändernde Qualität der letzteren und ihr oft vielschichtiges und kompliziertes Duftbouquet wird häufig einfach als zu anstrengend empfunden.

Für einiges Schmunzeln in der Fachwelt sorgte vor einigen Jahren eine Anekdote, die hier kurz wiedergegeben werden soll: Mit mäßigem Erfolg betrieben zwei Gebrauchtwagenhändler ihr Geschäft in der gleichen Straße. Einer der beiden kam eines Tages auf die Idee, die Sitze seiner schwer verkäuflichen Schrottkisten mit einem nach Leder duftenden Spray zu imprägnieren. Die Autos rochen danach innen wie neu, der Preis blieb niedrig, wie es den Rostlauben angemessen war, und der Umsatz ging schlagartig in die Höhe. Der bedauernswerte Konkurrent war daraufhin bald gezwungen, sein Geschäft zu schließen, da er überhaupt keinen Wagen mehr los wurde.

»Sell by Smell«: Mehr Umsatz durch Wohlgeruch

Schon Paracelsus lehrte, daß allein die Dosis eines Stoffes darüber entscheidet, ob er als Gift oder als Heilmittel wirksam wird (»Dosis sola facit venenum«). Von dieser Erkenntnis sollte man ausgehen, wenn gefragt wird, wie man das Kaufverhalten eines Kunden in für den Unternehmer erfreuliche Bahnen lenken kann.

Die einfachste Methode besteht darin, eine Duftlampe aufzustellen, sie am besten mit einer würzig-zitrusartigen Duftnote zu bestücken und den Kunden in eine wohlriechende Wolke zu hüllen: Wo es gut riecht, ist man auch gut aufgehoben! Diese Maßnahme ist ohne Einschränkung für Unternehmen und Geschäfte zu empfehlen, in denen ein störender Eigengeruch den Besucher zum baldigen Verlassen des Ortes bewegen kann (Apotheken, Arztpraxen, Großmärkte, Schuhgeschäfte etc.).

Man kann auch das Einkaufsverhalten direkt manipulieren. Dazu werden der Eingangsbereich des Geschäfts und ebenso eine bestimmte Stelle im Verkaufsraum (z. B. Wühltisch mit Sonderangeboten, die man loswerden möchte) dezent mit dem gleichen Riechstoff beduftet. Bei richtiger Wahl von Aroma und Konzentration strömen die Kunden wie von unsichtbaren Fäden gezogen zum gewünschten Ort. Die Erklärung dafür ist einfach: Das Betreten eines fremden Raumes bedeutet für jeden Menschen zunächst einmal Streß, und erst wenn man sich zurechtgefunden hat, verschwindet die Anspannung wieder. Düfte sind Antistreßmittel. Daher ist es nicht weiter verwunderlich, wenn man sich auch in den Geschäftsräumen von dem Aroma, das bereits an der Ladentür als entspannend empfunden wurde, ganz unwillkürlich angezogen fühlt.

Eine apothekentypische Erfahrung, die immer hilfreich sein kann, wenn man Not- oder Nachtdienst versieht und mit unberechenbaren oder ungeduldigen Kunden zu tun hat, soll hier noch erwähnt werden: Seit einiger Zeit sind wir in unserer Apotheke dazu übergegangen, die Nachtdienstluke, an der wir leider oft genug groben Anfeindungen und Beleidigungen ausgesetzt sind, systematisch mit Frischedüften zu parfümieren. Der Erfolg ist durchschlagend, weil selbst die größten Flegel seither sanft und fromm wie die Lämmer warten, bis ihr Anliegen bearbeitet wird.

Der Einsatz einer Duftkeule bringt oft nicht den gewünschten Erfolg. Es gibt gar nicht so wenige Geruchsallergiker, die sich von einem starken Riechreiz äußerst belästigt fühlen und den Ort ihrer persönlichen Verletzung schlagartig verlassen. Eine bessere Methode, um das Kaufverhalten mit Gerüchen zu beeinflussen, ist es, die Konzentration der Duftstoffe so zu wählen, daß sie kaum oder gerade nicht mehr bewußt wahrgenommen werden können. Allerdings sind die technischen Voraussetzungen dafür etwas anspruchsvoller, weil ein Gerät erforderlich ist, von dem in gewissen Abständen ziemlich genaue Riechstoffdosierungen an die Raumluft abgegeben werden.

Solche Anlagen gibt es bereits, und die in verschiedenen Kaufhäusern durchgeführten wissenschaftlichen Pilotstudien deuten darauf hin, daß es sich dabei keineswegs um Fehlinvestitionen handelt. Bisher wurde der Zusammenhang von Duftzufuhr, Verweildauer der Kaufinteressenten in den Geschäftsräumen, Umsatzschwankungen in Abhängigkeit von Tageszeit, Altersstruktur sowie Geschlecht der Kunden und sogar den Wetterbedingungen untersucht. Es ist längst bekannt, daß die Bereitschaft, Geld (bzw. mehr Geld) auszugeben, mit der Verweildauer des Käufers im Laden zunimmt. Die Manipulation hat also in erster Linie den Zweck, den Kunden so lange wie möglich dort festzuhalten – ein Unterfangen, das in unserer immer betriebsamer werdenden Zeit gar nicht so leicht fällt. Viele Marketingstrategen sind deshalb mittlerweile dazu übergegangen, dem bisher geförderten »Schnellkauf« (cash and go) den »Erlebniskauf« entgegenzusetzen: Der Kunde möchte und soll etwas erleben, den Einkauf genießen und das Gefühl bekommen, daß man sich Zeit für ihn und seine Wünsche nimmt.

Die Verkaufsförderung mit Hilfe von Düften scheint nach folgendem Fahrplan recht gut zu klappen: Die Raumbeduftung erfolgt vor allem am späten Nachmittag und in den Abendstunden, weil der Mensch dann empfänglicher für gefühlsintensive Sinnesreize ist. Die mit der Tageszeit schwankende Empfindlichkeit unserer Nasen ist in der Literatur gut beschrieben. Am Morgen schätzen wir vor allem frische und neutrale Düfte, im Lauf des Tages neigen wir dann immer mehr dazu, uns auf süße, balsamische und sinnliche Duftnoten einzulassen, die uns auch in unseren nächtlichen Träumen unterstützen können.

Vor allem die kaufkräftige Kundschaft ab dem dreißigsten Lebensjahr und auch ältere Menschen sprechen besonders gut auf Düfte an. Deshalb können Geschäfte und Abteilungen, die vor allem diese Altersgruppen zum Kauf anregen möchten, von der Duftmethode ganz besonders profitieren. Frauen werden von Düften gefühlsmäßig meist mehr angezogen als Männer. So konnte festgestellt werden, daß sogenannte Impulskäufe in Abteilungen für Damenbekleidung unter Dufteinfluß ebenso deutlich zunahmen wie die Bevorzugung von Hochpreisware nach Beduftung von Umkleidekabinen. Anscheinend erweckt der Eindruck von Wohlbefinden und Geborgenheit in fremder Umgebung das Bedürfnis, sich selbst etwas gönnen zu wollen.

Schließlich spielt sogar das Wetter eine Rolle. Regelmäßig werden bei schlechtem, naßkaltem Wetter unbefriedigende Verkaufsergebnisse erzielt. Das ist damit zu erklären, daß bei Regen die Wahrnehmungsschwelle für Düfte durch die Zunahme der Luftfeuchtigkeit niedriger liegt. Dadurch können Gerüche bewußt wahrgenommen werden, und die unterschwellige Beeinflussung funktioniert nicht mehr. Wird ein Duft erkannt, schaltet sich der Verstand in die Entscheidung für oder gegen einen Kauf ein und kann durchaus zum Abbruch des noch nicht abgeschlossenen Handlungsablaufs führen.

Welche Düfte sind nun am besten geeignet, um die Kaufbereitschaft der Kunden zu steigern? Da mit zunehmender Verdünnung fast jeder Duft als angenehm empfunden wird, ist die Auswahl ziemlich groß. Die besonders exklusive Atmosphäre eines teuren Juweliergeschäfts läßt sich sicher durch die entsprechenden Luxusdüfte (Rose, Jasmin) überzeugender vermitteln als durch Orangengeruch, der z. B. in einer Spielwarenabteilung auf jeden Fall besser aufgehoben ist.

Der Einsatz von Düften richtet sich also vor allem nach dem Sortiment. Wenn man dann noch das richtige Gespür für die Zusammensetzung der Kundschaft hat, wird man mit sicherem Griff die geeignete Flasche auswählen können.

Sex in der Werbung

Schauen Sie sich einmal Autowerbungen genauer an! Eigentlich sollen Sie Ihnen ja ein Fahrzeug schmackhaft machen. Der Text ist in der Regel aber ziemlich zweideutig. Die zweifellos wirksamste Methode, um die Beurteilung einer Handelsware zu steuern, ist Werbung mit Sex. Was an diesem so angenehm ist, überträgt der Normalbürger automatisch auf das angebotene, reichlich spröde Gefährt, und er wird daher eher geneigt sein, an dem Auto Gefallen zu finden. Sex als Verkaufsargument spricht die körperliche, also die unterste Ebene der Pyramide an, und das Erfolgsrezept ist ebenso einfach wie wirksam.

Wie »verkauft« man sich selbst am besten?

Vielleicht haben Sie ein wichtiges Bewerbungsgespräch vor sich oder ein Interview, bei dem Sie aus Ihrem Gegenüber wirklich alles herauskitzeln möchten, was Sie interessiert. Mit den weiter unten vorgestellten »duften« Methoden werden Sie in jedem Fall Oberwasser behalten.

Zahlreiche psychologische Studien beschäftigen sich mit der Frage, auf welche Dinge Frager und Befragter besonderen Wert legen. Als besonders wichtig und beeindruckend gelten dabei folgende Eigenschaften:

- Fachkompetenz, Ernsthaftigkeit und Intelligenz,
- »Name dropping«: Erwähnung von Verbindungen mit bemerkenswerten Personen oder Ereignissen,
- Umwerbung des Gesprächspartners, Übereinstimmung in fachlichen und persönlichen Fragen,
- äußere Erscheinung: Kleidung, Haare, Parfüm usw.

Der Einsatz von Duftstoffen ist dabei nur eine von mehreren Möglichkeiten, der eigenen Person Ausdruck zu geben. Je nach Anlaß der Unterredung, äußerer Umgebung sowie Art und Geschlecht der Gesprächspartner kann es mehr oder weniger sinnvoll sein, Düfte zum Zug kommen zu lassen. Männliche und weibliche Gesprächspartner reagieren sehr unterschiedlich auf das Parfüm ihres Gegenübers.

In der Regel zeigen sich Männer durch Geruchsreize irritiert, da sie normalerweise nicht daran gewöhnt sind, in Situationen, in denen sie sachliche Entscheidungen fällen sollen, mit Düften eingedeckt zu werden. Man kann davon ausgehen, daß männliche Chefs auf das starke Parfüm einer Bewerberin (und vor allem eines Bewerbers!) mit Ablehnung reagieren, da sie solche Gerüche bei einem Anstellungsgespräch für unpassend halten.

Ganz anders sieht die Sache aus, wenn der Boss eine Dame ist. Frauen können den Gesamteindruck einer Person (Kleidung, Auftreten, Parfüm usw.) sehr viel besser in die Bewertung einbeziehen. Sie lassen sich von der Duftaura eines Bewerbers nicht so leicht aus der Fassung bringen, da sie normalerweise selbst in der Verwendung von Wohlgerüchen geübt sind und ihre Effekte auch kritisch würdigen können.

Da Frauen befähigter sind als die meisten Männer, sich ein vielschichtiges Urteil über eine Person zu bilden, erkennen sie kleine olfaktorische Anstrengungen durchaus an, selbst wenn sie der dahinterstehenden Absicht ziemlich leicht auf die Schliche kommen.

Männer können durch Riechstoffe recht schnell von ihrem eigentlichen Vorhaben abgelenkt werden, vor allem wenn sie überraschend und unterschwellig »angeduftet« werden.

Der richtige Riecher

Ein raffiniertes, teures Parfüm wäre natürlich nicht das Richtige, um seine Fähigkeiten als Duftexperte unter Beweis zu stellen. Wie Sie inzwischen wissen, läßt sich mit fein dosierten Pheromongerüchen das erotische Empfinden gerade so weit aktivieren, daß ein angenehmer Gemütszustand hervorgerufen wird und nicht das Bedürfnis nach sexuellen Handlungen. Düfte, die unbemerkt wirken, entziehen sich jeder Kritik, beeinflussen aber das Beurteilungsverhalten. Hat ein Bewerber mit ihnen erst einmal die Stimmung des Prüfers manipuliert, stehen die Chancen gut, daß ihm dieser wohlwollend entgegenkommt.

Aus der großen Palette der pheromonähnlichen Riechstoffe hat sich nach den bisherigen Erfahrungen der Irisriechstoff Beta-Ionon als olfaktorische Geheimwaffe besonders bewährt. Die synthetisch hergestellte süßlich-nußartig duftende Substanz ist relativ preiswert. An ihrer Stelle kann aber jederzeit auch Iriswurzeltinktur (Achtung: Flecken!) oder Irisabsolue (teuer!) verwendet werden. Oberstes Gebot ist die ausreichende Verdünnung des Riechstoffs: Auf ca. 20 ml 90%iges Äthanol genügen vier Tropfen Beta-Ionon! Auch die Iriswurzeltinktur muß noch einmal im Verhältnis 1 : 3 mit Alkohol gestreckt werden.

Vermeiden Sie unbedingt, diese »K.-o.-Tropfen« wie ein Parfüm am Körper zu tragen. Am besten imprägnieren Sie mit ihnen Dinge wie Bewerbungsschreiben, Lebenslauf, Dokumentenmappe oder dergleichen, die Sie dem Interviewer im Lauf des Gesprächs übergeben. Vor allem ein männliches Gegenüber tut sich erheblich leichter, wenn der Geruch nicht direkt mit der Person des Bewerbers, sondern mit dessen Arbeit und Leistung in Verbindung gebracht werden kann – und diesen kleinen Freiraum sollten Sie Ihrem Gesprächspartner lassen!

Der süße Duft des Erfolgs

Schon in grauer Vorzeit hat die Salbung von Kaisern, Königen und anderen besonderen Menschen dazu gedient, sie aus der Masse des (schlechtriechenden) Volks hervorzuheben. Damit Sie sich eine Vorstellung davon machen können, wie früher die »Auserwählten« dufteten, folgt hier ein Rezept für den balsamischen Duft der Könige:

Rezept: Königsbalsam	
– 2 g Myrrhe	– 2 g Tolubalsam
– 2 g Weihrauch	– 2 g Perubalsam
– 10 Tr Kalmusöl	– 5 Tr Vanilleöl
– 10 Tr Zimtöl	

Die Riechstoffe wurden seinerzeit normalerweise unter Erwärmen in Olivenöl gelöst.
Das kann man selbstverständlich auch heute noch tun. Eine andere Möglichkeit ist, die Essenzen mit ca. 100 g weißer Vaseline zusammenzuschmelzen und kaltzurühren.

Dieser Duft ist natürlich nicht unbedingt der geeignete für Bewerbungssituationen – welcher Chef möchte schon einen Untergebenen mit königlichen Allüren haben?! Die weiter oben vorgestellte Methode, sich den Arbeitgeber mit Irisdüften gewogen zu machen, ist vielleicht ein bißchen hinterlistig und daher nicht jedermanns Sache. Wer das offene Visier bevorzugt, braucht also einen anderen Duft, und zwar einen, der in wahrnehmbarer Konzentration zum Einsatz gebracht werden kann.

Der Geruch, der karrierebewußte Menschen umgibt, ist gekennzeichnet durch nicht erotisierende Frischedüfte, die mit moralischer Integrität, Unternehmungsgeist und unermüdlicher Aktivität in Verbindung gebracht werden können. Unverzichtbar dafür sind satte Grünnoten, die für Reife und gewachsene Strukturen stehen. So sind – was die Herren der Schöpfung betrifft – beispielsweise Majoranparfüms bei Anwälten, Maklern und Angehörigen anderer Krawattenberufe äußerst beliebt. Hier hat die moderne Parfümerie mit den stark künstlich riechenden Parfüms amerikanischer Machart schon gewisse Maßstäbe gesetzt. Diese Düfte sind aggressiv und sollen den Platzanspruch der umwerfenden Persönlichkeit, die sie trägt, untermauern.

Wenn Sie zu denen gehören, die gerade erst versuchen, die unterste Sprosse der Karriereleiter zu erklimmen, sei Ihnen als Grundausstattung für den Weg nach oben der »Duft, mit dem man gewinnt« empfohlen.

Rezept: Der Duft, mit dem man gewinnt	
– 10 Tr Myrtenöl	– 5 Tr Pfefferöl
– 10 Tr Lorbeeröl	– 5 Tr Eisenkrautöl
– 10 Tr Rosmarinöl	– 5 Tr Patschuliöl
Die ätherischen Öle werden in so viel 70%igem Alkohol gelöst, daß Sie am Schluß 20 ml der Mischung haben.	

Vielleicht kommt Ihnen die Zusammensetzung im Vergleich zu den »Knalleffekten«, die von der Duftindustrie auf den Markt geworfen werden, zunächst etwas hausbacken vor. Dieser Eindruck verflüchtigt sich schnell, wenn Sie den wirklich angenehmen Duft erst einmal gerochen haben. Tragen Sie Ihr Erfolgsrezept nicht direkt auf der Haut, sondern parfümieren Sie damit ganz dezent z. B. Ihr Taschentuch, Ihren Schal oder Ihre Jacke. Sie werden staunen, wer sich alles begeistert nach Ihnen umdrehen wird!

Voilà! Da haben Sie ihn, den Duft für Selbstvertrauen, Willensstärke, Schärfe der Argumentation, erstklassige Durchsetzungskraft und – unglaublichen Erfolg beim anderen Geschlecht.

Register

Bildnachweis

Interfoto-Pressebild-Agentur, München: 8, 9
drom fragrances international, Baierbrunn: 83, 114
R. M. Wieshammer, München: 164, 182, 183, 252